向中国共产党成立100周年献礼

上海高校红色往事丛书

学海博物

上海高校藏品故事

主 编　中共上海市教育卫生工作委员会
上海市教育委员会

Museum Pieces in Universities in Shanghai and the Stories behind

上海教育出版社
SHANGHAI EDUCATIONAL PUBLISHING HOUSE

图书在版编目（CIP）数据

学海博物：上海高校藏品故事 / 中共上海市教育卫生工作委员会，
上海市教育委员会编. — 上海：上海教育出版社，2021.6
（上海高校红色往事丛书）
ISBN 978-7-5720-0900-6

Ⅰ. ①学… Ⅱ. ①中… ②上… Ⅲ. ①高等学校 – 藏品 – 上海
Ⅳ. ①G648.451②G262.9

中国版本图书馆CIP数据核字(2021)第093895号

责任编辑　陈杉杉　曹婷婷
书籍设计　美文设计

学海博物：上海高校藏品故事
中共上海市教育卫生工作委员会　上海市教育委员会　编

出版发行	上海教育出版社有限公司
官　　网	www.seph.com.cn
地　　址	上海市永福路123号
邮　　编	200031
印　　刷	上海盛通时代印刷有限公司
开　　本	787 × 1092　1/16　印张 19.75　插页 2
字　　数	304 千字
版　　次	2021年6月第1版
印　　次	2021年6月第1次印刷
书　　号	ISBN 978-7-5720-0900-6/G·0711
定　　价	98.00 元

如发现质量问题，读者可向本社调换　电话：021-64377165

本书编写委员会

主　编　胡　昊

副主编　汪佳莹　张　凯

委　员（以姓氏笔画为序）

邓　锁　吕雪松　朱子劼　刘怡丹　刘毓闻

纪晓恬　孙　萍　李　剑　何芳宇　汪佳莹

张铁帆　张晓晶　张思思　张　凯　陈语馨

殴七斤　易文娟　胡　昊　姜艳冰　童　宽

强陆婷　雷　禹　漆姚敏

讲好大学故事，传承红色基因

——《上海高校红色往事》丛书前言

习近平总书记指出：“历史是最好的教科书。”2021年，我们即将迎来中国共产党成立100周年。回首这一百年，正是中国共产党团结带领人民、紧紧依靠人民，跨过一道又一道沟坎，取得一个又一个胜利，为中华民族作出了伟大历史贡献的一百年。在这个过程中，党领导人民进行28年浴血奋战，打败日本帝国主义，推翻国民党反动统治，完成新民主主义革命，建立了中华人民共和国；党领导人民完成社会主义革命，确立社会主义基本制度，消灭一切剥削制度，推进了社会主义建设；党领导人民进行改革开放新的伟大革命，极大激发广大人民群众的创造性，极大解放和发展社会生产力，极大增强社会发展活力，人民生活显著改善，综合国力显著增强，国际地位显著提高。一百年来，党领导人民让具有五千多年历史的中华文明在现代化进程中焕发出新的蓬勃生机，让科学社会主义在21世纪焕发出新的蓬勃生机，让中华民族焕发出新的蓬勃生机。回望历史，在学习党史、国史、新中国史、改革开放史中汲取营养，我们更加坚定了“听党话，跟党走”的信念，更加坚定了对中国特色社会主义的信心，更加坚定了时不我待、只争朝夕建设更强大国家的使命感和责任感。

中国共产党走过的一百年，是党带领广大知识分子奋发图强、读书报国、教育兴国、科技强国的一百年；也是党带领人民进行办学实践，不断丰富教育理念，不断完善教育政策，不断推动中国特色社会主义教育取得辉煌成就的一百年。要全面了解一个国家、一个民族、一个社会、一个政党，必须了解其历史，知道它是怎么来的，又将往何处去。以史知今，需要打开一扇窗户，激励我们更加执着前行。我们编纂《上海高校红色往事丛书》，就是为了以管窥豹，从师生身边的人、物、事、史出发，从中国高等教育的缩影——上海高等教育史出发，透射中国100多年近代史、新中国72年成长史和改革开放42年发展史，引领广大师生透过党领导高等教育的不凡历程，深切感受党领导人民取得伟大成就的来之不易，深刻体会“没有共产党就没有新中国”的深刻含义。

上海是中国共产党的诞生地和初心始发地，也是中国高等教育的发源地之一，上海高等教育的发展历程与党的成长历程可以说是相生相伴，同心同向。1840年鸦片战争以后，为改变近代中国积贫积弱、民族内忧外患、人民生灵涂炭的面貌，一批仁人志士在上海以各种形式创办大学、学院等本专科高等学校，喊出了“教育救国”的口号，马相伯、陈望道、李国豪、穆汉祥、史霄雯、周宝训、刘湛恩等一大批铭刻历史的模范人物纷纷涌现。如同中国共产党的诞生使中国革命找到了正确道路一样，也正是有了中国共产党的领导，中国当代高等教育才迎来了最好的发展时机。从1949年中华人民共和国成立到改革开放，再到中国特色社会主义进入新时代，中华民族从站起来、富起来到强起来，在这个伟大征程和历史巨变中，上海高校始终坚持贯彻落实党的教育方针，坚持为党育人、为国育才，努力培养德智体美劳全面发展的社会主义建设者和接班人；上海高校始终坚持改革创新精神，以排头兵先行者的姿态，推动教育教学、科学研究、服务社会、对外交往和文化传承创新蓬勃发展，成为推动社会进步和生产力发展的重要动力源泉；进入新世纪以来，上海高校始终围绕党和国家中心任务，围绕上海建设具有全球影响力的社会主义国际化大都市，努力写好奋进之笔，齐心唱好奋进之歌，书写了一页页灿烂篇章。蕴藏在上海高校中的那些历史档案、红色地标、经典建筑和大师故事，成为见证历史辉煌、承载历史记忆、传承红色基因、延续文化传统、厚植理想信念的生动载体，成为新时代开展理想信念、爱国主义和社会主义核心价值观教育的珍贵素材。

历史是过去的现实，现实是未来的历史。当前，全市教育系统正在深入学习贯彻习近平新时代中国特色社会主义思想，按照中央和市委统一部署，深入推进党史学习教育，牢记初心使命，奋力走好新时代的长征路。在此背景下，上海市教育卫生工作党委牵头，推动上海交通大学、同济大学、上海财经大学、上海大学、上海戏剧学院等高校，从建筑楼宇、文博藏品、红色遗迹、大师精神等方面入手，充分挖掘上海高校红色资源，讲好大学故事，大力弘扬爱党爱国精神，编辑出版《上海高校红色往事丛书》，让红色基因融入师生血脉、根植师生心中，使红色基因代代相传。

习近平总书记指出："历史总是要前进的，历史从不等待一切犹豫者、观望者、懈怠者、软弱者。只有与历史同步伐、与时代共命运的人，才能赢得光明的未来。"希望通过丛书的编辑出版，把上海高校里的红色文化资源镌刻成隽永故事，使大学精神在全社会发扬光大，成为弘扬正能量的参天大树，激励广大师生和社会大众把个人命运融入党和国家事业之中，与时代同呼吸，与祖国共命运，努力担负起推动民族伟大复兴的使命责任，努力创造无愧于时代、无愧于祖国、无愧于人民的精彩华章。

丛书编委会

2021 年 3 月

序

习近平总书记强调："一个博物院就是一所大学校。"博物馆与大学的渊源可谓不浅。世界上最早的近代公共博物馆以及中国最早的近代博物馆都是在大学里孕育的：牛津大学1683年建立的阿什莫林博物馆被认为是建立最早的公共博物馆；我们中国人自己创办的博物馆最早是1876年在京师同文馆设立的，用于学习西方自然科学技术知识。

大学博物馆在成立之初，可以说既有满足学科发展和科学研究的功能，又有为师生教学和科研提供标本材料的功能。随着这些年的发展，大学博物馆在立足本校学科优势的基础上，更依托其教育资源，植根于文化育人的时代命题，以润物细无声的方式滋养学生的文化格局和宏大视野，增强对中华传统文化的认同感和使命感。

近年来，上海市教卫工作党委在深入推进高校博物馆与文博育人有机融合的过程中积极探索形式创新且富有影响力和吸引力的有效模式，于2008年成立上海高校博物馆育人联盟（以下简称联盟）。目前，联盟共拥有20家会员单位博物馆，藏品类型涵盖船舶、医学、建筑、化工、音乐、戏曲等多个门类。联盟秘书处设于上海交通大学。在市教卫工作党委指导下，各会员单位齐心协力，正在逐步打造上海市高校博物馆文博育人发展新格局。

一流的大学建设需要一流的高校博物藏品，一流的高校博物藏品反哺一流大学的建设。高校馆藏珍品和历史文物的优势在于其植根于大学文化的深厚沃土，是大学科学精神和历史文化积淀的重要标志，也是凝聚大学精神的智慧摇篮。

它们与学科专业紧密相连，是高校学科源起、发展、兴盛的见证，承载了坎坷岁月里先辈们秉持求知心和爱国情探索出的高等教育史，诉说着一个又一个跨越世纪的学科壮大故事，更是与中华民族发展、与中国共产党前进、与祖国建设同呼吸共命运的历史缩影。

2021 年我们即将迎来中国共产党成立 100 周年，在这个重要的历史节点上，充分挖掘高校文化育人资源，展现上海高等教育的发展历程与伟大成就是我们编写此书的初衷所在。《学海博物——上海高校藏品故事》共收录了沪上 21 所高校的珍贵藏品背后的故事，聚焦各高校优势学科的发展脉络、办学特色和“高光时刻”，体现上海高校百年来立足中国大地，不忘初心使命，读书报国、与国同行的奋斗精神。

高校藏品跨越百年，冲破历史的尘封，走向我们。它们是上海高等教育学科前进的亲历者，是社会发展的见证者，也是与党同行、百年朝夕的随行者；它们以学术为导向充分培养青年学生对专业的理解和认同，鼓励师生潜心学术、扎根行业、见贤思齐，让初心薪火相传，把使命勇担在肩。

文化是一个国家、一个民族的灵魂。十九大报告指出：要坚定文化自信，推动社会主义文化繁荣兴盛。高校藏品承载的是高等教育的历史，展现的是大学的文脉，推动高校馆藏珍品走出深闺，从幕后走到台前，有助于弘扬、推广中华优秀传统文化，提高吸引力和感召力，增强辐射影响，提升我国文化软实力，是“讲述好中国故事，传播好中国声音，传递好中国价值”的生动实践。

上海高校博物馆育人联盟

目录

带动我国历史地理学科建设的一套地图

藏品名称：

《中国历史地图集》

藏品类别：

纸质文献

所在场馆：

复旦大学校史馆

藏品年代：

20 世纪 60—80 年代

藏品价值：

《中国历史地图集》堪称中国历史地图史上的空前巨著。编绘这一套图集造就了一支强大的历史地理教学科研团队，“以任务带学科”，奠定了复旦大学中国历史地理研究所的基础。

图 1-1
谭其骧教授主编的《中国历史地图集》

复旦大学校史馆藏有一套墨绿色封皮、装帧精美的地图集，共 8 册，用 20 个图组、308 幅地图，收录了清代以前全部可考的县级和县级以上的行政单位、主要居民点、部族名以及河流、湖泊、海洋、岛屿、山脉、长城、关隘等 7 万余个地名。它记载的除了历代中原王朝外，还包括在历史上中国范围内各民族所建立的政权和活动区域，读者能够直观地看到这个统一的多民族的伟大国家缔造和发展的进程，看到在这片广袤的土地上，我国各民族的祖先如何在不同的人类共同体内结邻错居，逐渐融合，最终凝聚在一个疆域确定、领土完整的国家实体之内，自然而然地产生热爱伟大祖国的民族自豪感。这套堪称中国历史地图史上的空前巨著，就是谭其骧主编的《中国历史地图集》。

这套地图集从交办之日到全部公开出版，历时 35 年，先后参与制图工作的单位有十几个，人员超百人，有不少人都停止了自己原来的研究计划，夜以继日地投入这项工作十几年甚至三十几年，共同目标只有一个，就是把我国从石器时代以来祖先们生息活动的地区的变化，在目前力所能及的条件下努力反映出来，从而激发热爱祖国、热爱人民的感情，为崇高的人类进步事业而工作。编绘这套图集的缘起，还要从毛泽东主席和吴晗的一次谈话说起。

绘图工作缘起

1954 年 9 月，新中国第一届全国人民代表大会期间，历史学家吴晗坐在毛泽东主席旁边，谈起《资治通鉴》无标点、不分段导致阅读不方便的问题。毛主席谈及读史需要一本历史地图。吴晗就向毛主席建议，在标点《资治通鉴》的同时，也应该编绘一本适用于今天的地图，对清代杨守敬的《历史舆地图》加以改造后，就能适应时代的需要。毛主席就把标点《资治通鉴》和改编杨守敬《历代舆地图》（以下简称《杨图》）两件事交给吴晗办理。

会后吴晗立即召集在京历史学家开会研究，次年专门成立重编改绘杨守敬《历代舆地图》委员会。吴晗推荐复旦大学教授、历史地理学家谭其骧赴京专门担任改绘《杨图》的主编。1955 年 5 月，《杨图》委员会召开第一次工作会议。会议就改绘《杨图》

方案展开了激烈争论。起初，谭其骧设想用较短时间，以《杨图》为基础进行改绘、修订。随着研究工作的深入，他发现这条路走不通。《杨图》精确度差，内容多有谬误；时间跨度有限，缺少边疆政区部分。于是谭其骧提出：跳出《杨图》，编绘出一部崭新的、准确反映中国历史的地图集。而委员会的另一种意见主张：底图的山川框架仍遵从《杨图》，只需把图中的晚清地名改成今地名即可。吴晗考虑到需要尽快完成毛主席交代的任务，于是否决谭其骧的方案，采用后一种方案。

专家们在仔细考证后，发现了《杨图》中更多的问题。工作从 1955 年延续到 1959 年，还没有像样的初步成果。吴晗经过仔细思考后果断决定：遵从谭其骧的方案，重新改绘《杨图》。

以任务带学科

1957 年初，谭其骧带着繁重的改绘任务返沪，把工作地点由中国科学院哲学社会科学部移到复旦大学，重新做长期的工作规划。起初协助他工作的仅有章巽、吴应寿、邹逸麟、王文楚 4 人，组成了一个五人小组。编绘地图是项浩繁的工作，仅靠五人小组是远远不够的，而一时又难以找到所需的专家协助。接连不断的政治运动，更使编图工作受到严重影响。在复旦党委的支持下，1959 年 7 月，以五人小组为基础，复旦大学历史系设立中国历史地理研究室，谭其骧以代理系主任身份兼任室主任。在《建议设置历史地理研究室规划草案》中，谭其骧确立历史地理研究室的设置宗旨是“①组织现有可以组织起来的人力，保证完成当前国家交给本校的绘制历史地图的任务。②逐步提高现有人员的工作能力，培养青年干部，扩大组织，迎接国家在经济文化建设飞跃发展形势下不断提出的各项历史地理研究工作任务。③通过各项任务的完成，带动学科本身的发展，逐步使历史地理这一学科具备完整的科学理论与体系；学科的发展，又转过来可以推动历史学地理学等相关学科的发展，并更好地为国家经济文化建设服务。”上述宗旨的核心是“以任务带学科”，这是当时复旦大学党委提出的口号，在 20 世纪 50 年代末复旦数学、物理、化学、生物等学科的发展壮大中起了很大作用，有力提升了复旦大学的实力，尤其在青年人才培养上，为改革开放以后复旦的进一步发展打下了人才基础。为了充实绘图队伍，复旦大学党委选派了历史系高年级 11 名学生和 1 位年轻教师，以边干边学的办法参加编图工作。

学生能否胜任这项专业性很强的、烦琐的工作？谭其骧最初也抱着怀疑的态度。果然，学生们参加编图工作不久就产生了思想顾虑。绘图的主要工作就是做史学考证工作。历代疆界、政区、城邑、水系等各项地理要素的变迁极为复杂频繁，而文献记载或不够明确，或互有出入，要一一考订清楚，并在图上正确定位、定点、定线，工作繁巨。在 20 多岁的青年学生看来，这项工作太单调乏味，甚至对参加绘图工作的意义也产生怀疑。谭其骧发现了学生的心思后，语重心长地告诫他们："这是学科的基础工作，没有这个基础，学科发展将会受到极大限制，我们虽做'垫脚石'的工作，可为人铺路是好事，只要是好事，就应全心全意地去把它做好；何况做好这件事，功德还是无量的。"听完这番教诲后，大家才恍然大悟。

谭其骧把培养人才视为己任，审阅每一位学生的编图时，都会指出错误及其原因。他一个人审阅十几个学生的初稿，忙得不可开交，但毫无怨言。遇到编图有突出成绩的学生，则予以充分肯定并寄予莫大希望。为鼓励大家的积极性，促进交流，他创办内部参考资料，刊载他自己在审图稿时撰写的考释，选登其他青年教师撰写的具有一定质量的考释。学生的有一定见解的论文，他更是热心推荐给刊物发表。凡是编图中有差错者，无论何人，他都直言不讳，予以批评。在谭其骧的长期精心培育和严格训练下，一批中青年学者脱颖而出，日后在编图和历史地理研究领域作出了重要贡献。

为培养历史地理专门人才，谭其骧在创建历史地理研究室的同时，积极推动历史系筹建历史专业以外的第二个专业——历史地理专业。历史地理专业的历史基础课教学可由历史系教师负责，但是历史系缺少地理课的教师。为此，历史系 1959 年从华东师大地理系调入 2 名本科毕业生，1960 年又从中山大学、西北大学地理系调入 8 名本科毕业生。1960 年秋，历史地理专业首次面向全国招生，录取学生 20 名。1961 年、1962 年又连续两届招收本科生 20 名、12 名。3 年共计招生 52 名。历史地理专业开设期间，正是谭其骧主编《中国历史地图集》工作最为忙碌的时期，但他仍在百忙之中抽出时间认真备课，为该专业学生讲授《中国历史地理概论》，要求学生对中国历史上各时代自然地理、政治地理、经济地理各方面的重大变迁获得初略概念的同时，正确理解地理情况与历史发展之间的相互关系。“一定要在我们这一代人手里，把历史地理这门学科的科学体系建立起来。”这是谭其骧的强烈愿望。

随着编图范围的扩大、内容的增加，绘图工作远远突破了《杨图》只画中原王朝直辖区的范围。于是，在复旦

图 1–2
1978 年谭其骧教授与中国历史地理研究室同事在研究中国历史地理。从左至右分别是吴应寿、谭其骧、邹逸麟、王文楚、周维衍

党委和上级有关部门的支持下，编图工作陆续邀请中央民族学院、南京大学、科学院民族研究所、近代史研究所、云南大学等单位的著名专家参加各边区图的编绘；邀请历史研究所、考古研究所等单位的著名专家参加原始社会及其他图的编绘。以这个阵容编绘的地图，已经不是《杨图》的原貌了，于是地图的名字一再修改，先后曾定名为《中国历代舆地图》《中国历代疆域图》《中国历史舆地图》《中国历代政区图》。1973 年 1 月，由谭其骧主持的协作会议决定，最终将图名定为《中国历史地图集》。1974 年起，以中华地图学社的名义，《中国历史地图集》分八册陆续出版内部试行本。内部本发行以后，在受到国内学界热烈欢迎的同时，也被发现了不少缺点和不得不改的错误。谭其骧深知内部试行本中存在的问题，对如何修改图集提出了一系列意见。1978 年初，谭其骧在工作中突发脑溢血，造成半身不遂。但这并没有成为他决心修订完成《中国历史地图集》的阻碍，中风康复后他仍夜以继日地工作。1988 年 12 月，《中国历史地图集》公开本第八册出版，至此公开本全部出齐。就在这一年的 7 月，78 岁的谭其骧旧疾复发，4 年后去世。

地图集其意义

谭其骧为《中国历史地图集》确立了一个编绘原则，即某一历史时期的中国边界不等于这一时期中原王朝的边界，这是两个不同的概念，不能混为一谈。中国的边界绝不能仅指中原王朝的边界，而应该包括边疆其他少数民族所建政权的边界，因为它们也是中国的一部分。中国是一个由多民族结合并拥有众多人口的国家，是各民族共同缔造的。不仅现在的中华人民共和国是由各民族共同建设的，就是各历史时期的中国也是由各民族共同缔造的。正因如此，我们应该把中华民族各族人民的祖先都看成中国史中的成员，各民族的历史都是中国史的一部分，各民族所建的政权都是中国的政权。这一理论为《中国历史地图集》的编绘确定了很重要的原则，也为中国历史地理的研究确定了空间范围，对于中国历史地理学科的建立具有奠基性意义。这套图集对于我们理解和确定历史上的中国及其疆域范围具有示范性意义。

图 1-3
谢希德校长(右)向里根总统赠送谭其骧主编的《中国历史地图集》,第二排左为谭其骧

这套地图集出版后产生了广泛影响。胡乔木在中国史学会上指出:新中国成立以后,我国史学界做了很多工作,其中最有成绩的工作之一,就是在谭其骧同志和其他同志领导下编纂的《中国历史地图集》。美国亚洲学会主席、斯坦福大学教授施坚雅说:"编绘历史地图集是一件不朽盛事。编绘这套地图集的同仁们,将使全世界汉学学术界受益匪浅。"1986 年,《中国历史地图集》获得上海市哲学社会科学优秀成果特等奖,1994 年荣获国家教委优秀人文社科成果一等奖。

复旦大学圆满完成了国家交给的编绘图集任务，更值得称道的是，因编绘这一套图集而形成了一支强大的历史地理教学科研团队。“以任务带学科”结出了硕果。1982年经教育部批准，复旦大学成立中国历史地理研究所。1983年周振鹤、葛剑雄在谭其骧的指导下获得历史学博士学位，成为全国文科首批博士。1987年复旦大学中国历史地理研究所的历史地理学被确定为国家重点学科，1999年历史地理研究所被评为教育部重点人文社会科学研究基地。

复旦大学中国历史地理研究所在谭其骧先生等老一辈学者的言传身教下，素以学风严谨著称。自成立以来，总体学术水平长期处于国内领先地位，其骨干均为各分支学科的学术带头人，尤其是在疆域政区、水道变迁、地名考证、历史地图的研究和编绘、历史地理古籍整理、历史气候和灾害等方面一直处于学科前沿。作为目前国内专职人员最多、门类最全、总体水平最高、实力最强的中国历史地理专门研究机构，该研究所拥有一批国内公认的学科带头人，梯队结构比较合理，研究涉及历史人文地理和历史自然地理的各个方面，近年来在中国历史地理信息系统、历史人口地理、移民史、历史政治地理、历史文化地理、历史社会地理等人文地理分支学科又有了很大的发展。

（撰稿：钱益民）

复旦人的计算机梦

——以复旦 601 型电子积分机为起点

藏品名称：

复旦 601 型电子积分机

藏品类别：

仪器

所在场馆：

复旦大学校史博物馆

藏品年代：

20 世纪 50 年代

藏品价值：

由复旦大学数学系和物理系师生合作研制的复旦 601 型电子积分机是中国第一台大型电子模拟计算机，它和其后的复旦 602 型计算机开创了复旦计算机研究的历史。

图 2–1

复旦 601 型电子积分机

图 2–2
姚晋（左一）正在向参观复旦 601 型电子积分机的陈望道校长（右三）和外宾解说机器

在复旦校史馆一角，摆放着两张有点发黄的老照片。照片里，一台巨大的、类似老式仪表的“大家伙”矗立眼前，它就是复旦601型电子积分机。1946年，美国宾西法尼亚大学发明人类第一台计算机。相隔10年后，1956年5月，复旦大学数学系和物理系师生合作研究、设计，成功研制出了中国第一台大型电子模拟计算机——复旦601型电子积分机，它能解四阶常系数微分方程等问题。

开拓创新 敢为人先

1956年5月26日，上海《解放日报》头版头条报道了中国第一台大型电子模拟计算机——复旦601型电子积分机。1958年毕业于复旦物理系的何永保教授，不仅见证了最早计算机的研制，也是复旦计算机科学系的第一代系主任，他说：“复旦，不仅是中国第一台电子模拟计算机的诞生地，也是中国系列计算机策源地之一。”从第一台电子模拟计算机之后，复旦计算机研制的步伐便一发不可收。

1958年，复旦大学又开始研制复旦602型电子数字计算机（以下简称602机）。该机采用电子管作为基本元件，用磁芯作为内存，内存容量为1024×4单元，每个单元32位字长，用机器语言编程，运算速度每秒近万次。这是我国第一批自行研制的通用电子数字计算机，也是在我国高校系统最早研制成功的电子数字计算机之一。

602机的研制成功，开创了复旦计算机研究的历史，此后复旦先后研制成功了线切割数控装置、电子束加工专用计算机、905工程丁机（中国第一台文字识别计算机）、719机（第二代数字机）、753机（第三代大型计算机）等各种先进的计算机，复旦成为当时国内研制计算机数量最多、水平最高的高等院校之一，改变了学校过去在全国计算机领域的落后地位。

勇毅钻研 创造奇迹

20世纪50年代初的复旦物理系仅有一个专业即物理专业，连有关无线电电子学的教师也屈指可数，至于作为国家的尖端技术的计算机技术，几乎没有人懂。当时在国内制造一台 103 机计算机是苏联援助的 156 个项目之一，复旦大学是拿不到任何资料和支持的，敢于提出 602 机项目本身就需要足够的勇气与创新精神。1960 年的 4 月，随着 602 机研制组的物理系学生的毕业离开，602 机的研制任务落在了 10 位仅仅读了两年数学的物理系教师身上，他们在补充必要基础课程知识的同时，还要不断对 602 机完成从调试部件单元，到部分调试，直至整机调试的工作。调试工作反反复复，断断续续，但他们始终屏住一口气，顶住外界所有质疑，将全部时间投入 602 机的研制工作中。经过对前阶段调试工作的认真讨论和总结，大家认识到：过去的修修补补不能解决问题，必须推倒重来，全部拆掉重造。经过集体讨论，大家从设计制造、工艺、线路等各方面提出 17 个专题研究课题，提出了设计指标，组织分工包干，最后集体验收。

602 机研制组的全体成员，还为此学习了焊接技术，苦练基本功，通过考核保证全机几万个焊点没有一个是虚焊点。在整个 602 机建造中，他们既是设计师，又是技术工人。工作量大不仅在安装时体现，就是在调试过程中工作也非常艰苦，因为电子管系统需要 24 小时连续工作，不能间断。研制小组分成 3 个组，从调试开始日夜分班工作。1962 年冬天，每天物理楼 6 楼的灯光日夜通明，照耀着漆黑的夜晚，那就是 602 机研制组在艰苦地调试着计算机。602 机（样机）的调试成功并不能说明 602 机成为了真正可用的计算机，因为容量小，输入输出设备还没有配齐，设计上还存在不足。为了使 602 机真正成为一台实用的计算机，602 机研制组开始了以扩大存储器为主的难度更大的二期工程。

存储器的核心元件是记忆磁芯，602 机原来用的 8192 颗磁芯是由上海雷磁仪器厂提供的，此时他们已无法再提供更多更好的磁芯。怎么办？自己研制生产。经过长期的不懈努力，在雷磁厂的协助下，他们终于烧出了 602 机所需要的几十万颗磁芯，就此扩大了存贮容量，重新设计了存储器的线路，并且在指令系统设计、运控与存储并行处理、五极管替代三级管的门电路设计、光电纸带输入机和电传打字输出机等各方面工作也作了相应改进。就这样，只用了不到一年的时间，在 1964 年的时候，602 机就通过了全机的检查程序以及大量实际计算题目的考验，中国第一台自主设计的电子计算机“复旦602”正式宣布研制成功。复旦602机的容量是4096单元，每个单元32位字长，运算速度达10000次，连续稳定工作时间在24小时以上，无论在速度、容量、使用方便和稳定可靠等方面都达到当时的国内先进水平。值得一提的是，“复旦602”是世界上独一无二的木架结构计算机，可以说是复旦历史上当之无愧的奇迹。因为602机是在没有资料、没有专家、没有专业的“三无”条件下，由10个数学系毕业的年轻教师自行研制成功的，他们完成了602机的全部整机设计、线路设计和制作、全机的焊接和装配，参与研制的教师平均年龄才27岁。正是他们的坚持努力与开拓创新，才创造了这样的计算机奇迹。

1971年9月，师生们着手改进研制719电子计算机。该机以小规模集成电路为基本元件，内存容量为1024×32单元，每个单元48位字长，运算速度达到每秒13.5万次。之后，ALGOL-60高级语言编译系统、753大型通用分时计算机系统等一批标志性成果也不断产出，收获颇丰。

1975年9月，在数学系和物理系相关专业的基础上，复旦大学计算机科学系组建成立。这是中国高校中成立最早的计算机系之一。有了属于自己的学科，复旦计算机继续书写着“中国第一”：“石油勘探地震资料数字处理系统”“富春江水库调度系统”等7项成果在1978年首届全国科学大会上获奖；“数控线切割机及其自动化语言”等5项成果获得1978年上海市重大科技成果奖。此外，计算机科学系还相继完成了905工程丁机（789文字识别机）、DJS413计算机、“浦江一号银行计算机软件硬件系统”等一批影响较大的科研项目。

1984年2月16日，对复旦计算机教师鲍振东来说，是难忘的纪念日。这一天，上海所有已经立项的计算机应用项目在上海展览馆展出。上午10点多，邓小平同志来到现场展示点。据鲍振东老师回忆，每走到一个展示点，小平同志都会停下来，仔细看操作员的演示和结果，如中文文件的建立，汉字的输入、修改、打印等；有的单位在计算机里演示了全单位职工的人事材料情况登记、编辑；有的单位演示工作进度、成本核算相应的图表。当小平同志看到两个市少年宫的小朋友演示用高级语言编程、输入、打印时，他意味深长地说了一句：“计算机的普及要从娃娃抓起。”邓小平的这句话，指引了中国计算机发展近30年，也引发了复旦计算机人更深的育人情怀。

科研至上 卓越向前

20世纪80年代，复旦大学已经构建起从本科生到博士生的完善的计算机人才培养体系，同时大力倡导计算机技术的普及。1986年，复旦计算机科学系率先在上海建立计算机应用软件人员水平考试制度，之后普及全国，并于1989年在复旦设立了中国计算机应用软件人员水平考试中心的实施部和命题部。这项最终在国家人事部（现为人力资源和社会保障部）和信息产业部（现为工业和信息化部）领导下的国家级考试，为我国各类IT人才的培养作出了决定性的贡献。

2008年，学校整合校内计算机学科力量，成立计算机科学技术学院（以下简称学院）。2009年，学院成功申报教育部人才培养模式创新实验区。2002年成立的国家级示范性软件学院及2011年成立的国家保密学院，现均依托学院开展办学工作。

目前学院设有计算机科学与技术、信息安全、软件工程、保密技术和人工智能5个本科专业，其中计算机科学与技术和软件工程入选国家级一流本科专业建设点。学院有计算机科学与技术和网络空间安全两个一级学科博士学位授权点；计算机科学与技术有计算机软件与理论、计算机应用技术、计算机系统结构和数据科学4个二级学科博士学位授权点，其中计算机软件与理论为国家和上海市重点学科。学院还有计算机技术领域和软件工程领域的全日制及非全日制专业学位硕士点。此外，学院有计算机科学与技术、软件工程和网络空间安全3个博士后科研流动站，建有1个国家级实验教学示范中心、2个上海市重点实验室、1个教育部工程中心、1个上海市科委工程中心和1个上海市教委工程中心。基于学术界常用指标，2021年，计算机学科QS世界大学排名居全球第44位。据CSRankings统计，近5年复旦大学在人工智能领域的研究成果排名全球第17位，信息安全领域研究成果排名全球第38位。

学院的师资力量雄厚，拥有一支学科结构合理、富有学术活力的教学科研队伍。学院始终把科研工作作为学科建设的重点，在若干方向上取得了有国际影响力的学术成果，在国家关键领域的重要任务中持续作出了贡献。近年来，学院承担了国家重大专项、国家重点研发计划、973 计划、863 计划、国家自然科学基金重点项目及上海市重大科技攻关计划等大量科研项目，在高质量学术论文数量方面取得了显著进步，并连续获得省部级及以上科技成果奖励。

学院也高度重视人才培养，注重学生在计算机基础理论和应用技术方面的综合训练，提升学生的开拓创新能力。毕业生就业率一直位于全校各专业前列，在各行业关键岗位上发挥了重要作用。

学院积极开展国际交流与合作，与澳大利亚国立大学、美国芝加哥大学、美国印地安纳大学、英国埃克塞特大学、日本筑波大学等伙伴高校建立了本科和研究生双学位项目、交换生与暑期实习项目、学术互访与双边研讨会等多种形式的合作关系。学院多次承办高水平国际学术会议，师生积极参加国际学术会议等学术交流活动，形成了大量国际科研合作成果，培养了一大批具有国际视野和国际竞争力的人才。

进入新时代，年轻的复旦计算机人秉承老一辈优秀传统，继续开拓创新。未来，学院将面向新时期国家重大战略需求，瞄准国际学科前沿，不断深化改革，积极推进各项工作，向着一流大学研究型学院的目标稳步迈进。

从“中国第一”一路走来，当下，复旦大学计算机的目标是迈向世界一流。如今，计算机的研究已包含了人工智能计算机、生物分子计算机等全新概念，期待年轻一代的努力，让新的“中国第一”“世界第一”出现在复旦，出现在上海。

（整理：复宇）

追求光明的复旦人①

藏品名称：

复旦大学电光源研究所研制的系列新型光源

藏品类别：

灯具

所在场馆：

复旦大学信息学院光源与照明工程系陈列室

藏品年代：

20 世纪 50—70 年代

藏品价值：

记录复旦光学、光源照明的辉煌历史，中国光源与照明事业的发展历史。

① 文章根据陈大华教授对蔡祖泉老师的采访记录以及徐学基、朱绍伦、周太明、姚佩玉、宋贤杰回忆整理，特别感谢几位教授的细心审核。

图 3-1

复旦大学研制的系列光源（左上一为镉灯、铊灯，右上为金卤灯，左上二为室内照明用金卤灯，左下三为道路照明光源金属卤化物灯，右下为道路照明光源高压钠灯）

从古代神话“夸父逐日”开始，人类追逐光明的脚步就从来未曾停止。复旦大学有一群追求光明的人为中国的光源照明事业奉献出了自己的一生。他们追寻光明的开始要从新中国成立、西方技术封锁中国开始谈起。

研制系列新型光源

20 世纪 50 年代，复旦大学开始电光源工作是因为国内的科研院所很多测试仪器上的灯泡损坏，但他们不会修理。这些科研院所找到复旦大学，希望复旦大学研制仪器上使用的高压汞灯。于是蔡祖泉与同伴们开始专注于电光源领域的研究。高压汞灯与电子管不同，和普通的白炽灯也不同。电子管和白炽灯都是普通软质玻璃做的，而高压汞灯的材料是石英玻璃。普通灯用“杜美丝”做引线，高压汞灯要用耐高温的钼箔做引线，焊接难度很大。从事这项研究必须具备两个技术条件：一是要了解并掌握金属与

图 3-2
20 世纪 70 年代，蔡祖泉给电光源所职工讲解玻璃的吹制和焊接技术

图 3-3
1976 年，蔡祖泉给第一届电光源专业学生讲解大功率金卤灯

玻璃封接的技术，即如何将石英玻璃与金属有效地焊接在一起；二是需要真空设备技术。蔡祖泉做过 X 光管的玻璃封接，可以把膨胀系数差别很大的铜和玻璃封接起来。他认为，只要金属的熔化温度超过玻璃的熔化温度，封接金属的厚度在允许的应力范围内，就可以进行封接。由于石英玻璃的膨胀系数很小，钼融化的温度高，其膨胀系数又比石英大一个数量级，蔡祖泉就想用钼箔来进行密封试验。钼的融化温度在 2610℃以上，石英在 1700～1800℃就会融化，这样就可以进行石英玻璃与钼箔的封接了。因为钼箔很薄，做高压汞灯时研究人员没有很薄的钼做引线，他们就用煤气和氧气灼烧钼杆，趁热用手工将其敲打成薄片，通过化学处理以后得到 0.025～0.03 mm 的钼箔薄片，然后将钼箔和石英进行封接，封接以后再进行真空试验，没有漏气。由于这种封接技术的突破为研制高压汞灯创造了条件，不久高压汞灯研制成功。由于高压汞灯在复旦点亮，复旦大学党委副书记王零亲自过问电光源的试验情况，决定加强发展电光源实验室，并派出毕业的优秀大学生和抽调一些实验室的职工来支持电光源的开发和研究工作。

“人造小太阳”引起轰动

20 世纪 60 年代初，刘少奇主席到东南亚访问期间，我国新闻记者用的是老式“放炮型”新闻灯，如排球大小，这种灯体积庞大，安全性不高，曾引起过爆炸事故。看到缅甸记者用的是只有钢笔大小的碘钨灯，刘少奇主席希望缅甸领导人能送一只碘钨灯给他，却遭到拒绝。为了争口气，蔡祖泉开始着手研制“自己的新闻灯”，半年后，中国成功生产出了仅有钢笔大小的碘钨灯。产品送到北京试用后，得到周恩来总理的首肯。这是一项“争气”的发明，复旦大学科研工作者用行动证明了中国的技术实力已经大大提高。更重要的意义在于，这为新闻工作者提供了便利，中国新闻摄影记者扛着硕大照明光源的情景从此一去不复返了，这使蔡祖泉由衷地感到欣慰和自豪。

在此基础上，复旦大学电光源实验室开始研究卤钨灯、新闻摄影卤钨灯、短弧氙灯、长弧氙灯、氢弧灯和各种原子光谱灯，特别是 100 千瓦的长弧氙灯，点亮了复旦校园和

图 3-4
1965 年复旦大学举办元宵灯会，蔡祖泉介绍研制成功的新型光源

上海人民广场，在国内引起巨大轰动。复旦大学电光源的开发在全国电光源领域领先一步，能取得这样的成就，与电光源实验室教职工付出的艰辛努力和心血是分不开的。

1966 年初，复旦电光源研究所的研制成果参加了由高教部在北京举办的全国高校科技成果展览会，在此次展览会上，一个 200 千瓦的长弧氙灯的发光亮度像一个“人造小太阳”，在北京引起轰动。当时的国家领导人邓小平同志等也参观了复旦大学的电光源研究成果展览室。当时的高教部长蒋南翔鼓励复旦继续研究电光源，并下拨经费改善研究条件，在复旦大学建立电光源研究大楼。1966 年 7 月，蔡祖泉出席了四大洲国际物理暑期讨论会，与会期间受到了周恩来总理的亲切接见，这成为蔡祖泉一生中最难忘的事情。

由蔡祖泉带领的一个电光源研究小组一直在开展对新型电光源的系列研究，从研制成功我国第一只高压汞灯起，到 1965 年又先后研制成功了碘钨灯、长弧氙灯、超高压球形氙灯、超高压汞灯、空心阴极灯、氢弧灯、同位素氪（86）灯等 10 余类照明光源和仪器光源，并先后获得国家级和省部级创造发明奖和科技进步奖。他们研制出了许多的气体放电灯，研制成功后就无偿将技术转让给工厂，工厂再研发机器进行规模生产。这一年，经过多次攻关和反复试验，蔡祖泉团队与上海亚明灯泡厂合作成功研制出主要用于道路照明的我国第一只高压汞灯。1964 年，该灯就出现在上海的南京路上，整条商业街瞬时增添了热闹繁华的气氛。同年，1000 瓦的卤钨灯又研制成功，主要用于农业打谷场照明，深受广大农民欢迎。到 1965 年底，他们又接连研制出脉冲氙灯、氢弧灯、氪光谱灯、超高压强氙灯、充碘石英钨丝灯和超高压强汞灯，大大缩短了我国电光源研究水平与国际上的差距。

"人造小太阳"和"争气灯"的研制成功，使身为发明者的蔡祖泉在光源照明界声名鹊起。他所带领团队取得的这一系列硕果，使复旦大学在全国电光源领域占据了领先地位。

1968 年以后，蔡祖泉接受了"651"卫星项目的任务，该任务是将 25 千瓦的水冷电极短弧氙灯，用作航天工业部大型空间环境模拟设备——太阳模拟器——的光源，当时国际上只有少数国家能生产这种灯。该成果研制成功后，在航天工业部 511 试验站使用，并于 1980 年获国防部重大科技成果二等奖。

在"文化大革命"期间，复旦大学电光源研究所仍旧继续研究光源，为国防科工委研制了一个 25 千瓦的水冷短弧氙灯模拟太阳光，用来检测模拟太阳辐照下卫星上天材料的性能。一般的灯没有这种光谱，而氙灯有这种跟太阳相似的光谱。这个"小太阳灯"用了 8 年多的时间，最终在 1978 年研制成功，填补了国内空白，并荣获国家发明三等奖。

布局学科 共筑未来

粉碎"四人帮"后不久，高教部部长蒋南翔视察复旦大学，参观了复旦大学电光源研究所，给从事光源研究的人以极大的鼓舞。1978 年，高教部批准了复旦大学 4 个研究所，分别是：苏步青教授领导的数学研究所、谈家桢教授领导的生命遗传研究所、谢希德教授领导的近代物理研究所和复旦大学电光源研究所。正是由于改革开放，1979 年春天和秋天，电光源研究所代表高校首次走出国门，分别参加了国际电光源会议和国际照明会议。电光源研究人员蔡祖泉一行了解国际光源和照明的发展现状后，意识到自己和国外同行之间的差距，决心使复旦大学电光源研究尽快迎头赶上，一方面要加快研究新型光源，另一方面要加速培养电光源专业人才。

蔡祖泉把一批批年轻人送到美国、英国、德国、日本学习深造，与这些国家的同行建立友谊，了解国外照明行业的现状。他们调研了全球 38 所大学，考察他们在电光源领域的建系规范，探讨在复旦的办系条件、理由和具体做法。在此基础上，蔡祖泉根据国际调研的情况先向复旦大学党委汇报，并撰写成立电光源系的可行性报告，得到复旦大学党委的肯定和支持；之后向教育部正式汇报，得到了国家教育部的认可；最后经过教育部特批，1984 年复旦大学成立了光源与照明工程系，开始为全国培养电光源方面的高级专业人才。

复旦大学是国内唯一培养光源照明专业学生的学校。那些学成回国的年轻教师和学生成为了既有专业经验又有科研能力的教师，为培养学生，复旦大学电光源系许多教授自己编撰《电光源原理》《光源电器》《光源原理与设计》《电气照明设计》等一系列专业书籍，复旦大学信息学院已经申请到光学工程一级学科，培养了一批又一批光学工程后备军成为中国光源照明行业的管理和技术骨干，并将自己的研究成果转化为新一代智能产品，投入生产，造福人民。

近年来，光源与照明工程系充分发挥高校的综合优势，先后成立上海汽车照明工程中心和上海显示技术中心光源实验室，并进一步开发新光源，重点是各类节能光源、光源材料、光源用电子器材、工艺设备的研究开发及照明工程 CAD 辅助设计，瞄准世界先进水平，形成教学、研究、开发、推广一体化的研究机制。“八五”“九五”期间，该系承担的照明电器领域的开发任务水平一直处于国内领先地位。尤其是在绿色照明领域取得了杰出的成就，先后完成了几十项重大项目，荣获国家级、省部级的发明奖和科技进步奖多项，出版了专著和译著 20 多部，在国内外重要刊物上发表论文百余篇。其中电真空实验室编写的《电光源原理》在 1977 年由上海人民出版社出版，并荣获中国轻工业科技进步奖一等奖。该系研究的各种节能光源，产生了显著的经济效益和社会效益，多年来，荣获国家科技进步奖一等奖 1 项、国家科技进步奖二等奖 1 项、国家科技进步奖三等奖 1 项、教育部科技进步奖一等奖 2 项、文化部科技成果奖一等奖 1 项、国防科委奖二等奖 1 项，以及其他各种省部级奖励 100 多项。

回顾历史 启迪后人

复旦大学电光源作为中国高校最早创办的光源学科，具有辉煌的历史。1955 年，复旦大学研制成功第一支国产 X 光管，填补了我国医疗仪器的空白；60 年代初，蔡祖泉教授凭着一股“为国争光”“有条件要上，没有条件，创造条件也要上”的精神，带领电光源研究小组经过艰苦奋斗，解决了钼箔与石英玻璃封接的关键技术，研制成功我国第一只高压汞灯，又填补了我国新光源的空白；此后到 1965 年，蔡祖泉教授先后研制成功碘钨灯、长弧氙灯等 10 余类照明光源和仪器光源，极大地缩短了我国电光源研究开发与国际水平的差距。正是蔡祖泉带领一群追求光明的复旦人研制出一系列新型光源，打破了国际封锁，才让刚刚站立起来的中国老百姓用上了中国人自己研制的灯泡，满足了中国国防、影视、工业、农业和民用的迫切需求。从学徒工到光源专家的蔡祖泉被尊称为“中国的爱迪生”“中国电光源之父”，演绎了用双手改变命运的传奇。蔡祖泉教授不仅为中国研制新光源作出了开拓性的贡献，还为复旦和社会培养积聚了电光源人才队伍。他创建的电光源研究室 1978 年正式成为复旦大学电光源研究所。

复旦电光源研究所勇于承担国家下达的研发任务，追赶国外先进技术，先后研制成功大功率水冷电极短弧氙灯、紧凑型荧光灯等十多类新光源，研制成功复合式大型自动分布光度计、紫外辐照度计、核爆炸亮度仪等测试设备。初步使复旦大学成为我国光源研发的基地，并因此荣获国家 20 多项奖励，其中复合式大型自动分布光度计研

图 3-5
新型光源检测使用的大型立式分布光度计

图 3-6
复旦大学电光源研究所与其他单位合作的项目荣获国家科技进步奖一等奖

制获国家科技进步奖一等奖。复旦电光源研究所被国内外公认为我国光源与照明领域的权威研究单位之一。

经国家教委批准，1984 年，复旦大学成立光源与照明工程系，建立了光源与照明专业，使原电光源研究所成为教学、科研一体化的机构。2003 年 3 月教育部又批准将该系的光源与照明专业拓宽为电气工程与自动化专业，并保留光源与照明工程研究方向的特色，为光源系开辟更广阔的发展前景。30 年来，光源与照明工程系为我国培养了一千多名高层次照明人才，他们已成为中国照明行业的领导力量。

随着以 LED 为代表的第四代光源的快速发展，我国将半导体照明列为战略性新兴产业，照明产业面临重大技术需求。复旦大学抓住机遇，以信息学院的电光源、光学工程、微电子、光电子和光通信等与照明相关学科的研究人员为基础，建设先进照明工程中心，2013 年底通过了教育部的验收，为光源与照明工程学科未来的发展奠定了良好的基础。

中国“光明行”系列活动也在向世界照明行业发出复旦的声音，无论在传统照明时代，还是半导体照明新时代，“复旦力量”总是走在照明技术的最前沿，引领时代前进。

凝聚复旦力量，绽放复旦光芒。复旦大学将在人力、财力、物力和政策等方面继续大力支持光源与照明工程系和先进照明技术教育部工程研究中心的建设。希望以创建国家级工程中心为目标，做好发展规划，走产学研发展道路，多出成果，为我国照明产业作出更大的贡献。

今天的上海灯火璀璨，美丽的夜景让无数人心驰神往，驻足留连。国内一批批新光源的问世让新时代的城市拥有了夜的灵魂和激情。其中许多新光源的发明者、中国电光源奠基人、上海首批劳动模范之一、复旦大学电光源研究所的蔡祖泉教授和这些追求光明的复旦人将永远被镌刻在中国照明史的丰碑上，给后人以引领和启迪，用他们的成果和传奇告诉后人：追求光明的复旦人不仅点亮了上海，还要照耀海内外。

（整理：马波、宋定龙）

以梦为舸　瀚海扬波

——上海交通大学不懈追逐海洋强国梦

藏品名称：

郑和 2000 料海船模型、沙船模型、“蛟龙号”载人潜水器模型、“天鲸号”海上大型绞吸疏浚装备

藏品类别：

模型

所在场馆：

上海交通大学董浩云航运博物馆、上海交通大学校史博物馆

藏品年代：

20 世纪 00 年代

藏品价值：

郑和宝船：中华海洋文明的代表和人类大航海时代开始的象征。沙船：近现代上海城市发展的重要驱动力。“蛟龙号”载人潜水器：将中国的深潜技术带向世界舞台。“天鲸号”海上大型绞吸疏浚装备：我国第一艘全电驱动的大型自航绞吸挖泥船。

图 4-1
郑和 2000 料海船模型

图 4-2
沙船模型

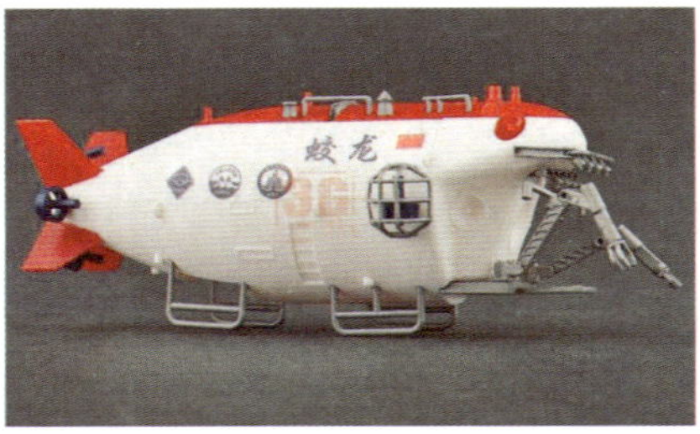

图 4-3
“蛟龙号”载人潜水器模型

图 4-4
“天鲸号”海上大型绞吸疏浚装备

15 世纪初，郑和率队七下西洋，涉海万里，揭开了世界历史新纪元的序幕；数百年后，享有“现代郑和”美誉的中国航运先驱董浩云开创了中国、亚洲乃至世界航运史上的多项第一。今天，在位于上海交通大学徐汇校区的董浩云航运博物馆内，1100 余件藏品向人们诉说着古往今来关于海洋的诸多传奇，铺展了一幅中国人向海而行、乘风破浪的史诗图卷。上海交通大学与海洋的渊源可谓不浅。从 20 世纪初的上海高等实业学堂航海专科到今天位列世界第一的船舶与海洋工程学科，交大船海人对海洋强国梦的追求绵延百年，从未停歇。其中满载着华夏儿女振兴民族航运事业的爱国情怀，也传承着中华民族以梦为舸、瀚海扬波的“蓝色信念”。

推源溯流，开启向海图强的漫漫征程

“逐梦深蓝”从古至今都是中华民族不变的追寻。孔子在入世探索的道路上受阻时，发出了“道不行，乘桴浮于海”的感叹，这是古代哲人寄托于海洋的美好愿望；曹操“东临碣石，以观沧海”，抒发的是满腔抱负和对海洋的无限憧憬；宋朝诗人面对泉州港的繁荣景象，挥毫“苍官影里三洲路，涨海声中万国商”，再现当时港通天下的盛况；元朝典籍中“舶挂十丈之竿，建八翼之橹”的记载则见证了船舶建造工艺的日臻精湛。到了明朝初年，中国的造船、航海事业更是发展至顶峰，特别是在永乐年间，船舶的数量庞大，种类繁多，造船厂（场）遍布全国各地，造船技术也堪称世界之最，由此加深了对海洋的探索。1405 年开始，郑和先后 7 次率领庞大的船队纵横于西北太平洋和北印度洋的广阔水域，遍历亚、非 30 多个国家和地区。较之西方哥伦布、达·伽马等人的船队，郑和船队的远航早了半个世纪，其航海规模之大，船只及人数之多，足迹之广，堪称世界航海史上的伟大壮举。在洪涛接天、巨浪如山的大海上，郑和的船队“云帆高张，昼夜星驰”，开辟了数条横渡印度洋直达非洲的新航线，此举对于促进中华文明的传播、加强明朝与海外诸国在政治、贸易、文化方面的交流意义非凡。梁启超在《祖国大航海家郑和传》一文中称赞说：“运用如此庞硕之艨艟，凌越万里，叹我大国民之气魄，洵非他族所能及也。”

那么梁启超所说的“庞硕之艨艟”是什么样的呢？我们通过郑和2000料海船可见一斑。这艘船长61.2米，宽13.8米，排水量约为1170吨，属于福船类型，高大如楼。明朝水师与葡萄牙远征舰队交火战船、郑成功收复台湾所用战船、清代早期东南贸易及海上移民用船，以及“海上丝绸之路”所用的交通工具等，都属于福船类型。福船在中国航海史上发挥着突出作用，是中华海洋文明的代表和人类大航海时代开始的象征。

然而，清朝后期实行的闭关锁国政策使中国的航海业渐趋衰败。到鸦片战争前后，中国的海洋事业已大大落后于世界步伐。当西方殖民者的炮舰驶抵国门时，中国却陷入了“茫茫大海，从无把握”的境地。“商业振兴，必借航业，航业发达，端赖人才”“维护领海主权，要先造就航政人才”，在民族危难之际，盛宣怀、张謇等有识之士率先发出了发展航海教育的呐喊。航运系国运，1909年，为响应清政府挽回航权、发展远洋航运和航海贸易的号召，上海高等实业学堂（交通大学时名）设立航海专科（又称高等船政专科、船政科），标志着我国近代高等航海教育拉开序幕。1911年，航海专科扩充为邮传部高等商船学堂，唐文治兼任监督，我国第一所高等航海学府正式成立。几经变迁，发展为如今的上海海事大学、大连海事大学。1943年，交通大学成立造船工程系，又设航海、轮机两个专修科。这不仅是我国大学里建立的第一个培养大学本科生的造船工程系，而且是培养造船工业高级技术人才的摇篮，为我国此后造船工业和科学技术的发展作出了卓越的贡献。1952年，经院系调整，同济大学、武汉交通学院和上海市工业专科学校的造船系科被合并到交通大学，至此，上海交通大学造船系集中了全国有关造船专业的全部师生，队伍明显壮大。

改革开放初期的1978年，为适应国家海洋开发的需要，船舶工程系扩展为船舶及海洋工程系。在全国设有造船系的学校中，上海交大船制系率先进入海洋工程领域。1981年，船舶与海洋结构物设计与制造、船舶与海洋工程结构力学、船舶与海洋工程流体力学获批博士学位授予点；1985年，“船舶取消前支架纵向下水新工艺”项目获得国家科技进步奖一等奖。1987年，船舶与海洋工程结构力学、船舶与海洋工程流体力学两个学科被评为全国重点学科。1997年，为不断拓展专业领域，船舶与海洋工程学院正式成立。

进入 21 世纪，船舶与海洋工程学院从“大海洋格局”着眼，紧抓机遇，顺势而为，逐步形成海洋工程技术与海洋科学交融的新的学科格局；船舶与海洋工程学科在历次学科评估中均位列第一或被评为 A+，在 2017—2019 软科世界一流学科排名中均位列世界第一。

与国同行，共赴海洋强国的追梦之旅

陈列于董浩云航运博物馆一楼展厅的沙船模型源自上海地区的江海两用船。沙船是中国典型的平底帆船，18 世纪初就已活跃于中国沿海的北洋航线上。上海依港而立、因港而兴，沙船对于上海尤其具有重要意义。乾隆时期的《崇明县志》称：“沙船以出崇明沙而得名。”据资料记载，清代中后期，中国输往海外的棉布、丝绸和茶叶，大多由沙船从上海输出，每年吞吐量在 120 万吨至 150 万吨之间。沙船运输业的壮大推动了上海经济的发展，使上海成长为全国最大的港口城市。中国著名的现代航运先驱董浩云曾经就是旧上海沙船大王。沙船堪称近现代上海城市发展的重要驱动力，因此上海市徽的设计将沙船图案作为核心部分，以纪念上海这座城市与沙船的深厚渊源。

同样起源于上海、振兴于上海的交大船海学科百年来也汲取着东海之滨的养分和力量，始终与国家和民族的命运紧密相连，为发展海洋高等教育、实现海洋强国梦想添砖加瓦。

1943 年，在民族救亡的关键时刻，交大造船系诞生。它不仅是我国大学里建立的第一个培养大学本科生的造船工程系，而且从此结束了我国造船工程高等教育断断续续、风雨飘摇的历史，开始稳定地规模化培养造船工业的高级技术人才，为我国此后造船工业和科学技术的发展作出了卓越的贡献。经过几代人的不懈努力，单一的造船系延伸发展为如今的船舶与海洋工程系。第一代系主任、造船界一代宗师叶在馥，著名老一辈造船专家辛一心、杨仁杰、王公衡、张文治、王荣瑸、杨俊生、杨檏等都曾在这里任教。交大船海人几十年来始终致力于实现海洋强国的梦想，无论是在烽火连天的艰难岁月，还是在新中国船舶工业一穷二白的窘迫形势下，都源源不断地为国内各大船厂、科研院所、海军部队、行业主管机关输送着一批批杰出人才。交大船海系也创造了中国航运业的多个“第一”：我国第一艘万吨轮总设计师、第一艘航空母舰总设计师、第一代核潜艇总设计师、第一座超深水钻井平台总设计师……如今，新一代船海人仍在不断续写着交大船海人的使命与坚守，近年来在基础理论研究和国家重大装备研制等方面取得丰硕成果，以第一完成单位获得国家科技进步奖特等奖、国家自然科学奖二等奖、国家科技进步奖二等奖、省部级特等奖和一等奖等奖励 10 余项。

这是一个学科 70 余载走过的路，这是几代船海人心血结出的果实。从大江大河到大洋大海，交大船海人不懈奋斗，追逐着同一个海洋强国梦。

大国重器，见证海洋文明的“高光时刻”

徐汇校区校史馆 3 楼陈列着我国第一台载人潜水器“蛟龙号”的模型，该模型由“蛟龙号”总设计师、上海交通大学 1958 届船舶制造系校友徐芑南院士在 2016 年上海交通大学 120 周年校庆之际，向母校慷概捐赠。“蛟龙号”深海潜水器由我国自行设计、自行集成并独立完成海上试验，代表着世界深海高新技术领域的最前沿。它的外形像一条鲨鱼，可以在水下行动自如；7 个像螺旋桨一样的推力器，可以让深潜器实现前进、后退等动作；通过潜水器的 3 个窗口，潜航员和科学家可以观察到海底世界；此外还有两只机械手臂和一个采样篮，用来提取海底的地质样本。“蛟龙号”载人潜水器使我们能够一睹海底真容，也使我国在深海地质、物理、化学、环境和生物等科学考察方面有了更多的发言权。

“上九天揽月，下五洋捉鳖”是人类对征服星辰大海的无限遐想。但相比于对浩瀚宇宙的探索和发现，人类对于深邃海底的认识却要少得多。去过太空的宇航员不在少数，而真正“打卡”海底深渊的人却屈指可数，由此可见深海潜水的难度有多大。目前，中国是为数不多的拥有能下探到6000米深度以上的作业型载人潜水器的国家，而“蛟龙号”的下潜深度更是达到了7000米，这也意味着“蛟龙号”可以在99.8%的海域开展深海调查。

其实，真正的海底远远不是我们想象的那样绚丽多彩，而是十分冰冷、黑暗的，水压还特别大。迄今为止，人类自由潜水的极限深度只有200米。别说是人，即便是鱼类，在8500米以下的海底也几乎绝迹。所以必须有潜水器的帮助，我们才能探索深渊区。而在“蛟龙号”立项之前，我国研制过的下探深度最深的潜水器只能下探600米。从600米到7000米，是非常大的技术跨越，深度每增加100米，海水的压力就会增加10个大气压，难度可想而知。此外，作为一项大的系统工程，“蛟龙号”的研制涉及耐压结构和密封技术设计、高比强度合金材料的加工成形技术、航行性能优化、水下定位、水下通讯、自动控制等多个领域的最前沿技术，需要联合国内上百家科研机构集智攻关，难度非常之大。

在这项艰巨任务的背后，有一位默默无闻的勇士，他就是“蛟龙号”的总设计师徐芑南院士。当时被选为总设计师的徐芑南已经66岁，并身患心脏病、高血压、偏头痛等多种疾病，一只眼睛仅存光感。“国之所需，我之所向”，顾不得自己的身体状况，徐芑南义无反顾地投入到了“蛟龙号”的研发项目当中。在他的率领下，“蛟龙号”接连取得1000米级、3000米级、5000米级和7000米级海试成功，并于2012年6月在马里亚纳海沟创造了下潜7062米的中国载人深潜纪录，这也是世界同类作业型潜水器最高下潜深度纪录。2014年12月18日，“蛟龙号”首次赴印度洋下潜，将中国的深潜技术带到了世界顶端的舞台。

大国有重器，装备见匠心。除了专注深潜的“蛟龙号”，上海交通大学船舶与海洋工程设计研究所还深耕特种船舶的研制，相继自主研发了以“天鲸号”为代表的59座海上大型绞吸疏浚装备，打破了“关键核心技术要不来、买不来、讨不来”的困境。以“天鲸号”为代表的系列海上大型绞吸疏浚装备是挖掘、输送、定位三大专业设备系统与船体的高度集成，拥有强大的挖掘和输送能力“武装”，以“天鲸号”为代表的大型绞吸挖泥船不仅能够围淤治污、建设港口，更能“吹沙填海”。在执行吹填作业时，“天鲸号”挖泥船可以在不同海况和海底地质条件下进行作业，能以每小时 4500 立方米的速度将海沙、海水的混合物排放到 6000 米外，每小时可挖掘的海底混合物，可以填满一个标准足球场大、半米深的坑。自投入使用以来，“天鲸号”等系列海上大型绞吸疏浚装备承担了远海建设、“一带一路”国内外港口航道建设等重大工程，在多个重点项目建设中显示出巨大威力，创造了显著的经济和社会效益。2017 年 5 月 26 日，中国商务部发布 2017 年第 28 号公告，为维护国家安全，对大型挖泥船实施出口管制，未经许可任何单位和个人不得对外出口。这则毫不起眼的“小公告”，是中国疏浚设备领域的一个巨大进步。从“全靠进口”到“限制出口”，上海交通大学联合国内产学研用各单位，带领中国的疏浚设备走出了一条自主创新之路。2019 年，由谭家华牵头完成的“海上大型绞吸疏浚装备的自主研发与产业化”项目荣获国家科技进步奖特等奖。

上海交大船舶与海洋工程学科历经 78 年的蓬勃发展，已经成为基础扎实、底蕴深厚、面向世界、面对未来的高素质创新人才的培养基地，成为优势突出、特色鲜明、孕育创新的高水平科学研究基地，船舶与海洋工程在国家一级学科评估排名中居全国首位，在服务国家战略的过程中取得了一大批标志性成果，践行着把论文写在祖国大地上的使命。

“因图强而生，因改革而兴，因人才而盛”是上海交通大学秉承的立校之本。从 1937 年冒着战火硝烟回到祖国、104 岁高龄还牵挂着年轻人培养的杨槱院士，到深藏功名三十载、终生报国不言悔的黄旭华院士，从谭家华、何炎平到他们身后“拧成一股绳”的科研团队，这些骑鲸蹈海的英雄乘风破浪、壮志凌云，铸就了一个又一个国之荣耀。九层之台，起于累土，上海交通大学船海学科循着先辈的足迹，铭记光荣传统，着眼于国家和民族发展的战略需求，将自身的科研重心与国计民生紧密相连，致力于引领国家海洋科技创新，助推海洋强国建设。“舵稳当奋楫，风劲好扬帆。”逐梦深蓝，向海图强，上海交大船海人始终与国同行，与国同在。

（撰稿：何芳宇、胡焕芝）

薪火相传　弦歌不辍

——上海交大开创中国电气工程高等教育的先河

藏品名称：

马可尼铜柱

藏品类别：

建筑

所在场馆：

上海交通大学工程馆前

藏品年代：

20 世纪 30 年代

藏品价值：

上海交通大学电气工程学科发展的见证者。

图 5-1
马可尼纪念柱植基礼

在上海交通大学徐汇校区工程馆前草坪左侧，有一件造型简单的纪念物——马可尼铜柱掩隐在绿树丛中。川流不息的人流中少有人注意到它，遑论说出它的身世来历。然而，这一隐没的“贵胄”其实默默地记载了“无线电之父”古列尔莫·马可尼（Guglielmo Marconi）对交大学子的无限希冀以及交大电气工程学科的百年辉煌。

电波流连，大师植基矢志不渝

1933 年 12 月，无线电发明家马可尼勋爵夫妇应邀访问交大。马可尼是人类无线电通信的创始人，于 1909 年荣获诺贝尔物理学奖，被称作“无线电之父”。

马可尼来到交通大学访问时，交大举行了马可尼纪念柱植基礼，时任中央研究院院长的蔡元培及社会各界知名人士，会同交大前任校长及千余名师生齐到场，见证了这个形式简明而又意义深刻的典礼。12 月 8 日当天，马可尼轻抚闪闪铜柱，亲手铲开土壤，把高高的铜柱植立于徐汇校区工程馆前的草坪之上。铜柱直径寸余，高达二十尺（即约 6.67 米），状如马可尼于 1895 年设计的柱状垂直天线。此柱由交大校友、中国无线电工程学校校长方子卫捐赠，命名为“马可尼铜柱”，以之勉励青年学子矢志科学研究，勇于发明创造。近百年来，马可尼铜柱所象征的科学发明精神已深深植根于交大，广泛地影响着崇尚科学的青年学子，演化为交大培养出来的科学家和工程师的共同理念，激发一代又一代交大人继往开来、勇于创新。

在马可尼精神的激励和感召下，自 1908 年设立电机专科始，在 123 年的办学过程中，上海交通大学电气工程学科缔造了无数奇迹。从这个中国工程师的摇篮中，走出了许多全国乃至世界知名的杰出人物，薪火相传，弦歌不辍。如今，在“双一流”建设的征程上，历尽百年辉煌的上海交大电气工程学科再次站在了与国同行、建功立业的时代新起点上。

饮水思源，栉风沐雨开启征程

1908 年，上海交通大学电气工程学科由时任邮传部上海高等实业学堂（上海交通大学前身）校长的唐文治先生创建，它是中国第一个电机（气）学科，开创了中国电气工程高等教育的先河。其后，东南大学、北洋大学、同济大学等纷纷仿效，设立电机科。办学初期，交大电机专科以“中学为体、西学为用”理念培养新学人才，积极引进外籍教师，同时，电气工程学科的教学计划也被不断修订，课程设置日趋完善，例如对专科的课程设置进行

图 5-2
唐文治校长与 1918 届土木科电气机械科毕业生合影

调整，以美国同类学科设置为蓝本，引进最新课程，为国家培养了第一批电机工程师。与此同时，实验设施也在不断完善，1910 年学校在中院后建立发电厂供学生试验用，1913 年在上院后建立电机试验室，1919 年建成无线电台和无线电试验室，均为我国高校中同类学科的首创，交大工程教育亦由此发端。

1921 至 1927 年间，在“教研结合”办学思想的指导下，电机工程科的科学研究活动初步兴起，师生同时开展学术研究。1926 年，在凌鸿勋校长的筹划下，设立工业研究所，为国内最早设立的大学研究所。这一时期电机工程科的电机试验室渐趋完备，与欧美近代实验室相当。

1928 至 1936 年，是交大迅速发展的“黄金时代”，电机工程科更是这一黄金时代的代表和缩影。这一时期，学校在办学上继承和发扬了早年“求实学，务实业”的优良传统，形成了“门槛高、基础厚、要求严”的办学特点，学校参照麻省理工学院等高校模式办学，教育水平和教学质量均堪称国内一流。电机工程科在这一阶段积极实践教研结合的办学思想，名师荟萃，英才辈出，享有“中国电机工程师的摇篮”美誉。因为 1933 年“无线电之父”马可尼来访，也大大提高了国际影响力。

抗战期间，电气工程学科的师生们在艰苦的条件下依然不懈奋斗，培养了大量专业人才，他们在新中国成立后大多成为电信部门、计算机、自动化和系统工程等新兴技术部门及高教界知名的专家、学者，如中国计算机科学技术的奠基人之一夏培肃院士、电磁场与微波技术专家陈敬熊院士、通信系统工程专家和教育家陈太一院士。

新中国成立后，交大人怀着高昂的热情为发展新中国高等教育事业进行了不懈的探索。这一时期电类学科虽历经院系调整等变化，却始终坚持和发扬求真务实、爱国荣校的优良传统，克服重重困难，艰苦奋斗，潜心钻研，为国家工业化建设和国防科技发展输送了大批人才，取得了一批有价值的学术成就和应用成果，如我国第一台数字式鱼雷射击指挥仪、朱物华主持研制的为国家重点工程配套的水声工程设备等，为国家国防现代化作出了重要贡献。

随着改革开放的深入，本着“百年大计，教育为本”的思想，1987 年交大与原水利电力部联合办学，成立电力学院，下设 4 个系（电力工程系、电机工程系、信息与控制工程系、能源工程系）和 1 个电力科学技术研究所。在这一发展背景下，教学方面，电力学院坚持老电机系重理论教学和重实践的传统，编写出版了大量的教材，开设学校一类课程和精品课程，建设电工实习基地，组织学生暑假进行社会实践。1999 年，学院又按照 MIT 办学模式，创办全国第一个电气信息工程（EIE）试点班，实现从专才向通才、从教学向教育、从传授向学习的转变，构筑教育大平台、专业教学平台。在基础设施建设和实验室建设方面，1989 至 1993 年间建成电工力学楼、能源楼、信控楼、电力楼、电机楼，建筑面积 32000 平方米，投资 2100 多万元。1995 年，电力学院有实验室 8 个、电工实习基地 1 个、计算机站 3 个、电化教室 2 个。这一时期，电气工程系在办学模式、人才培养、学科建设、实验室建设等方面均取得令人瞩目的成绩，交大与原水利电力部联合办学也使传统学科获得了飞速发展，被国家教委赞誉为“联合办学的典范”。2001 年底，交大将电子信息学院与电力学院合并，成立电子信息与电气工程学院，历经学科调整，电力学院成为现在的电气工程系。面对建设世界一流大学的艰巨任务，电气工程系抓住国家“985”“211”学科建设和国家电力工业和能源领域的大好发展机会，延续了此前快速发展的大好形势，进一步整合资源、积聚力量，向世界一流的学科稳步迈进。如今，上海交大电气工程学科已成为中国高校电工二级学科设置齐全、师资力量雄厚、实验设备先进的电气工程类专业之一，在中国高等工程教育史上具有重要的地位。

与国同行，星汉灿烂成果斐然

百余年来，上海交大电气工程学科敢为人先，缔造了无数个“第一”。从中国第一台内燃机、第一台中文打字机、第一个无线电台到第一台双水内冷汽轮发电机，都凝聚着上海交大电气学子们的青春和智慧，实践着中华民族伟大复兴的梦想，在每个时代奏响着历史的最强音：1915 年，电机科毕业生周厚坤发明中文打字机；1919 年，张廷金教授建成我国高校第一个无线电台；1942 年，近代中国机械工业奠基人之一的支秉渊制造了中国第一辆汽车；1958 年，汪耕院士等研制出我国第一台双水内冷汽轮发电机。除此之外，还有我国第一个电机实验室、第一门无线电课程、第一台变压器、第一台交流发电机和电动机、第一只电子管、第一只黑白显像管、第一个从事高层次电气工程人才培养的交通大学电信研究所、到达北极探索电离层的第一人……引领全国之先的交大电气工程学科，为我国电气工程的教育的形成与发展积累了有益的实践经验，为我国电气工程学科发展输送了大批人才，在推动我国工业现代化的历程中体现了工程教育的特殊价值和巨大力量。

在这赫赫征程中，交大电类学科也始终保持初心，与国家和民族的发展同向同行，涌现出了以“两弹一星元勋”杨嘉墀，新中国电子工业奠基人罗沛霖，中国运载火

图 5-3
新中国第一支雷达兵

箭技术研究院运载火箭系列总设计师、国家月球探测工程副总设计师龙乐豪为代表的，在各个时期为祖国强盛而努力奋斗、建功立业的先进群体与个人，在中国电类学科高等教育史上写下了浓墨重彩的一笔。

新中国成立之初，我国的雷达技术、装备和系统，均是零基础。1950 年“二六大轰炸”后，面对祖国的召唤，电机工程系“电四讯”毕业班的 20 多名党团员主动请缨，于 1950 年 2 月 16 日春节大年夜之日的下午，毅然赶赴上海警备司令部情报处报到，融入了上海防空保卫工作的事业中。在蒋大宗老师和上海国际无线电台总工程师钱尚平的指导下，他们建立了新中国成立后上海的第一个雷达站，成为了新中国第一代雷达兵，为保卫上海作出重要贡献。

1955 年，由于国家建设和国防建设的需要，同时为了改变高等教育布局不合理的现状、支持西部社会经济发展，国务院决定交通大学内迁西安。以钟兆琳、沈尚贤、严晙、黄席椿等教授为代表的电类学科专家以实际行动作出表率，积极响应党和国家的号召，“与党和国家的发展同向同行”，从繁华的上海迁至古城西安，成为西部大开发的先行者，为支援西部高等教育事业的发展作出了宝贵的贡献。他们身上“胸怀大局、无私奉献、弘扬传统、艰苦创业”的西迁精神传承至今。

学校注重服务于国家战略目标和国家安全需求，着力发挥电类学科优势，积极承担国家重大项目，参与政府决策咨询和中长期规划，提高社会智库服务能力。学院积极组织参与数字媒体、光通信及器件、无线通信、卫星导航、微电子、智能电网、人工智能等领域的国际标准和国家标准的制定，参与“一带一路”国家重大战略（如北斗导航服务），培养了一批适应产业转型升级的优秀科研人员及拔尖创新创业人才，对国家重大战略和经济社会发展的贡献稳步提升。

席裕庚教授领导的预测控制原理与系统设计项目组是我国最早从事预测控制理论研究的研究团队。在近 30 年的研究中，项目组形成了系统性的研究成果，培养了大批专业研究和应用人才，带动了预测控制这一学科分支在我国的发展；郁文贤教授团队长期深耕于高精度可靠定位导航技术与应用，建立了国内首套支持批量化质检服务的综合性导航产品检测系统，支撑了上海区域导航产业以 30% 的增长率快速发展，推动和引领了我国北斗导航技术的进步和产业发展；张文军教授团队长期专注于数字电视广播的系统和标准技术研究，承担了从“神六”到“神十”返回舱的搜救指挥、超高清电视记录发射等重大任务，为我国电视广播数字化进程的成功开启、首个地面数字电视强制性国标的确立及广泛应用、网络化时代广播与宽带网协同传输机制的建立，作出了开拓性和持续性的贡献；谷大武教授团队突破了密码芯片攻防的系列关键技术，实现了国产芯片在民生、工业领域的大规模应用并辐射海外，防护技术用于国内主流企业的芯片设计；管海兵教授团队的虚拟机运行支撑关键技术与应用，引领电信业务云化升级改造走在全球前列，为我国发展自主可控的信息产业作出了重要贡献；江秀臣教授团队致力于电力科技的最前沿，专注于电网设备和电网控制关键技术的科研工作，为提升我国电网的智能化水平、系统可靠性和运行效率，保障电网安全等方面作出了重要贡献，大大提升了中国在智能电网方向的国际影响力。

自 1908 年设立电机专科始，在 110 余年的办学过程中，上海交大电气工程学科随母校迭经变革，历尽沧桑，虽栉风沐雨，仍薪火相传，弦歌不辍。它的快速发展不仅构建了今日中国信息化时代的基础，也为我国社会主义现代化建设作出了有目共睹的巨大贡献。

（整理：何芳宇）

博极医源　精勤不倦

——上海交通大学医学院的时代担当

藏品名称：

《病原学》课本、震旦大学医学院王振义院士毕业合影

藏品类别：

纸质文献影像材料

所在场馆：

上海交通大学医学院院史馆

藏品年代：

1933 年（《病原学》课本）、1937 年（震旦大学医学院王振义院士毕业合影）

藏品价值：

《病原学》课本：我国第一部以阐述病原微生物为主的论著。该书由余濱、顾寿白、程瀚章校编，其中余濱是我国现代医学史上第一位细菌学博士。震旦大学医学院王振义院士毕业合影：照片第三排左三为王振义，第一排左五为王振义夫人谢竞雄。王振义是内科血液学专家、中国血栓与止血专业的开创者之一，被誉为"癌症诱导分化之父"。

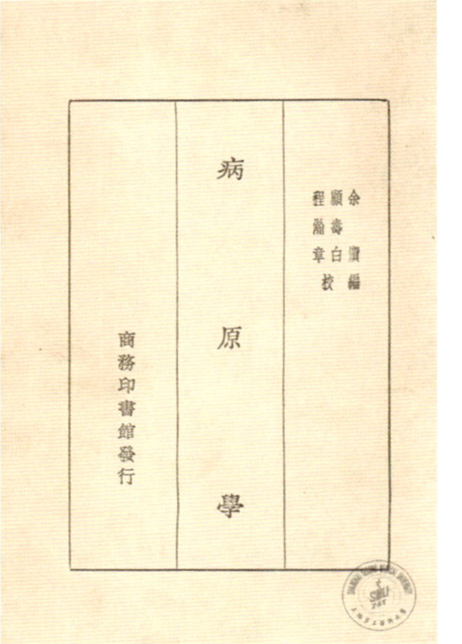

图 6-1
《病原学》课本

图 6-2
震旦大学医学院王振义院士毕业合影

上海交通大学医学院历史悠久，在国内外享有盛誉。这座培养医学人才的摇篮位于黄浦腹地，坐落在南北高架的东西两侧，红墙映日、梧桐环绕。在这座小而美的校园一角，静静矗立着一栋不显眼的法式建筑——上海交通大学医学院院史馆。这栋小楼里的“宝贝”犹如一张藏宝图，凝聚了高山仰止、闪闪发光的医源传奇，激励着上下求索的后辈，在白袍路上精勤不倦、砥砺前行。

上海交通大学医学院院史馆于2012年开馆，最初设在医学院西院老红楼，设计紧扣“教书育人”“百年树人”的理念，以听诊器、血管、大树等设计元素表现医学特色，力求体现出历史的厚重感。展馆分成领导关怀、杏林英华、薪火传承、百年树人、厚德为医、创新之光、博采众长、精神家园八大板块，包括千余张照片和百余件实物。院史馆以丰富多彩的形式展现了上海交通大学医学院的历史发展和成就贡献，是一部生动感人、富有教育意义的院史教材。2016年，恰逢上海交通大学建校120周年，医学院将原在老红楼的院史馆迁建至东6舍。

在百余年的办学历史和近70年的建校过程中，交大医学院走出了一大批名师名医名家，为中国医学发展史作出了卓越贡献。院史馆是学院文化和精神传承之所在，展现了众多医学前辈的风采以及学院发展的丰硕成果，是进行院史院情教育的重要基地，在创建世界一流大学医学院过程中，不但能够发挥文化传承和成果展示的作用，也必将激励医学后辈为医学院的发展、为祖国医学事业的发展作出更大贡献。

博极医源 精勤不倦

上海交大医学院曾用名圣约翰、震旦、同德，被很多老上海人熟知。60多年前，这三所学校合并，组建了上海第二医学院。

三校合并听起来容易，在略显保守的医学世界里，却是一次极大的挑战。

圣约翰大学医学院、震旦大学医学院和同德医学院，分别代表着三种不同的西医流派：英美派、法比派和德派。

20 世纪初，属于英美派的圣约翰大学医科可谓名冠全国，也是上海交通大学医学院的源头。圣约翰大学是美国基督教圣公会设在上海的一所教会大学，是上海历史最悠久的教会高等学府。圣约翰医学院是约大的重要组成部分，它创办早、学制长、重质不重量，56 年中，只培养了 466 名毕业生，但其毕业生成才率高，校友大多是学有所成的专家、名医。

更值得一提的是圣约翰的学风，美国式的宽进严出提升了这所学校毕业生的成才率，1943 年 120 名学生中毕业的只有 24 名。医学院在 1901 年到 1952 年期间毕业的 466 人中，有众多响当当的医学大家：颜福庆、牛惠霖、刁信德、王以敬、黄铭新、郭迪、董方中、周孝达、江绍基等。

震旦大学是以法语教学为主的大学，最初由国人创办，后由法国天主教会管理，1912 年开设了医学先修课，整体移植了法国本土医学教育。震旦教学中最注重运用直观方法，通过观摩实习、实地考察、社会调查等方式提高学生的动手能力和分析能力，引导学生养成独立观察和思考的习惯。解剖学是基础医学阶段重要的课程，第二、三学年中，平均每天要进行两个小时的解剖学习。这样注重实践动手能力的医学授课法在当时的医学院校中实属罕见。

不仅如此，震旦教学中还重视医德教育，开设了“医业伦理学”课程，确保医生执业后恪守医师道德和保守医业秘密等。38 年间，震旦培养了一大批医学精英，如王振义、史济湘、杨士达、聂传贤、陈敏章等。

同德医学院是由具有校友会性质的团体——中华德医学会创办的。学院创办于 1918 年，教学格外突出实践性。同德学生到了四五年级，每周上课的 31 小时中，实验课达到 13 小时，还不包括临床实习时间。据统计，同德医学院在办学的 34 年中，共培养了 10555 名毕业生，包括陈中伟、陈王善继等名家。

正是这样的三所医学名校，在 1952 年秋，随着中央教育部调整高校政令的发布，三江汇流，走到一起，成立上海第二医学院（以下简称“二医”）。在之后的办学过程中，各派抛弃门户之见，融百家之长。

震旦大学原校长胡文耀从来就是一个倡导融合的人。过去，他要求震旦的中国教授讲师必须受过最新的科学教育，外籍教授也要通晓中国情形。1949 年以后，他顶住天主教会的压力，力保震旦继续开办。圣约翰大学医学院原院长倪葆春是中国现代整形美容外科的第一人，他也参与了“二医”的筹建。为了照顾医学幼苗的成长，他长年住在学校三舍的职工宿舍里，让舒适的花园大洋房空关着。直到古稀之年，才卸下学院的行政职务，与夫人——我国著名的妇产科专家、原一医妇产科医院院长王淑贞教授——迁回旧居。同德医学院兼职教授余濱是我国第一位细菌学博士，1942 年开设了自己的医学化验所。三校合并后，他捐出了化验所，担任学院微生物学教研室主任。当时，细菌学教研组仅 4 人，余濱几乎承担了全部教学任务，他将科学知识以生动活泼的形式和通俗易懂的语言进行传授，使学生受益匪浅，铭记于心。

对医学的执着坚守让三校合并后的“二医”格外出彩。细看今天医学院的诸多教学特色，仍可找到当年三校的痕迹——崇尚实验科学、突出实践、注重直观等，而这些也成为“二医”最为鲜明的特点。正因此，人们相信“那里毕业的医生动手能力强，看得好病”。三校合并，博采众长，在“二医”时间里，重庆南路 227 号走出了一批又一批优秀的医生。

进入新千年，合并的议题再起。2015 年 7 月 18 日，原上海交大与原上海第二医科大学合并，强强联合，组建成立新的上海交通大学医学院。这次合并满足了新医学时代的要求——医工、医理结合。未来的医生，不仅需要会拿手术刀，而且还要了解高科技的医疗器械、拥有信息技术能力。未来的一流医院，必然要依靠医生与工程师的合作，才能给患者最合适的治疗。

这样的方向指引着医学与理工科走到一起，两校合并为此创造了最大的便利。这是一道一加一远大于二的算术。至此，医学院的发展驶入快车道，生物医学多学科交叉发展之路拥有了更高的起点、更宽的视野和更远大的目标。

唯有创新
方能卓越

人类发展的历史也是对抗病魔和死神的历史。20 世纪以来，医学的革命性成果充满了医者的智慧、勇气和情感。过去的 60 多年里，上海交通大学医学院在临床治疗领域创造了许多亚洲第一和诸多国内第一，解决病患疾苦的医者之心是缔造各种医学第一的唯一动力。

得白血病，何其不幸，但若得的是急性早幼粒细胞白血病，在今天又是不幸中的万幸。由上海瑞金医院血液科医生们提出的“全反式维甲酸 + 三氧化二砷”联合疗法，已让急性早幼粒细胞白血病的总治愈率达到 90% 以上，被誉为“上海方案”。急性早幼粒细胞白血病由此成为人类第一个可基本治愈的成人白血病。这一成果绕不开一个人——我国著名血液学专家、中国工程院院士、国家最高科技奖获得者、瑞金医院终身教授王振义。

1978 年，王振义将中国传统医学理念与现代医学理念相结合，尝试将癌细胞“改造”成正常细胞，这一“诱导分化”理念为癌症治疗提供了全新的途径。经过 8 年探索，1986 年的一天，上海市儿童医院血液科收治了一名 5 岁女孩，她身患急性早幼粒细胞白血病，生命垂危。孩子的父母向医生恳求，无论如何救救孩子。王振义从夫人——儿童医院的谢竞雄医生——口中得知孩子的情况后，提议道：“我们研究的这个药，试验效果很好，你们可以试试看。”一个疗程后，病情真的缓解了！之后，小病人的情况越来越好，并最终实现治愈，存活至今，已结婚生子。女孩 25 岁时来探望王振义，她的母亲感慨当年的治疗：“就是神药！”这就是全球公认的诱导分化理论让癌细胞“改邪归正”的首个成功案例。

1963 年 1 月 2 日，上海机床钢模厂 27 岁的青年工人王存柏，右手腕关节以上一寸处被冲床完全切断，被送到上海市第六人民医院。那时国内外处理断肢病人的惯例是医生将病人伤口洗净、消毒，然后缝合包扎，待以后安装假手。

当时，上海市第六人民医院医生已进行过大量的动物试验，也接活过断了 75% 的手臂，但是接完全被切断的手从未在临床上试验过，全世界也没有断肢再植成功的先例。

被国际医学界称为“世界断肢再植之父”的陈中伟当时还是一名青年医生。在救治王存柏的手术中，包括陈中伟在内的团队历时 8 小时，完成了世界医学史上具有里程碑意义的断肢再植。陈中伟等又帮助病人成功地闯过肿胀关、感染关、康复关，半年之后接上去的手恢复正常，王存柏又可以打乒乓球了。

此后，经过在断肢再植领域里的艰苦探索，上海市第六人民医院骨科专家解决了保存离断肢体、延长肢体缺血时限、解除血管痉挛、防治再植肢体肿胀等技术难题，扩大再植的指征，提高断肢再植成功率，使医院成为“世界上最大的再植中心”，被誉为“中国断肢再植的摇篮”。

无独有偶，炼钢工人邱财康从没想到过自己的名字会与医院、医学乃至医学史如此紧密地联系在一起。和他有关的这个故事，成为中国乃至世界医学史上的一个重要标记：“1958 年广慈医院（瑞金医院前身）成功抢救大面积烧伤工人邱财康”的案例，成就了中国烧伤学科的源起。而后医院探索、总结出的烧伤休克复苏“瑞金公式”，应用“冬眠合剂”降低应激反应、保护脏器功能的危重烧伤救治策略以及早期切痂、大张同种异体皮覆盖创面、自体皮片和同种异体皮嵌植的“皮肤混合移植技术”三大危重烧伤救治的核心技术，奠定了现代中国烧伤治疗基础，也启发了后续诸多国内重症烧伤救治和创面处理技术的发展。

拥有 13 家附属医院的上海交通大学医学院，还有很多这样的医学成功案例。“中国式换脸”、亚洲首例心脏移植手术、国内首例连体婴儿分离手术、国内首例胸骨缺损移植修复手术、亚洲首例成人胰岛细胞移植和肾－成人胰岛细胞－肾联合移植……他们在新中国医药卫生发展史上不断书写着奇迹。

勇立潮头
砥砺奋进

无数奇迹故事的背后，都是上海交通大学医学院坚守医学初心、牢记健康使命的缩影。每一个都凝聚了交医人的智慧，每一个都展现了交大医学院的卓越，每一个都点燃了交医人再创辉煌的激情与动力。

120 余年办学历史，60 余载风雨征程，上海交通大学医学院经过几代人的不懈努力和奋斗，于繁华都市之中秉“仁心仁术济苍生”之情怀，以谋求国家强盛、探究科学真知、践行医学使命，以传承文化精粹为己任，致力于培养有灵魂的卓越医学创新人才。薪火百年相传，一代一代医学人坚守医学初心不改；岁月百年沧桑，循前任足迹，牢记医学誓言不悔；风雨百年飘摇，拂开尘埃，回溯历史，肩负医学责任不放。

在一个个奖杯、一篇篇重量级论文、一项项重大科研成果突破的背后，是制度的创新、大胆的探索。先行先试、勇立潮头是上海交大医学院攀登医学事业高峰的真实写照。从前些年的“学术特区”“人才特区”的超前改革，培育一批国内顶尖的基础医学科研人才，到今天的将基础医学和临床医学研究全面贯通，打造“双百人”队伍，上海交大医学院在推进“双一流”的建设征途中，正在向着多领域的前沿医学技术进军，不断追求卓越，创造新的发展奇迹。未来，上海交通大学医学院将在更加广阔的舞台上，与国内外同行合作，以临床医学的巨大资源为基础，带领中国的临床科研再攀高峰。

在生命医学高速发展的当下，医学院各家附属医院中也正冉冉升起一批备受瞩目的新星，在国际舞台上熠熠生辉，照亮中国百姓的健康之路。他们领航，深耕常见病、突破疑难症；他们探路，让顶尖先进诊疗“利器”服务精准医学；他们攀登，从临床发现问题，让科研再次推进临床。这，或许就是一所医学院的时代担当。

当前，人类的科技进步达到了前所未有的高度。人工智能、大数据、基因技术……新兴技术各自加速发展，随后互相交叉，已经在医学领域得到了应用。接下来，新技术与医学的深度融合必将促成更多的医学进步，但要让各种设想成为现实，已然需要有更多原创性的、划时代的创新。上海交通大学医学院将继续秉承和发扬海纳百川、博采众长的包容气度，健康所系、性命相托的责任意识，追求卓越、敢为最先的创新精神，注重实践、求真进取的务实作风，主动对接国家战略需要和世界科技前沿，牢牢把握新的发展机遇，团结一心，勇攀高峰，在新的征途上开创医学院全面发展新篇章！

从 1896 年至今，这座跨越了三个世纪的百年医学院，正向着世界一流医学院的目标扎实迈进。因为融合，所以创新；因为创新，所以前行。

（撰稿：童宽、张晓晶、汤黎华）

扬起同舟之旗　肩负共济重托

——南极科考的同济校旗

藏品名称：

同济第一次参与南极科考的百年校庆旗帜、考察队员签字留念的院旗

藏品类别：

纺织品

所在场馆：

同济大学档案馆

藏品年代：

21 世纪 00 年代

藏品价值：

是同济大学投身南极科考事业、服务国家发展战略的见证。

图 7-1
同济第一次参与南极科考的百年校庆旗帜

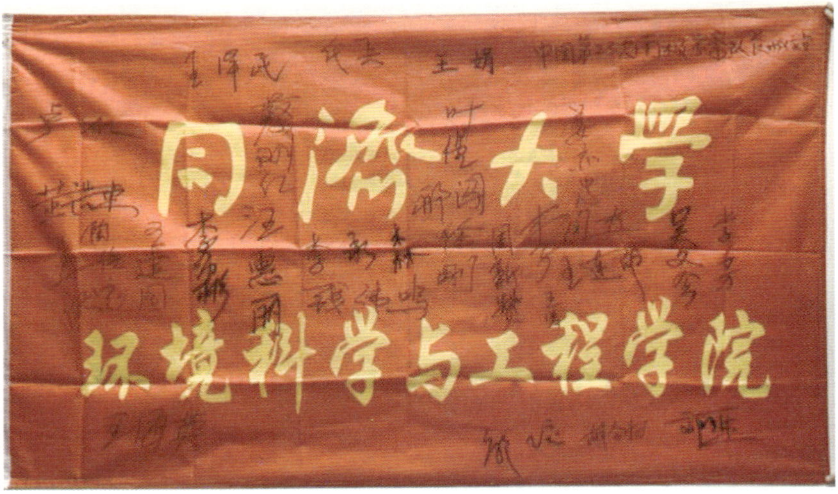

图 7-2
考察队员签字留念的院旗

现收藏于同济大学档案馆的这两件藏品，展示了两面与众不同、意义非凡的旗帜，是同济大学第一次参与南极科考的历史见证。它们的故事要从两位同济教师开始：一位是海洋与地球科学学院的王汝建，另一位是环境与科学工程学院的王娟。2006 年 11 月底，学校举行了王汝建、王娟赴中国第 23 次南极科学考察的欢送仪式，校领导为他们授旗，并希望在同济百年校庆之际，同济大学的旗帜能在南极高高飘扬。12 月初，两位同济人出发前往南极。当 12 月 21 日王汝建踏上南极大地的那刻，他想起了与校领导的“约定”，拿出同济百年校庆旗帜，在南极上空挥舞，留下了这张珍贵的照片。2007 年 3 月，他们返回祖国时，王娟带回了签满同行考察队员名字的环境学院院旗，为同济百年校庆献上了一份珍贵的礼物，用实际行动向学校深情告白。从此，一代代同济人发挥学科优势和专业特长，坚持奋斗在南极的冰雪世界，不畏路途艰辛，不惧艰难险阻，心系国家，献身科学，用万众一心的期盼，用中华儿女的脚步，积极投身中国南极事业，践行了同济大学“与祖国同行、以科教济世”的责任与担当，谱写了一曲科技创新、极地强国的华美赞歌。

以学科专业优势
谱振兴中华赞歌

中国的南极科考事业是振兴中华、为国争光、造福人类的伟大事业。人类航行于此，欣赏它绝世的美，专心致志又满怀敬畏。1984 年，我国首次进行南极科考，从此开始了“为人类和平利用南极作出贡献”的极地探索；1985 年，我国建成了第一个南极科考基地——长城站。2005 年，中国南极内陆冰盖科考队成功登顶冰盖最高点——冰穹 A；2020 年，中国第 36 次南极科考圆满落幕。破冰船、科考船、雪地车、飞行器，承载着中国人的梦想；长城站、中山站、昆仑站、泰山站，铭刻着中国人的智慧；南大洋、陆缘冰、潮汐缝、冰盖巅，记录着中国人的传奇。在南极科考中，中国已在多个领域取得了举世瞩目的突破性成果，正由一个极地科考大国向极地科考强国快速迈进。中国极地考察 36 年的奋斗与发展，见证了我国改革开放的伟大历程，充分展示了中国大国、强国的形象和地位，彰显了中华民族造福人类的夙愿和使命。

在南极科考事业中，同济人从未缺席。同济大学自2005年参与南极领域工作以来，以站基建设环境影响评价为起点，以南极考察活动为基础，以学科特色为核心，以科普教育为延伸，围绕南极考察和科研开展了一系列工作。海洋、环境、国关、城规、测绘五大学院的海洋地质学、空间物理、地球物理和地球信息、环境工程、环境科学、国际政治、建筑技术科学、测绘科学与技术等学科参与其中，并取得了积极进展和显著成果。南极是地球的寒极、旱极、风极，而同济科考队员们就是挑战极限的追梦人，是南极大地上的“中国好汉”。

海洋与地球科学学院、环境科学与工程学院是同济大学最早进入南极科考领域的两个学院。海洋与地球科学学院的前身是创建于1975年的海洋地质与地球物理系，1982年恢复学位制后首批获得海洋地质硕士学位授予权，1983年成为当时国内高校中唯一的海洋地质学博士点。2015年，海洋科学入选上海市“高峰学科”计划。环境科学与工程学院是全国高等院校中最早以学院建制成立的环境教育和科研学术机构，其前身是1952年成立的上下水道系及1981年成立的环境工程系。2002年，联合国环境规划署－同济大学环境与可持续发展学院成立，使同济大学的环境学科跨入了全面国际化环境教育和科学研究的新阶段。2017年，环境科学与工程入选“一流学科”建设榜单。在优势学科的推动下，一代又一代的同济科考人踏上这片未开垦的处女地，创造了卓越的科学成就，为南极科考事业作出了贡献。有一种报国情怀叫“我在南极科考！”。他们呼吸着南极的风，奋战冰原、挑战极寒，彰显了南极科考的中国实力；他们抵御着冰封的寒冷，潜心钻研、攻坚克难，体现了战略决策的中国智慧。

在参加南极科考的同时，同济大学积极探索极地环境的科普教育工作。2008年，学校与中国极地研究中心共建了“极地环境保护实践基地”，开展极地科普宣传，邀请专家做科普讲座，开设极地通识课，编写科普读物，举办国际极地年活动，致力于培养科考精神，树立科学意识，不断普及极地知识、宣扬环境保护意识。

“认识南极、保护南极、利用南极”是习近平同志对中国南极科考事业的高度指示。进入新时代，极地与深海、太空、网络空间并列为全球治理新疆域。同济大学正在积极筹建三极科学研究院，利用学校在海洋、环境等领域的综合优势，服务于我国极地科考与国家战略。同济人奋楫争先，用信念坚定南极的同济力量，用实干写下南极的同济足迹。

展冰雪南极豪情 献赤诚报国雄心

为了永远留存珍贵瞬间，王汝建将这张同济第一次参与南极科考的百年校庆旗帜的照片捐赠给了档案馆。2006 年 12 月 2 日，王汝建随队从首都国际机场飞往澳大利亚。8 日下午，他搭载“南极光”号考察船前往南极。王汝建以随笔形式记录下了征程中的“独家记忆”。在 12 月 3 日这天，他写下了这样一句话：“留住生命就留住了事业与幸福。”确实，南极科考不是一件轻松惬意的事，要面对许多不可预见的危险与突发状况。而在一望无际的茫茫航程中，考验已悄然而至。

素有咆哮的魔鬼海区之称的西风带海域，犹如一道波涛汹涌的天然屏障，紧紧守护着地球最南端的神奇大陆——南极洲。“南极光”号离开港口时顺风顺水，10 日下午进入西风带时，海况和气候发生突变，阴沉沉的天空只听风声呼啸。船大幅度地上下左右摆动，摇晃厉害时，王汝建连坐都坐不住，只能躺在床上，有时还要用带子捆住自己。14 日船驶入西风带中心，狂风呼啸，巨浪滔滔，一会儿将船推上浪尖，突然又坠落到谷底，液压平衡器发出的阵阵尖叫声令人胆战心惊，大家的心都提到了嗓子眼。在海上“漂流”的十几天里，“南极光”号在大洋中犹如一叶孤舟，载着科考队员的顽强意志和坚定信念，终于安全闯过了西风带。在经历了三大洋的惊涛骇浪和浮冰区的艰难驰骋后，“南极光”号于 21 日抵达中山站。当王汝建踏上南极大地时，他激动的心情溢于言表。他想起了出发前与校领导的“约定”，随即拿出同济百年校庆旗帜，让它在南极上空迎风飘扬。地理上的国家十分遥远，心中的学校近在咫尺。“享受南极，挑战极限，终于实现了自己一生的夙愿，完成了自己的又一个历史使命，没有辜负学校全体师生的希望和嘱托。”此时此刻，王汝建的内心流淌着一股暖意。

通常游客到南极，可以惬意地跟企鹅嬉戏，跟海豹合影，见证“鲸鸿一瞥”，但科考队员到南极的关注点却完全不同。南极气候从古至今是如何演变的？极地气候变化对我国气候环境会带来怎样的影响？这些问题一直是学界的研究热点，也是王汝建在南极孜孜不倦地苦苦寻觅的答案。在随后的几个月里，他开展了对东南极达尔克冰川的定期观测和冰雪样品采集工作，并成功采集到多个湖泊沉积物样品。别小看这一块块小小的沉积物，这些都是王汝建的宝贝，里面蕴藏着巨大“秘密”。一个微小气泡可能蕴含着过去150万年左右的气候变化信息，它们记录了亿万年地壳的变动，为东南极地区1600年以来的气候变化研究奠定了基础。大名湖、团结湖、进步湖，这些被赋予了使命感的湖泊名字，是王汝建执行考察任务的重要区域。他或在湖边安装水平面变化观测标尺，或穿梭在皑皑冰洞之间采集样品。在南极科考还是一场体力与毅力的

图 7-3
王汝建（中）在进步湖开展作业

较量。国内与南极温差将近 50℃，在这片和企鹅、海豹当邻居的净土上，无论是日常生活还是科考执行，都是一连串难题。外出作业时，王汝建在雪地中徒步行走六七个小时是家常便饭，遇上暴风雪天气行动会更困难，说不定一阵风就能把所有东西吹走。有时靴子里灌进雪水，照样要走几小时，采样时冰冷刺骨的湖水会让手指冻得没有知觉。但寒冷的天气并没有阻挡王汝建的热情，在南极无论有多艰苦，只要一想到自己的研究可能会对国家、对人类有贡献，他就觉得一切都值得。

在南极，王汝建经历了严酷奇寒的风雪考验，目睹了近在咫尺的科学之谜，亲手采集到了宝贵的科学研究样品，切身感受到了南极纯净孤绝、神奇而脆弱的原荒之美。正是这种甘于奉献、锲而不舍的精神，让他十几年如一日地遨游在科学的海洋。他用实干留下南极的同济足迹，用智识服务祖国的极地战略，他带领的团队先后多次

图 7-4
王汝建获得“中国极地考察先进个人”荣誉称号

参与了南极科考。2017年，王汝建获得“中国极地考察先进个人”的荣誉称号。这份荣誉是对他投身极地科考事业的最佳肯定，也是对以他为代表的同济科考人“认识极地、造福人类”美好夙愿的极大鼓舞。

以王汝建团队为代表的海洋学院充分发挥海洋地质学、空间物理、地球物理和地球信息等学科优势，寻秘冰川古境，考察海域地质，分析大洋生物，研究海洋气候，解锁南极“源代码”。海洋地质学科得到国家“211”和“985”计划重点支持，2000年入选上海市“重中之重”学科，2001年被评为国家重点学科，2006年建成海洋地质国家重点实验室。这是一个学科的发展之路，也是同济人追寻极地强国梦的奋斗之路。

创建站环评先河
兴极地强国使命

王娟见证了这面在同济第一次参与南极科考时由考察队员签字留念的院旗的诞生。在中国第23次南极科考中，王娟随队在长城站开展了南极菲尔德斯半岛生态环境监测调查工作，包括湖泊水质在线监测及水样采集、半岛地区土壤样品采集等。她参加此次科考是肩负重任而来，这还得从2005年环境学院参与南极建站环境影响评估工作说起。

人类活动对南极自然生态会产生怎样的影响？如果有，又如何把人类的行为限定在可控范围内？从1998年起，任何一个国家在南极建立科考站，都必须拿到破土动工的“许可证”，其中就包括综合环境评估（以下简称环评）。当中国筹备第三个南极科考站昆仑站时，环评就成为一道必须逾越的任务。2005年12月，环境学院杨海真教授从中国极地研究中心“领命”，带着两位博士生王娟和陆志波（他们后来都成了同济环境学院的教师），开始编写中国首个建站环评报告书。

“对南极的环境评估都是从零起步的，”王娟说道，“费尽心思买了一堆检测仪器和设备，包括一台冰箱，可到了才知道，多数仪器根本用不上，也测不到数据。”当时团队开展这项毫无经验可借鉴的环评任务已非易事，而王娟在地球之端的南极进行工作更是难上加难。在南极，没有嘈杂的人流，没有繁华的街道，没有拥堵的交通，也没有高楼林立，只有黑白颠倒的极昼极夜，以及超强紫外线及暴风冰雪的肆虐。野外采集时，满目积雪，落脚很可能踩的是万丈深渊，厚重的积雪可能卡住腿脚，到处可见的冰裂隙随时可能吞噬生命。然而，这一切并未击退这位精神坚韧的女科研工作者。她冒着零下几十度的极寒，顶着每秒十几二十米的风速，克服了极端干燥、强烈紫外线伤害、艰苦饮食起居等困难，每天坚持采样、观察、记录，确保科研过程的完整和严谨，围绕那里的“水土”，为评估报告积累实测大数据。

此后一年，团队中另一位队员“接力”南极大冒险，尝试采样南极菲尔德斯半岛地区的泥土，进一步研究人类活动对土壤环境的影响。团队成员夜以继日地起草、修改、完善报告，经过两年多的努力，2008 年，编写成员之一的陆志波作为中国国家代表之一，向南极条约协商国组成的专家团报告了中国南极昆仑站的建站环境影响评估，

图 7-5
王娟在菲尔德斯半岛西海岸野外踏勘

并顺利通过。他兴奋又自豪地说道："我们的报告通过了包括美国、澳大利亚在内的28个南极条约协商国组成的专家团答和评审。"

这一成果填补了我国在此方面的研究空白，环境学院实现了南极科考站建站环评的首捷。此后，中国第4座、第5座南极科考站的建站环境影响评价报告都由环境学院领衔完成。"其实极地建站的评估报告并不如你想那么神秘。"陆志波说，根据《南极条约》，评估报告有相关格式内容要求，7道"填空题"完成一份报告。他还担任了第5座南极科考站罗斯海新站选址队队长，参加了中国第33次南极科考，带领8位队员进行选址优化比选，推动中国南极科考进入罗斯海这片"潜力无限"的前沿地带。极昼期间那里没有黑夜，每天无论清晨还是半夜，只要环境条件适合直升机起降，他们就要背上各种仪器开始工作。这里是南极最美丽的海湾之一，然而与美景共存的是威力

图7-6
陆志波（右）在孤寂的难言岛为科考站选址

十足的风。他们只能依靠双脚，咬紧牙关在强风中走遍计划作业点。地表裸露出沙土和碎石，很容易崴脚或摔跤，队员们与其说是行走，还不如说是在棱角分明的石头上跳来跳去地前行。南极科考责任与危险并存，但他们用灿烂的笑容为彼此加油。“虽然我们每一个人的付出微不足道，但在一代又一代中国极地工作者的努力下，我们有理由相信，中国的海洋极地强国终会实现。”陆志波说。这群可爱又可敬的奋斗者，彰显着中华儿女为国求索的精神永续，中华民族造福人类的初心不改。

环境学院从零基础出发，以国家重点学科的环境工程为基础，借助优势学科，开展了卓有成效的站基环境影响评价工作，为中国争取到了一张张“国际通行证”，并在南极开展了站基水质管控、半岛湖泊监测、污染漂移研究等多项重要的科考任务。呵护好南极这片净土，为我国站基建设和极地科考活动提供了支撑保障，也促进了一个学科的发展和成熟。

扬起同舟之旗，肩负共济重托。同济大学服务国家战略，勇闯南极新域，在海洋地质、环境保护、测绘遥感、建筑技术等诸多领域作出了积极贡献，展示了一所百余年学府对社会和国家的担当和责任。尽管人类探索南极的脚步走了一百多年，但我们对这片神秘大地的了解十分有限。与探索南极相伴而生的，总少不了“冒险的激情”和“向前一步的勇气”。爱国、求实、创新、拼搏的同济科考人，排除千难万阻，施展聪慧才智，创造了卓显的科学成就，走出了同济人的奋进之路，弘扬了大学文化的精神之光，点亮了新兴中国的实力之举。伟大的事业始于梦想，基于创新，成于实干，让我们在习近平新时代中国特色社会主义思想的指引下，砥砺奋进，开拓创新，为中华民族续写新篇章！

（撰稿：张静）

钩深致远　不忘初心

——同济大学科考版“老人与海”

藏品名称：

2018 年 5 月汪品先院士在南海搭载“深海勇士”号 4500 米载人深潜器时所穿的套装

藏品类别：

纺织品

所在场馆：

同济大学档案馆

藏品年代：

2018 年

藏品价值：

2018 年 6 月，汪品先院士身着绣着“中国载人深潜”字样的服装乘坐“深海勇士”号结束科考航次，返回三亚。这展现了我国载人深潜技术的不断成熟，也见证了同济海洋人刻苦钻研的专业精神。与此同时，80 多岁高龄的汪品先院士，三次深潜，体现了我国老一辈科学家对待科学一丝不苟的态度和无私奉献的精神。

图 8-1
2018 年 5 月汪品先院士在南海搭载“深海勇士”号 4500 米载人深潜器时所穿的套装

海洋强则国家强，海业兴则民族兴。在全球资源日益紧缺的形势下，对海洋的研究和利用具有重要的战略意义。同济海洋地质学科起步于20世纪70年代，经过几十年的发展探索，已成为我国高等教育海洋地质学科的引领者。无论是科研实践还是作育人材，同济海洋人勤于钻研，默默耕耘。他们信念坚定，满载中华儿女振兴国家海洋事业的爱国情怀和初心，坚定不移地前进着。

在同济大学的档案馆里保存着一件珍贵的藏品——2018年5月汪品先院士在南海搭载“深海勇士”号4500米载人深潜器时所穿的套装。这不仅仅是一件衣服，更是一段发展史，它承载着像汪品先院士一样的同济海洋人为国家海洋事业付出的努力、为海洋人才建设倾注的心血，也在讲述着汪品先院士专研学术和学业传承的记忆。

博学笃志
不忘初心
探索海洋求真谛

汪品先出生于1936年的老上海，战乱的年代、清苦的童年生活使他早早养成独立的性格和思考能力。在格致中学的时光，给了汪品先投身国家宏伟事业最初的启蒙。他在格致中学建校145周年的文集中写道：“现在的同学，大概很难想象20世纪50年代初期母校师生那种热血沸腾的心情。在当时的革命巨浪里，同学们把进课堂学习和上前线参军，同样看成是投身宏伟事业的实际行动。”中学毕业直到现在，汪品先始终将这种报效祖国的热情和追求科学的信念深深地印在心中，并传递给下一代。

1960年汪品先从莫斯科大学地质系毕业后选择回国。面对当时全民找矿的热潮，上海市决定成立海洋地质系。1972年2月，根据上海市革命委员会《关于华东师范大学地理系海洋地质专业迁入同济大学地下工程系之决定》，华东师范大学地理系海洋地质专业迁入同济大学地下工程系，设立海洋地质勘探专业，当时有教师36人，旨在培养从事海洋地质生产和研究工作的专业人才。1972年春，以汪品先为代表的一支“海洋地质连队”开进同济大学，如一叶扁舟，在翻滚的恶浪中闯进了学科建设的大海。

20世纪80年代，海洋文明对科学发展的贡献越来越显著，世界各国开始展开海洋科技的较量。面对国内严重缺乏先进技术和人才的局面，汪品先心里十分焦急。在一次出访期间，有一位法国专家在饭桌上向汪品先介绍乘坐载人深潜器潜入地中海海底的经历："漂亮极了，到处都是海百合，安静得没有一点声音。"这次访问激起了汪品先心底里对深海探索的渴望。为了开展研究，他带领学生用吃饭的搪瓷碗泡开一些出海船只带回的黄海海底的泥巴，用自来水冲洗后，放在显微镜下进行观察。艰苦的科研条件并没有打消他决心发展海洋科学事业的热忱，相反，一股要抓住"中国海洋历史发展机遇"的愿望，在他的心中深深扎根。

改革开放初期，同济大学海洋地质专业在全国范围较早地邀请了国际专家讲学，形成了海洋学院重视外语的传统，为国内外海洋研究的合作交流奠定基础。科学的渠道打开了，同济开始在国际海洋研究的舞台上学步。以汪品先为代表的海洋地质学者用国际的眼光重新整理多年积累的资料，勾画我国陆架浅海微体化石分布的图景。

1985 年"深海钻探计划"结束之后，紧接着的国际大洋钻探活动兴起。1997 年国务院批准参与"国际大洋钻探计划"，凭借汪品先执笔的南海钻探建议书，中国在国际评比中获得第一名。1999 年，汪品先作为南海航次的两位首席科学家之一登上钻探船。2007 年，当俄罗斯在北冰洋破冰后，用深潜器深入 4000 米深的海底，并插上钛合金国旗宣告主权的时候，中国已悄然将这场国际海洋革命的责任扛在肩头，用自己的数据和观点开始向深海进军。时至今日，中国要向海洋进军，离不开三大技术，可以叫作"三深"：一是"深潜"，包括载人和不载人的；二是"深网"，在海底观测网，等于把实验室和气象站放在海底；三是"深钻"，也就是大洋深钻。2018 年汪品先乘坐的"深海勇士号"载人深潜器就是同济大学实现对大洋探索的三大技术之一中的"深潜"。与此同时，同济师生团队也多次主持南海大洋钻探，也就是"深钻"。2018 年 5 月，汪品先乘坐我国最新的载人深潜器——"深海勇士"号，在第一次"深潜"过程中，就收获了重要发现。"深海勇士"号无意中碰上了两种深海生物群，"这是生态系统环节中被漏掉的部分，竟这样被我发现了。"这意外的自然馈赠让汪品先格外高兴。为进一步观察和研究，他将原先两次"深潜"的计划调整为三次。短短的 9 天内，汪品先院士完成了三次下潜。当走出我国自主研发的载人深潜器"深海勇士"时，汪品先神采飞扬地描述道：

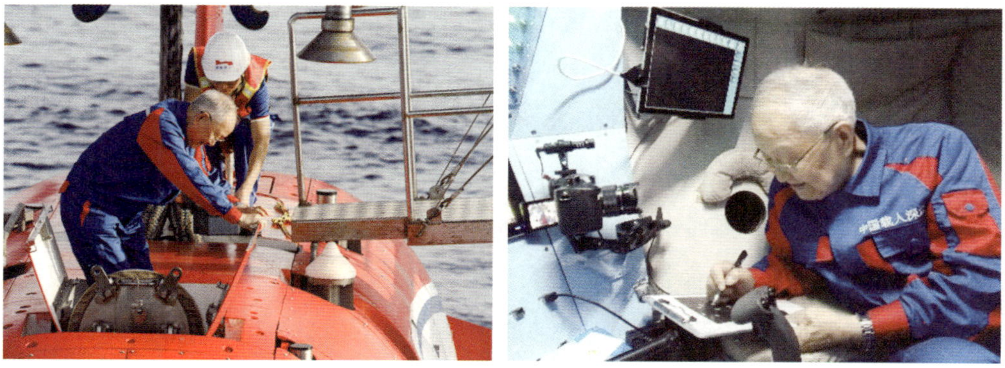

图 8-2
汪品先院士下潜工作照

“我觉得自己好像爱丽丝，刚从仙境漫游回来一样。”而这一次，距离 1978 年他与“深潜”的第一次交集已经过去 40 多个年头了。“没登过阿尔卑斯山，就难以理解山脉的复杂构造，就像我不下潜，就对海底缺乏感性认识。我下潜三次，也是身体力行想鼓励年轻的科研人员到一线去，只坐在实验室里写写论文，做不出好的研究，也不是真正的创新。”他说，文化是创造性思维的沃土，只有拥有创造性思维，才可能作出有益的改变，全社会必须大力提倡创新文化。面对艰难而漫长的科学探索之路，汪品先始终保持着赤子般的心灵，既充满好奇和求知欲，又知足常乐，这也是每一个同济人的初心。

几十年来，以汪品先为代表的同济海洋人始终努力推进中国的深海科学研究。1999 年春，汪品先担任首席科学家，在南海主持了中国海区首次国际大洋深海科学钻探（ODP184 航次）。2006 年，由汪品先指导的团队建立了中国第一个海底观测试验站，标志着我国海底观测系统的建立。2011 年，汪品先任国家“南海深部计划”指导专家组组长，使之成功发展为我国最大的深海基础研究计划。

海洋科学的发展与中国梦是密不可分的，随着海洋文明的发展，中国也将进一步发展大洋钻探。2007 年同济大学百年校庆，当时的国家总理温家宝和上海市委书记习近平曾到同济大学参观大洋钻探的成果，中国大洋钻探的国际地位也在不断地提高。与此同时，“深网”——海底观测系统的设备，我国也正在建设进行中。“我们正在进入一个海底观测和海洋科技的新时期，把人与海洋的关系密切起来。”汪品先这样说道。同济大学海洋系于 1972 年建立，在 46 年的发展过程中，已经是在中国深海研究中承担重任的单位之一。助力海洋发展，是同济大学的责任。

汪品先曾说：“我国的海洋事业目前正经历着自郑和下西洋 600 年来的最佳时机，我们必须只争朝夕，自主奋斗，才能早日实现建设海洋科技强国的理想。”正是这份紧迫感和使命感，让他以超凡的意志和执着于科学的精神，带领同济海洋奔向一个又一个创新与突破，让世界海洋的舞台上，有更多中国身影。同济人秉承与祖国同行、以科教济世的态度，用自己的满腔热血与时代并进，这就是同济大学版本的“不忘初心、牢记使命”。

精益求精
严谨治学
三尺讲台育桃李

同济海洋不仅重视科研发展，更认识到海洋人才是国家海洋发展的基础。1960 年，汪品先从莫斯科大学地质系毕业后，先后在华东师范大学和同济大学任教。同济海洋地质学专业 1970 年在华东师范大学招收了第一批工农兵学员 16 名，1975 年开始每年招收 30 名新生。海洋地球物理勘探专业自 1978 年起开始招收新生，招生 30 名，学制 4 年，培养加速我国石油勘探事业的现代化所需要的海洋地球勘探人才。20 世纪 80 年代，汪品先任同济大学海洋地质系副教授、副系主任，古海洋学是他教的第一门必修课。为激发学生探索和发现海洋的兴趣，汪品先通过大量的例证向学生讲述海洋文明的根源和发展。作为一名教师，他不仅将自己的科研实践经历传授给学生，也将探索海洋文明与人类发展的意义传递给下一代。

40年后的现在，依然奋战在教学、科研一线的汪品先写给全校学子一封408个字的特殊信函："这些年，我一直在探索海洋科学，也在不停地思考'科学'和'文化'的内涵……想法越发成熟后，开设一门课的点子便跳了出来，课程的名字就叫'科学、文化与海洋'。"汪品先说，这门课的目的只有一个：让你多想想，科学不是单纯的考试。这位82岁的育人大匠主动请缨到教学一线，开设精品课程，打破文、理隔离的传统模式，深层挖掘科学的文化精髓，与师生共享科学与文化交融的盛宴。振兴中华需要软实力，对深海大洋的探索不仅仅是科学技术，还是一个文化内涵的深层问题。汪品先运用自身丰富的科研经验和亲身体验向学子们传授学科互通、科学与文化互融的理念。他在课堂上这样讲道："假如科学家不考虑社会需求，只知道自娱自乐，科学就必然萎缩；相反，失去文化滋养、缺乏探索驱动的科学研究，只能做技术改良，难以有创新突破。"他教导学生要开拓思路，"在我看来，创新的源头有两个，一是自然，二是文化。"汪品先说，中国的科学家不能做科学上的"外包工"，从外国的文献里找题目，买外国的仪器分析后在外国发表，而必须拥有自主创造力，拥有"一手"成果。汪品先笔耕不缀，耗时3年将20年积累的课程教材整理成册，出版了《地球系统与演变》，不仅为传授科学知识，更将科学与语言、科学与文化的精彩碰撞蕴含其中。汪院士谦逊地说："这本书还是有很多不完美的地方，但是就个人来讲，并不是退休就变废物了，还是可以做点事情的，至少在汉语文献里，也算是第一次有这种尝试。"

汪品先说："我出生在上海，从小见过侵华日军的凶残蛮横，因此懂得国家强盛、和平安定的价值。"懂得珍惜、愿意付出，是时代与经历给他们这一代人所带上的烙印，这一点也深深地体现在他的课堂里。从早期研究海洋微体古生物化石，到跻身国际大洋钻探计划，再到推动中国建设海底观测网、实施中国的"南海深部计划"，汪品先无论是教学还是科研，始终保持精益求精的态度，这不仅是留给青年学子丰厚的精神财富，也是培育和塑造大学精神的宝贵资源。在教学和人才培养方面，同济海洋稳扎稳打，步步为营，为国家培养了一批又一批高品质海洋人才。

夜幕降临，海洋楼的3楼西侧房间的灯还在亮着，像一盏指路的明灯，照亮了这位“深海勇士”的辉煌过往，也点亮了我国探索海洋文明发展的前进方向。他肩负着海洋研究者和教师两种角色，至今仍致力于海洋文明的发展，这是一种与海相伴的人生。“同舟共济”是同济大学的校训，每一位同济师生始终将自己的个人发展与国家命运紧密联系在一起，坚守信仰，不忘初心，严谨求实，不断探索。这些珍贵的藏品，也不断激励着同济学子凝聚中国力量实现中华民族伟大复兴和中国梦。

同济海洋的成长史，正是中国发展经济、提倡科学、重视海洋的发展史，同时也是中国改革开放、经济腾飞，从而使科学教育迅猛发展和我国积极实施“走向深海”国家战略的见证。如果把中国的海岸线比作一张弓，把长江比作一支箭，那上海就是射向大洋的箭头。今天，同济大学有责任也有义务，迎接海洋的新挑战，走向深海。600 年前，郑和在上海西北口下西洋，今天的同济海洋将不负机遇和挑战，瞄准世界海洋资源利用与发展的研究前沿，面向国家海洋发展的重大战略需求，为海洋文明的发展贡献自己的力量！

（撰稿：臧亚丹）

盘龙昂首　飞架浦江

——南浦大桥与同济大学的故事

藏品名称：

项海帆就自主建设南浦大桥的建议向江泽民市长致函复印件、市长批示复印件

藏品类别：

影像材料

藏品年代：

20 世纪 80 年代

藏品价值：

1987 年，同济大学项海帆教授向时任上海市市长的江泽民同志致函，吁请上海南浦大桥的自主设计，为开辟我国桥梁自主建设的道路和赶超国际先进水平起到了重要的作用，而南浦大桥也成为中国桥梁自主建设的开端。

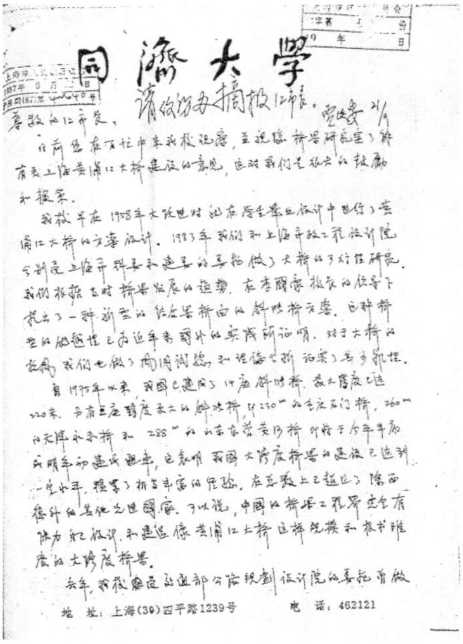

同濟大學

地 址：上海(30)四平路1239号　　电 话：462121

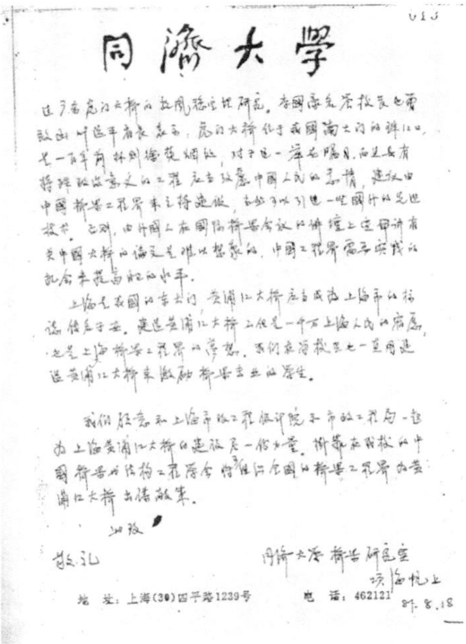

同濟大學

地 址：上海(30)四平路1239号　　电 话：462121

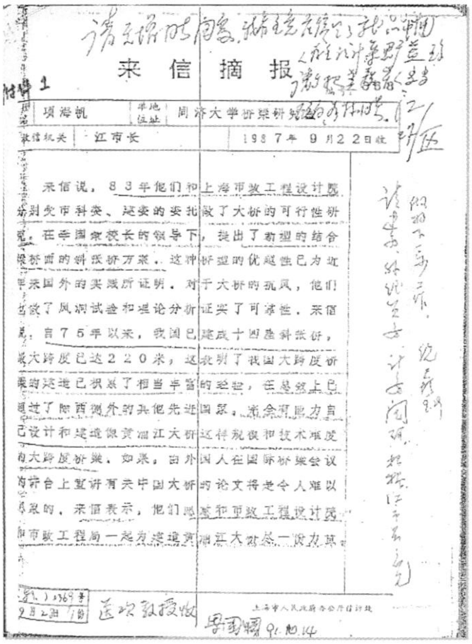

来信摘报

项海帆　单位住址　同济大学桥梁研究室

收信机关　江市长　　1987年9月22日收

来信说，83年他们和上海市政工程设计院分别受市科委、建委的委托做了大桥的可行性研究。在李国豪校长的领导下，提出了新型的结合梁桥面的斜张桥方案。这种桥型的优越性已为近年来国外的实践所证明。对于大桥的抗风，他们也做了风洞试验和理论分析证实了可靠性。来信说：自75年以来，我国已建成十四座斜张桥，最大跨度已达220米，这表明了我国大跨度桥梁的建造已积累了相当丰富的经验，在总数上已超过了除西德外的其他先进国家。完全有能力自己设计和建造像黄浦江大桥这样规模和技术难度的大跨度桥梁。如果，由外国人在国际桥梁会议的讲台上宣讲有关中国大桥的论文将是令人难以容忍的。来信表示，他们愿意和市政工程设计院和市政工程局一起为建造黄浦江大桥尽一份力量。

上海市人民政府办公厅信访处

图 9–1

1987 年 8 月 18 日，同济大学项海帆教授向时任上海市市长的江泽民同志写信，呼吁自主建设南浦大桥，并得到江泽民同志亲笔批示万顷波涛上长虹飞架，天堑变通途。一座座气势雄伟的中国大桥，深深镌刻着以李国豪老校长为杰出代表的同济桥梁人的爱国情怀和卓著智慧。同济大学桥梁人与黄浦江上一座座桥梁的传奇般故事，至今仍被人们津津乐道并广为传颂。

图 9-2
李国豪老校长和他的学生项海帆
在南浦大桥的模型前

南浦大桥与浦东开放

1980 年，对于上海未来的规划，当时的市委、市政府领导第一次以明确和坚决的姿态，提出开发开放浦东的世纪课题。

再宏大的课题规划也必须从最基础的实际可行性研究开始，并作为前提铺垫，而浦东开发的必要前提就是建设越江大桥。在项海帆教授的《中国大桥自主建设的成功经验》一文中，他这样提及："1982 年，在改革开放形势推动下，上海市建委委托上海市政设计院进行了南浦大桥的可行性研究。市政院根据当时正在建造的重庆石门大桥的经验，建议采用 400 米跨度的预应力混凝土斜拉桥方案。与此同时，同济大学校长李国豪教授刚刚当选为上海市科协主席，他建议上海市科委委托同济大学也做一下南浦大桥的可行性研究。李校长指示我带领一个小组研究一下当时国际上新提出的一种结合梁桥面斜拉桥方案的可行性。"

1983 年，广州举行第三届全国桥梁会议，上海市政设计院林元培总工和同济大学项海帆教授分别介绍两个方案的研究成果。项海帆教授的研究判断是：结合梁桥面斜拉桥自重轻，施工速度快，更适合上海软土地基和繁忙的黄浦江河道，而且"经济指标也更好"。项海帆教授说，由上海市政设计院主持完成的"建委方案"，和由同济大学主持完成的"科委方案"，"当时就这样都交上去了"。在南浦大桥的设计和施工"纸上谈兵"的同时，上海市市委、市政府，将对于上海带有根本性变化的更大规模设想提交到了国家最高领导层的议事桌上。

当时的项海帆，已经感受到"以经济建设为中心"那种山雨欲来风满楼的豪迈呼号，只是浦东开发如此宏大的事业和个人参与之间将产生怎样的时代"焊接"，他一时间还不知道。因为，他的可行性报告交上去了，但"四年没有消息"。

教授给市长写信

在这四年里，上海市发生的诸多变化之一，就是老市长汪道涵卸任，新市长江泽民到职。用项海帆今天的话来说，自己当然关心由同济大学主持制定的越江大桥方案结果究竟如何，只是从来没有得到过确凿的反馈。

1987 年，项海帆教授应邀出访日本，在异国同行处得知，在 1986 年，上海市主管市政建设的倪天增副市长率团访问日本，并且已经接受了日本方面提出的免费设计、低息贷款帮助建设上海南浦大桥的建议，且草签了合作协议。日本方面已组织了由设计、科研、施工单位组成的联合体，正在加紧进行可行性研究事宜。

在今天能够见到的文字资料中，项海帆教授没有使用任何惊心动魄、心急如焚之类的字眼来形容自己得到这个消息后的心情和感受。项海帆教授回忆道：根据得到的这个情况，我可以想见的是，虽然在四年里，市委、市府领导有更替，但是对于上海的改革开放，对于浦东开发设想和设计的思考，从来没有停顿过，而且一切都处在紧锣密鼓的准备和实践之中；"也一定考虑过市政设计院的建委方案和同济大学的科委方案，只是感到我们自己从来没做过这样的越江大桥，心中底气不足，没有充分把握，所以想让在本土已经建造了多座这样大桥的日本方面，来承包我们的设计和施工"。

用项海帆教授的话说，"当时我就认为，我们已经拥有这个科研水准、设计力量和施工队伍，来自力更生地完成黄浦江越江大桥的建造，从根本上讲，万事总有个第一次，我们不争取南浦大桥的这个第一次，我们中国现代桥梁建造什么时候才能有个自己动手的'第一次'？"

在日后他写成的《我的强国之梦》[2003 年编入《院士思维——中国工程院院士卷（卷四）》] 和《中国大桥自主建设的成功经验》文章里，这位当时 50 多岁的中国专家，下笔却是异常简练，就是在"回国后即向李国豪校长作了汇报"。李国豪校长的即刻反应是"十分着急"。项海帆的老师李国豪校长在这 4 年里，从科协主席的位置上卸任，担任了上海市政协主席的职务。项海帆说，李校长的这个属于市里"四套班子"的新职位，使得他很快就在相应场合，把关于南浦大桥设计、施工的等等事宜，尤其是同济大学正在进行的结合梁抗风试验，当面向市长作了汇报，并希望市长来学校看看。

1987 年 8 月 17 日，江泽民市长来到同济大学桥梁馆。

市长发问："黄浦江大桥，跨度大，你们有把握？"

项海帆回答："上海完全可以自家做。"

市长没有作出任何肯定的答复，上车走了。眼望一行车辆远去的背影，项海帆觉得：市长还是不放心，他还要考虑。因为在项海帆表态之后，市长加重语气追问："自己来做有没有把握？如果做了一半再请日本人来帮忙收场，就更被动了。"

第二天，即 1987 年 8 月 18 日，项海帆教授以人民来信的方式，给上海市市长写了一封信。他的想法是：进一步陈述自主建设的必要性和可能性；我们有信心和上海市桥梁同行一起努力建成大桥。

这是一个英明的决策

项海帆教授写就的人民来信，可谓胸有成竹，一气呵成。在复印件上可以看到，即使在行文的时候，正在写字的项海帆，觉得有需要修改的地方，也就是将欲删去的字顺手圈去，没有再作第二次的誊写。

当年9月，市信访办将项海帆的人民来信摘报江市长。

一周后，江泽民市长作了批示。再两天后，主管市政工程建设的副市长也作了相应批示。等待中的项海帆，对于市里如是批示的运行，并不知情。

转眼就是1988年3月。初春时节，万物复苏。上海市建委开会，决定自主建设南浦大桥。会上，经上海和北京专家两次评审，决定采用同济大学提出的结合梁桥面斜拉桥方案。南浦大桥建设指挥部成立，指挥部当年的办公地点就是现南浦大桥浦西引桥“圆盘”那里一个老企业的破旧小楼，现在已经踪影全无。指挥部决定，以同济大学建议的结合梁桥面斜拉桥方案为基础，考虑到同济设计力量不足，由上海市政设计院为主体设计单位，同济大学为合作设计单位，并担任科研项目的总承包。

当年年末，南浦大桥指挥部收到由市政府转来的“项海帆的人民来信”。此时，项海帆教授第一次见到江市长在他的来信摘报上所作的批示：

“我看主意应该定了，就以中国人为主设计，集思广益，至多请个别美籍华人当顾问。”

项海帆复印了这份“摘报”，在他即刻沸腾的心情中，他认为这个“自主设计和建造的重要决策”是一个英明的决策。

项教授后来这样表述：南浦大桥的自主设计和建设是一个突破，使中国的桥梁工程界通过实践取得了进步，增强了信心，促进了全国范围内自主建造大桥的形势，提高了中国桥梁的国际地位。落后并不可怕，重要的是要有不甘落后、发愤图强的民族自尊心。中国一定要开放，吸引外资和学习发达国家的先进科学技术来加速发展经济，同时又要像孙中山先生建国大纲中所说的：“保持自主权。”我们要反对狭隘的民族主义，同时也要警惕买办主义的诱惑。科教兴国的国策要依靠发展民族经济和有自主知识产权的科技企业，才能真正实现。

推动和实现南浦大桥自主设计和建造的这个惊天逆转的另一个基本原因，是境外方在免费设计后面，紧紧跟着是高昂的施工费用。而由我们自主设计和施工完成的南浦大桥，最终总体费用仅为 8.4 亿人民币。

南浦大桥最终采用了结合梁桥面斜拉桥方案，同济大学是大桥科研总承包方，项海帆主持该桥的抗风设计研究。在进行结构动力特性计算时，他提出了三主梁计算模型的设想，把侧向刚度集中于中梁，而利用两个边梁来模

图 9–3
1992 年，桥梁实验室的科研人员在南浦大桥进行动载试验

拟竖弯刚度和约束扭转刚度。这一新的计算模型，虽然在物理形态上不是真实的，但在力学上能充分反映各种必须考虑的刚度，全桥建成后的实测结果验证了这一计算模型的正确性，从此成为计算开口断面和分离箱梁断面动力特性计算的可靠方法。1989 年，经项海帆和他的学科组优化后的南浦大桥设计方案和抗风研究成果付诸实践，1991 年上海南浦大桥建成通车，并于 1995 年获得国家科技进步奖一等奖。

结语

与祖国同行，以科教济世，同济土木人始终不忘初心，牢记使命，勇于承担历史使命和社会责任，为国家和人民交上了一份满意的答卷！在南浦大桥的建设中，同济大学李国豪老校长带领项海帆等桥梁系骨干多方奔走，力陈中国桥梁界完全有信心、有能力自主完成黄浦江大桥的设计和建设。同济团队提出的结合梁桥面斜拉桥方案最终被确定为实施方案，实现了南浦大桥由中国人自己建设的夙愿，且造价只有日本方案的一半。

南浦大桥的建成极大增强了中国人自主设计建造大跨度桥梁的信心，也提升了中国桥梁的国际地位。南浦大桥之后，1990 年黄浦江上另一座大桥，即连接浦东新区与杨浦区的过江通道——杨浦大桥的建设，被提上了议事日程。由南浦大桥原班人马负责设计和施工，继续采用结合梁桥面斜拉桥方案，同济大学提出的方案一次性通过了专家委员会评审。主跨 602 米的杨浦大桥于 1993 年顺利建成通车，成为当时世界上跨度最大的斜拉桥，犹如一道彩虹横跨黄浦江两岸。从南浦大桥开始，中国桥梁步入了自主设计和建设的崭新时代。

（撰稿：陆幸生）

“大学语文”从华东师大走向全国

——华东师大版《大学语文》引领全国课程建设

藏品名称：

《大学语文》第一至十一版

藏品类别：

纸质文献

所在场馆：

华东师范大学档案馆

藏品年代：

20 世纪 80 年代—21 世纪 00 年代

藏品价值：

徐中玉主编的《大学语文》40 年间总发行量 3000 余万册，在全国大专院校被广泛使用，影响了一代又一代学子。

第一版

第二版

第三版

第四版

修订第四版

第六版

第七版

第八版

第九版

第十版

第十一版

图 10-1
《大学语文》第一至十一版

《大学语文》由教育部高教司组编，是教育部“九五”“十五”“十一五”“十二五”国家级规划教材，并作为全日制高校开设大学语文课程的重点教材，被列入高教司21世纪高校教材推荐书目。该教材坚持人文性与工具性并举，注重丰富学生的精神世界，利于学生陶冶情操、净化心灵、涵养性情，提高语文文字运用能力，对大学语文教育具有很大影响。《大学语文》累计发行3000余万册，声名远扬，曾获国家级教学成果奖二等奖、上海市优秀教学成果特等奖。

《大学语文》主编徐中玉先生是江苏江阴人。著名文艺理论家、作家、语文教育家，1952年8月起，长期执教于华东师范大学中文系，曾任中文系主任、文学研究所所长、校务委员会副主任、民盟华东师范大学主委等职，并兼任教育部学科评议会中文组成员、国家教委全国高教自学考试指导委员兼中文专业委员会主任、全国大学语文研究会会长、中国文艺理论学会会长、中国古代文学理论学会会长、上海作家协会主席、《文艺理论研究》主编、《古代文学理论研究》主编、《大学语文》主编等，曾获上海市第九届哲学社会科学优秀成果学术贡献奖，2014年获第六届“上海文学艺术奖”终身成就奖。

“大学语文”起步于丽娃河畔

从20世纪70年代末改革开放以来，经过40多年的发展历程，“大学语文”现在已经是一门家喻户晓的覆盖全日制普通高校、高等职业院校本专科、高等教育自学考试各个专业的公共基础课程。但在之前，这门课程的开设竟然中断了近30年。根据在新时期开创和恢复这门课程的代表人物——华东师大中文系徐中玉先生——的回忆，“大学语文”课程作为一门公共课，早在民国时期很多高校都有开设，那时叫“文章选读”等，是非中文专业一年级大学生必修课程，国外高校也有类似课程。担任该课程的教师往往是学识渊博的学者，比如清华大学“大一国文”课的授课老师是朱自清、吕叔湘等著名教授，山东大学的这门课由沈从文先生等名家讲授。徐中玉还深情地说：“1934年教我‘大学语文’的老师，是当时著名的楚辞研究专家游国恩先生，在此之前是沈从文先生。我的其他老师，如冯沅君、陆侃如、钟敬文、李笠等先生，都多次教过这门课，更高的前辈如郭绍虞、朱东润等先生亦是如此。”

1952年中国高校院系大调整，全盘学习苏联模式，大学多为单科设置，不再重视文理交叉，无形中取消了这门课程。这门原是当时高校里仅有的文理交融，可以培养大学生人文精神、塑造大学人文底蕴的基础课程，从此中断了近30年。高校的人文素质教育与专业教育严重脱节，大学生普遍存在人文知识匮乏、文化素养缺失的问题。

20世纪80年代初，改革开放，百废俱兴，大学教育也开始活跃起来。人们认识到，高校长期奉行的文理严格分科有不少缺陷。当时苏步青、周培源、匡亚明等教育家相继在媒体上发表文章，并在各个场合呼吁：大学教育应该沟通文理，厚植人文传统，加强语文课程的基础地位，理科生也应学点文史知识。

时任华东师大校务委员会副主任、中文系主任的徐中玉先生，与南京大学匡亚明校长是好朋友，他们以人文学者的敏锐眼光和深刻意识，要求在大学恢复语文课程。在二老的倡议下，华东师范大学与南京大学在全国高校中率先恢复了这门课程，随后，山东大学、杭州大学（现浙江大学）等高校也陆续恢复该课程，当时课程就定名为“大学语文”。二老登高一呼，四方随即响应，终于在1980年10月，在上海召开了全国高校《大学语文》教学研讨会。这是改革开放后大学语文界的首度集会，有20多所高校的教师参会，其中包括了南京大学、清华大学、浙江大学、复旦大学、山东大学、中国科学技术大学、天津大学、兰州大学等名校，他们共襄盛举，决心把“大学语文”课程推向全国。会上决定了两件有深远意义的大事：一是组成由徐中玉任主编的《大学语文》教材编审委员会，二是成立大学语文教学研究会（后更名为全国大学语文研究会）。这次由徐、匡二老发起的民间盛会奠定了数十年来“大学语文”课程教学研究蓬勃发展的基础。时至今日，当人们在纷纷谈论加强大中小学的母语教育，在大声疾呼要重视素质教育、呼唤人文传统的回归、落实“弘扬和培育民族精神”要求的时候，回溯以往，我们怎能不感戴老一辈教育家的远见卓识？

“大学语文”课程创建时期的主要成果中，首推《大学语文》教材的编写和出版。在徐中玉先生领导的《大学语文》教材编审委员会的努力下，1981年，供全国普通高校使用的《大学语文》教材由华东师范大学出版社出版，在短短两年内，据不完全统计，该教材被全国文、法、理、工、医、农等300多所大专院校采用，发行达34万册；后来一版再版，至修订到第四版时，总印数已达几百万册之巨，其嘉惠学林之功难以估量。初编这套教材时，徐先生即利用自己在学术界和教育界的影响力，向全国著名的一流文科学者征求对教材的意见和建议。包括朱东润、蒋天枢、王云熙、王季思、程千帆、季镇淮、郭预衡、钱仲联、吴调公、马茂元、许杰、施蛰存等在内的诸多知名学者，和参加具体编写工作的10多所高校的教师一道，有力地保证了这套教材在起步阶段就具备较高的专业质量。

为配合教学和弥补外国文学部分的缺失，在第一版基础上，徐中玉增加了现当代和外国文学作品，出版后广受欢迎。为满足不同读者的需求，《大学语文》第二版分为两个版本，一个是中国古代文学作品，另一个则包括古今中外的文学作品。1985年5月，徐中玉先生主持修订第三版。81岁高龄的巴金先生对修订工作表示热情支持。《大学语文》曾收入巴老翻译的屠格涅夫名篇《门槛》，后发现另一版本比巴老翻译时所依据的原本更好，徐中玉就把新版本寄给巴老并说明情况。没过两天，巴老就将根据新版本重译的作品寄了回来。

大学语文教学研究会的成立也是意义深远的一件大事。它是民政部正式批准的全国一级学会，由匡亚明任名誉会长，徐中玉任会长，学会的办事机构秘书处即设在华东师范大学中文系，徐中玉、齐森华、谭帆、翁德森、方智范、程华平等先后担任学会的名誉会长、会长、副会长和秘书长等职，是学会的领衔人。此外，在当时教师队伍青黄不接的特殊时期，华东师大老一辈教师担纲“大学语文”课的教学，以徐中玉、叶百丰、翁德森、邸瑞平等先生为代表，他们学贯古今，经验丰富，亲自走上讲台为大学生讲课，受到普遍欢迎。他们还在华东师大主持各种高校教师讲习班，培养了一批专门从事“大学语文”教学和教材编写的高水平人才，形成了一支顺应课程发展需要的教学骨干队伍。

《大学语文》教材的建设与全国自学考试教材的编写也有着密切的关系。1982年，国家高等教育自学考试制度开始实施，徐中玉先生是首届全国指导委员会委员，也是第一个专业指导委员会——中文专业委员会的主任。正是在徐先生的全力倡导下，自学考试制度甫一推行，“大学语文”就被列入各专业必考的公共基础课程。较早的自考教材是上海市高等教育自学考试委员会约请徐先生主编的《大学语文自学读本》，此书于1983年出版使用。国务院于1988年3月发布了《高等教育自学考试暂行条例》，明确规定高等教育自学考试的任务是“造就和选拔德才兼备的专门人才，提高全民族的思想道德、科学文化素质，适应社会主义现代化建设的需要”。全国高等教育自学考试委员会又约请徐先生主编供全国统考用的《大学语文》教材，此教材的覆盖面更为广泛，对引领广大立志自学成才的青年扩大视野、走近经典，接受优秀文化和先进文化的熏沐，陶冶性情、涵养心灵，培养思想道德素质和科学文化素质，提高祖国语文的水平起到了有益的作用，华东师大在全国数以千万计的历届自学考生中的影响力和威望也与日俱增。

“大学语文”在新形势下走向全国

20世纪90年代，国家进入深化改革时期，我们对“大学语文”这门课有了新的认识，华东师大的“大学语文”课程建设也进入了一个新的发展阶段。随着教育形势的发展，加强大学生文化素质的呼声日高。从新时期育人目标出发，再经过对全国60多所全日制高校的调查，徐中玉、齐森华两位先生接受教育部高教司的委托，汇聚了复旦大学、南京大学、北京师范大学、南开大学和华东师大等校中文专业的教师力量，主编了一套国家教委高教司组编本全日制高校通用《大学语文》教材。高教司在1996年4月30日为这本教材所写的出版前言中指出：“‘大学语文’课，是普通高校中面向文（汉语言文学专业除外）、理、工、农、医、财经、政法、外语、艺术、教育等各类专业学生开设的一门素质教育课程。课程设置的目的是培养学生汉语语言文学方面的阅读、欣赏、理解和表达能力。这是大学生文化素质中的一个重要方面。”同时要求：“希望有条件的学校，要为大学生开设‘大学语文’课程，能把这门课程的建设作为对大学生进行文化素质教育的一个重要手段。”两位主编为教材定下的宗旨是：①增强人文精神的培育；②看到人和人格的力量；③有助于突破思维定势，获得启发，有利于创新；④优秀文学作品的精彩描写提供了美感、愉悦和享受，既能陶情养性，也能提高鉴赏力和写作水平。这套教材打破了此前各种《大学语文》教材或按文学史线索，或按文体编写的惯常体例，根据选文的实际内容或特色灵活组织单元的方式进行编排，所选又多为文质兼备的中外文学名篇。教材编写“在弘扬优秀文学传统的基础上，重视加强爱国主义的教育；在精美动人的前提下，注意文学史涵盖面和名家名作；要求题材广泛，体式多样，每篇各有特色，整体丰富多彩；注意体现各种表现方法和写作风格；适当安排文言文与白话文、诗歌与散文、记叙与议论、抒情与说明等的比例”。突出人文教育这根主线后，教材的面貌焕然一新，更具有时代特点，《大学语文》教材建设又迈上一个新台阶。这是教育部高教司唯一指定的全日制高校通用教材，此后被教育部列为普通高等教育“九五”“十五”“十一五”“十二五”国家级规划教材和全日制高校重点教材，使用量在同类教材中始终保持全国第一的地位。

新时期“大学语文”课程在高校普遍开设，任课教师队伍不仅越来越庞大，而且结构也发生了一些新的变化。青年教师占的比例高了，有硕士或博士学位的教师多了。教师队伍的更新带来了两个积极的成果。

首先，青年教师要愈快胜任“大学语文”教学岗位，教学业务的进修提高便愈迫在眉睫。华东师大中文系一直十分关注全国教师的业务进修，认识到提高“大学语文”教学水平的关键在于从事课程教学和研究的师资力量。以华东师大中文系为基地的全国大学语文研究会，在这方面发挥了不可替代的作用。徐先生被推为学会首任会长后，担任这一职务长达20年之久，在广大学会会员中享有崇高声望。人们或许会认为，这是先生早就是有广泛社会影响的名教授之故。其实，更为重要的原因是徐先生从不做挂名的会长，他领导学会，采取的是十分务实的工作方针，把学会活动开展得有声有色。学会每两年召开一次具有实质内容的学术年会，出版研究论文集和学会会刊，进行教师培训活动，其中有多次全国年会的经验交流和研讨主题是关于“大学语文”课堂教学方法方面的内容。先生对学会的有力领导，调动了全国各级各类学校的教师力量（团体会员有 347 个），这对提高教师素质、推动“大学语文”课程的教学研究与时俱进，起了很大的促进作用。

另外，随着青年教师大量进入高校“大学语文”教学岗位，许多学校以“大学语文”这门公共基础课为基点，更新课程设置，向文学、语言、艺术、文化等方面辐射，纷纷开设了以中国语言文学和中外文化艺术为内容的公共选修课。有人把这样一种课程形态称为“课程群”。这些课程作为“大学语文”课的延伸，丰富了高校人文教育和素质教育的内涵，大大发挥了具有硕士或博士学位、有个人专业研究特长的广大青年教师的教学积极性和聪明才智，这些课往往受到非中文专业的大学生的普遍欢迎。“课程群”的形成应该也是“大学语文”在新时期得到新的拓展的显著表现。

“大学语文”成为高校人文教育的重要阵地

随着时代的发展，建设社会主义的精神文明，践行社会主义核心价值观，弘扬爱国主义、集体主义、社会主义精神成为我国教育的时代主题。在此背景下，华东师大充分认识到，“现在的‘大学语文’课程，必须重视人文教育和人文精神的培养，‘大学语文’的工具性当然仍要注意，但还得讲究兼顾文学性、艺术性、审美性、创新性乃至深刻的人生哲理性。总目标乃在提高大学生的品格素质与人文精神”。华东师大中文系凭借发行全国的教材和全国性学会的活动，引领全国“大学语文”课程建设走向了深化与推广的新阶段。

引领全国课程建设的首要标志，是华东师大版《大学语文》已经成为当今这门课程教学的主流教材。2001 年，教育部高教司就决定把由徐中玉、齐森华主编的《大学语文》列为“普通高等教育‘九五’国家级重点教材”，要求重作增订。趁此良机，两位先生带领全体编者对教材的编写作了十分深入的研究和思考。根据各地师生对教材使用的反馈意见，经过整理研究，郑重提出了选文的古今、选文的中外、文理交叉、编排体例、教材容量等五大问题。关于编排体例，充分肯定这本教材采用人文专题组织课文的做法，进而采纳大家讨论中提出的建议，根据课文题材及主旨分成 11 类编排课文，既体现中华文化的优秀传统，又考虑大学生精神成长的实际需要。这套教材“既不以文学史知识为线索，也不以写作知识为中心，而以经反复筛选的古今短小动人的精美文章为实体，力求用选文的典范性来达到提高文化素质的主要目的，以选文的丰富性取得思想启迪、道德熏陶、文学修养、审美陶冶、写作借鉴等多方面的综合效应”。

“大学语文”课程自 20 世纪 80 年代重开以来，一直存在课程性质不清、课程目标模糊等问题。相应地有两种教材模式比较流行：一是工具性模式，过多强调课程的工具性质，将“大学语文”的功能仅仅放在培养学生听说读写能力上，甚至将这门课程视为中学语文课程的补充，也有的学校提出用应用文写作来取代“大学语文”课程；二是文学史模式，多按照中国文学史发展线索来编排选文，将“大学语文”教材当成了文学史的简编本。这两种模式虽然表现方式不同，但其根源都在于狭隘的中文专业眼光和普遍存在的工具理性思维方式。2018 年，《大学语文》推出第 11 版。徐中玉在第 11 版修订前言中特别援引了爱因斯坦的话：“用专业知识教育人是不够的。通过专业知识，他可以成为一种有用的机器，但不能成为一个和谐发展的人。要使学生对价值有所理解并且产生热烈的感情，那是最基本的。他必须获得对美和道德上的善的鲜明的辨别力。否则，他不像一个和谐发展的人。”在当时 104 岁高龄的徐先生引领下，教材坚守人文性和工具性并举。在人文性方面，教材所选的古今中外优秀作品堪称全人类创造的思想文化精粹，从总体上传递出编者对中国固有人文传统与现代思想观念相贯通的理解。在工具性方面，“学文例话”是其显著特色，主要从表达方式着眼谈阅读与写作问题。教学中，教师引导学生悉心体验和揣摩经典篇目，在感悟和品味中发展自己的思维和情感，增强语言运用能力。该教材把近百篇古今汉语（包括译文）名篇，分别列在“仁者爱人”“和而不同”“胸怀天下”“浩然正气”“冰雪肝胆”“洞明世事”“以史为鉴”“故园情深”“礼赞爱情”“关爱生命”“亲和自然”和“诗意人生”12 个单元之下。以如此优雅的形式表达如此丰富的内容，给读者带来的远不只是知识和能力的提升，更是情怀和品性的涵养。

引领全国课程建设的第二个标志是，除了这本使用量极大的全日制高校通用教材之外，华东师大中文系还陆续领衔编写了高职高专、成人教育及高等教育自学考试教材，以及理科专用教材、文科专用教材等，累计发行3000余万册，采用的高校达到千所以上。教材覆盖面广，嘉惠了数千万计的莘莘学子。

引领全国课程建设的第三个标志是，华东师大从事“大学语文”教学和研究的中青年教师，通过反复的探索和总结，在教学理念和教学方法上不断创新，保证了课程的教学质量。2008年我校“大学语文”课程被教育部评为精品课程。在中文系和徐中玉先生的倡导下，全国大学语文研究会在全国各地主办年会，又在上海、成都等多地举办“大学语文”教师讲习班，组织教师就“大学语文”教学方法、经验进行交流。年会成为教师们探讨教学规律、交流科研成果和教学经验的重要平台。

学校立身之本在于立德树人，促进学生德智体美劳全面发展。在坚定理想信念上，在厚植爱国主义情怀上，在加强品德修养上，在增长知识见识上，在培养奋斗精神上，在增强综合素质上，“大学语文”教育应该担起时代的重任，且大有可为。

（整理：林雨平）

科学报国　求真务实

——华东理工大学一代学人开创化工学科发展新篇章

藏品名称：

中国化学工程学会理事会记录、合影

藏品类别：

纸质文献、影像材料

所在场馆：

华东理工大学档案馆

藏品年代：

20 世纪 30 年代

藏品价值：

为我国化学工程专家、华东理工大学顾毓珍教授手迹，见证了中国化学工程学会的成立。

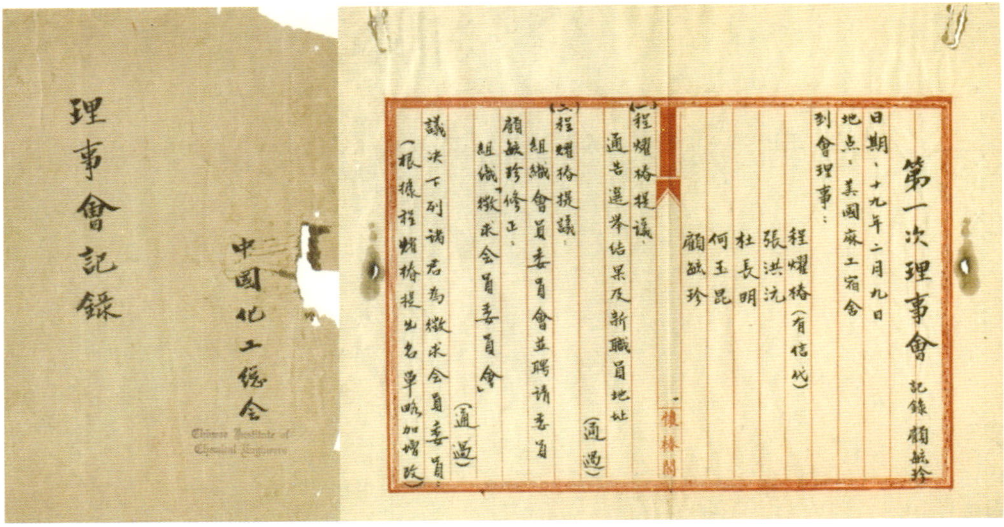

理事會記錄

中國化工總会

Chinese Institute of Chemical Engineers

第一次理事會

記錄 顧毓珍

日期：十九年二月九日

地点：美國麻工宿舍

到會理事：

程耀椿（有信代）

張洪沅

杜長明

何玉昆

顧毓珍

（一）程耀椿提議，通告選舉結果及新職員地址（通過）

（二）程耀椿提議，組織會員委員會並聘請委員，顧毓珍修正，組織徵求会員委員會（通過）

議決下列諸君為徵求会員委員（根據程耀椿提出名單略加增改）

图 11-1

中国化学工程学会理事会记录稿

图 11-2

1930 年 9 月 7 日第一届中国化学工程学会年会合影

2013 年，学校档案馆征集到一批中国化学工程学会（Chinese Institute of Chemical Engineers）创建时的珍贵档案（共 50 多页，包括第一、二届理事会原始记录，第一届年会合影）。这批档案中的原始记录均为我国化学工程专家、华东理工大学顾毓珍教授手迹。档案中述及的程耀椿、张洪沅、张克忠、丁绪淮、杜长明等均是近代中国化学工程学的奠基人、开拓者。

立志图强，发起成立中国化学工程学会

1927 年，顾毓珍赴美国麻省理工学院学习化学工程。在美国学习期间，中国留学生们发现图书馆内陈列有各国化工期刊，却唯独没有中国的。有感于中国化工学科之薄弱，顾毓珍与其他留学生一起组织酝酿并发起成立学会，目的是创办高质量的化工期刊，以期有助于化工学术研究和化工产业的发展，希望中国化工生产能在最短的时间内实现自给自立。1930 年 2 月 9 日，中国化学工程学会在美国波士顿的麻省理工学院正式创立，程耀椿、顾毓珍、张洪沅、杜长明、何玉昆 5 人为第一届理事，其中程耀椿为会长，顾毓珍为书记，张洪沅为会刊委员会主席，杜长明为会计，何玉昆为干事。学会成立后，在世界范围内迅速吸纳化学化工人才，队伍得到不断壮大，还聘任国民党元老张静江、爱国华侨陈嘉庚、《申报》总经理史量才、化工界泰斗范旭东及侯德榜等为名誉会员。学会出版的会刊《化工》后更名为《化学工程》，先后出版过 14 卷。会刊记录了中国化工先行者的主要科研和产业化成果，保存了大量中国化学工程方面的珍贵史料，被誉为“中国化工之《史记》”。1956 年，该刊由中国化学工程学会全套重印，广为流传。1930 年 9 月 7 日，学会在麻省理工学院召开了第一届年会。20 世纪 30 年代初，随着第一、二届理事会成员相继回国，该会也迁回国内。1947 年 12 月 22 日，中国化学工程学会与中华化学工业会、中国化学会在上海隆重举行了战后第一次联合年会，盛况空前，顾毓珍在会上作了专题发言。

力学笃行，提出备受国际公认的顾氏公式

1932 年，顾毓琇获美国麻省理工学院化学工程博士学位。他在博士论文《圆管中流体在等温和非等温流动状态下之机理研究》（Mechanisms of Isothermal and Non-Isothermal Flow of Fluids in Pipes）中提出流体在圆管内流动时的摩擦系数与雷诺数的关联式，相关研究成果发表在《美国化学工程师学会丛刊》上，之后又被收入佩里（R.H.Perry）主编的《化学工程师手册》及麦克亚当斯（McAdams）所著的《传热学》书中，被称为“顾氏公式”，获得国际学术界公认。该公式理论基础可靠，便于实际应用，是中国科学家早期在化学工程学科领域的贡献之一。

科学报国，致力于化学工程研究与实业开发

抗战期间，顾毓琇开展活性炭试制、酒精和植物油替代液体燃料的研究，为制备抗战急需物资作出了贡献，历任中央工业试验所（简称中工所）技正、代所长、所长。1934 年，当时的实业部与华侨黄江泉合办的中国酒精厂在上海浦东白莲泾建厂，顾毓琇作为中方专家参与该厂筹建工作，用两年时间研究混合燃料的使用方法。1937 年 9 月，以中工所顾毓琇等人研究试验为依据的酒精汽油混合燃料办法被正式推广实施。1938 年 10 月，顾毓琇发明循环式氯化钙法制造高浓度酒精，获当时经济部审查批准的 10 年专利权。

20 世纪 50 年代后期，顾毓琇延续其博士论文的研究方向，对圆管内流体作湍流流动时的动量传递和热量传递开展研究，创新性地提出了“用旋转流促进湍流程度，从而达到强化传热之目的”的论断。在这些工作成果的基础上，1964 年他撰写了《湍流传热导论》，该书是他计划编撰的《中国化学工程学丛书》的第一册，也是他历年来从事传热理论研究成果的集成，时任化学工业部副部长的化工专家侯德榜为该书作序。1961 年，顾毓琇以“喷动床干燥技术”为课题指导研究生。通过研究，他提出多级喷动

和有导向管喷动两种新技术，解决了谷物进仓前因干燥技术不良而霉烂病变的难题，成为利用理论研究成果指导工业生产实践的成功范例。

严谨治学，培养化学工程专业人才

经过顾毓珍等学者的积极提倡，化学工程的概念渐渐深入中国的学术界与工程界，各大学也纷纷开始设立化学工程系。但化学工程师资的缺乏阻碍了中国化学工程学的发展。1937年，顾毓珍在《化学工程与化学工程师的培植》一文中提出了产学研相结合的化学工程人才培养方法。他建议教育部门每年选送优秀毕业生，在国内实习两年后再送到欧美各国去深造；同时，各工业界与化学工厂也应选择工作业绩优良且富于研究性的化工人才，派送到国外深造，回国后可以在大学任教，同时由工厂聘为顾问工程师，这样各大学培养的化学工程师也容易被推荐到各工厂服务。他还积极呼吁化学工业界培养更多的青年化学工程师，为中国化工事业的未来发展打好坚固基础。

1952年院系调整后，顾毓珍被调到华东化工学院（现华东理工大学），任化工机械系化工原理、化学工程教研室主任；1956年被评定为二级教授，是华东化工学院首批招收副博士研究生的四位导师之一，并担任中国化学会理事、中国化工学会上海分会常务理事兼副秘书长。

顾毓珍兢兢业业，勤奋著述，先后编写《化工计算》《化工操作原理与设备》《化学工业过程及设备（上、下册）》《湍流传热导论》等多部教材。他参与编写的《化学工业过程及设备》一书，被用作全国高等院校化工原理通用教材。他平易近人，扶掖后进，推动了化学工程教研组的中青年学者们在教学、科研上脱颖而出，打造了良好的人才梯队，使化学工程学科不仅成为华东化工学院的优势学科，而且一直居于国内领先水平。

紧抓机遇，促进化学工程学学科发展

1952年，根据全国高等工业学校院系调整方案，交通大学、震旦大学、大同大学、东吴大学、江南大学5所高校的化工系合并，在上海创建华东化工学院，成为中国第一所化工大学，由原南京大学教务长、理学院院长、曾筹建南京工学院的张江树教授任首任院长。1957 年，高教部同意试办化学工程学专业，华东化工学院成为该专业首批招生的高校。为了办好化学工程学专业，学校于 1957 年 9 月 6 日将已有的化学工业过程及设备教研组改组为化学工程学教研组，顾毓珍任教研组主任，当年就招收了 30 名新生。1962 年，受化学工业部委托，华东化工学院（牵头单位）、天津大学、北京化工研究院和沈阳化工研究院共同负责编制“化学工程学”规划，学校诸多教授，包括苏元复、琚定一、顾毓珍、张震旦、李盘生、王承明、施亚钧、丁健椿、蒋慰孙、顾其威、朱逢申、江体乾等参加了规划初稿的拟订。1962 年 12 月，《1963—1972 年科学技术发展规划（草案）》由国家科委等联合下发。化学工程学作为技术科学的一部分，由华东化工学院负责牵头并组织实施。为了实施好该规划，国家科委成立了技术科学组联合办公室，统一协调和联络各分科组的工作。化学工程学学科组组长由化工部副部长侯德榜担任，常务副组长由华东化工学院副院长苏元复教授担任。1988 年，学校的化学工程入选国家重点学科，拥有国家首批化学工程、化学工艺博士、硕士点，首批博士后流动站，首批工程硕士招生点。2007 年，化学工程与技术通过教育部国家重点学科考核评估，被列入国家重点学科一级学科，下设化学工程、化学工艺、生物化工、应用化学、工业催化 5 个二级学科。2014 年，学校的化学工程与工艺专业通过美国工程与技术鉴定委员会（ABET）认证。2017 年，化学工程与技术被列为国家“双一流”建设学科，学科影响力居于世界前 1%。在教育部第四轮学科评估中，化学工程与技术获评 A+，位列全国第一。

经过近 70 年的发展建设，学校的化学反应工程、化工热力学、石油化工、煤化工、化工自动化与控制等化学工程相关学科不断繁荣进步，培养了大批化学化工专业人才，30 多位校友当选为院士，为我国核工业发展、重大石油化工装备应用及分子热力学、反应工程理论等基础研究作出了重要贡献。

（整理：侯怡敏）

中央编译局里的上外人

藏品名称：

20 世纪 50 年代上海外国语大学校友在中共中央马克思恩格斯列宁斯大林著作编译局门前的合影、《列宁全集》翻译全集、《联合国概况》中文版与潘基文亲笔签名照

藏品类别：

纸质文献、影像材料

所在场馆：

上海外国语大学校史馆、世界语言博物馆

藏品年代：

20 世纪 50 年代（上外校友在中共中央马克思恩格斯列宁斯大林著作编译局门前的合影）、20 世纪 50 年代（《列宁全集》翻译全集）、2014 年（《联合国概况》中文版与潘基文亲笔签名照）

藏品价值：

20 世纪 50 年代上外校友在中共中央马克思恩格斯列宁斯大林著作编译局门前的合影纪念了一群将毕生精力献给翻译马列经典著作的"上外人"。《列宁全集》中文第一版为中华人民共和国成立 10 周年国庆献礼工程之一。《联合国概况》中文版系 1986 年以来第一次翻译发布，为中文读者了解联合国及其相关机构提供了重要途径，联合国前秘书长潘基文亲自在刚刚出版的《联合国概况》上签名。

图 12-1
20 世纪 50 年代上海外国语大学校友在中共中央马克思恩格斯列宁斯大林著作编译局门前的合影

图 12-2
《列宁全集》翻译全集

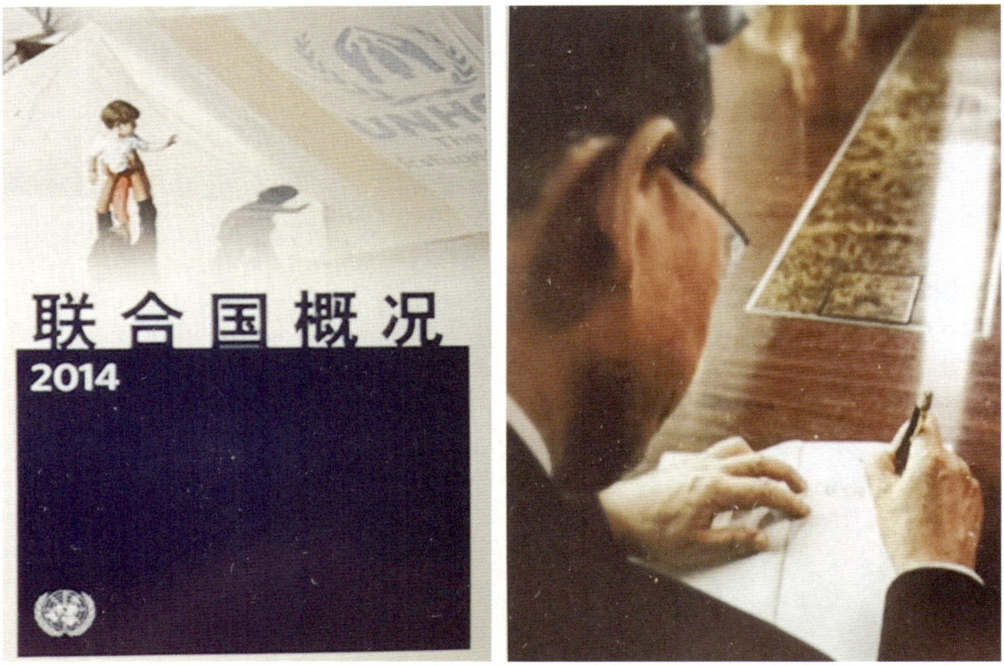

图 12-3
《联合国概况》中文版与潘基文的亲笔签名照

如果说经典著作翻译是翻译界的皇冠，那么马列经典著作的翻译传播就是皇冠上的明珠，能摘下这颗明珠的就是中共中央马克思恩格斯列宁斯大林著作编译局（以下简称中央编译局）。在中央编译局创建和发展的 68 年历程中，有一支从上海外国语大学走出来、以姜椿芳同志为代表的队伍，堪称中坚力量，他们作出了十分重要和杰出的历史贡献。他们将毕生精力奉献给了这份事业，是马列经典著作翻译的“国家队”。

受命北上，创建中央编译局

上海外国语大学（以下简称上外）创建于 1949 年 12 月，首位校长是我国著名教育家、翻译家姜椿芳。建校伊始，姜校长就以服从革命需要、加快培养外语翻译人才为立校之本，教育学生要牢记国家使命，掌握外语工具，为党和人民服务。在创建初期两年多的时间里，姜校长不仅负责学校全面工作，还亲自为中、高级班学生上翻译课，作翻译示范，讲解翻译原则与技巧，为学校培养了 1000 多名学员，组织了两支令后人敬仰的红色队伍：一支是响应国家抗美援朝伟大号召，前往朝鲜战场的“语文工作队”；另一支是接受党中央战略使命，前往北京的马列著作翻译“国家队”。后一支队伍由姜椿芳校长亲自带队。由此奠定了学校建设的红色基因和发展方向。

1952 年，老校长姜椿芳受命北上，赴北京担任中共中央宣传部斯大林著作翻译室主任。1953 年初，经毛泽东主席批准，党中央决定斯大林著作翻译室与中共中央俄文翻译室合并，成立中共中央马克思恩格斯列宁斯大林著作编译局，任命师哲为局长，陈昌浩、姜椿芳为副局长。上外一期学员中的 10 位同学和原在中央俄文翻译室的顾锦屏、周亮勋等校友，也随姜校长一起被调入中央编译局。之后，又有不少上外毕业生先后被分配到编译局来工作。从此，以姜椿芳为代表的这群上外人就成了中央编译局里的中坚力量。

攻艰克难，编译三大全集

根据中央要求，中央编译局成立后的主要任务是翻译出版“三大全集”，即《马克思恩格斯全集》《列宁全集》

《斯大林全集》。这是“三大全集”第一次在中国的翻译出版，也是我党第一次全面译介马列主义系统理论。作为党的建设宏大的基础工程，任务光荣，责任重大。翻译马列著作不像翻译文学作品，其涵盖的知识面更宽更广。编译局上外校友董荣卿后来回忆说：“马恩列斯著作的内容包罗万象，上涉天文，下及地理，通古博今，人文、美学、政治、经济、历史、哲学，无所不猎，要把他们的著作译得意思准确、文字优美、语句流畅，让读者看得懂，读得进，可不是件易事。”但当时像一、二期学员这样刚走出校门的学生，俄、汉语水平有限，文化科学知识平平，“要完成这样重大的任务，难度很大”。况且，“三大全集”都是大部头理论著作，翻译过程苦涩而漫长。这些都是巨大的考验。

姜校长在上外校友董荣卿和王燕华的婚礼上，这样勉励编译局的上外人：“你们要安下心来好好工作，在编译局生根发芽，生儿育女，把自己的一生献给马列主义经典著作的翻译出版事业。”“把一生献给马列主义经典著作的翻译出版事业”就成为编译局上外人的使命和诺言。他们在这里勇敢接受考验，开始一生的“苦难行军”，锻造激情燃烧的岁月。

20 世纪 50 年代是编译局的黄金时代。“在几个局长中，姜椿芳同志的工作担子最重，”老局长师哲说，“交给他任何工作，他总是不声不响认真地完成，从不挑拣。”为了年轻人的学习成长，他四处联系聘请专家来开办讲座，举办汉俄语法知识培训，组织政治理论学习，制定翻译计划、翻译程序和集体翻译制度，等等；为了统一翻译风格与标准，他组织召开业务研讨大会，确定原则，制发文件；为了严把翻译质量关，他亲自执笔担任译文和全集的定稿工作。事无巨细，关怀备至。

在具体译校过程中，上外人不负厚望，精心阅读马列原著，查找各类背景资料，摘抄注释卡片……从读懂弄通入手，逐字逐句翻译，兢兢业业，一丝不苟，有时一本书要翻译一年。写出初稿后，还要交互校译，决不放过一点瑕疵。有重大问题还要提交大会讨论审定。校友姜其煌回忆说，那真是一段“人人发奋”、“专心翻译，培养人才，人们之间关系融洽向上，学术空气浓厚的黄金时代”。校友顾锦屏说：“那时办公楼里经常是整晚灯火辉煌，每个人都激情燃烧，斗志昂扬！”特别是 1958 年“大跃进”时，中央提出要加快《列宁全集》（《列宁全集》俄文的第四版）的翻译出版，局里决定集中全局力量加快《列宁全集》的翻译，争取向国庆10周年献礼。全局同志深受鼓舞，日夜奋战。姜校长也同年轻人一样，经常挑灯夜战，彻夜通稿。“他的言传身教给全局同志以莫大鞭策和激励”，翻译进度也大大提高。至1959年，在全局同志的共同努力下，《列宁全集》中文第一版在国庆10周年时全部出版，党中央给予了表扬。此后，该丛书由人民出版社于1955至1963年间陆续出版，共39卷，1500多万字。

在此期间，姜校长还参加了《毛泽东选集》的中译外工作。1959年，《毛泽东选集》第四卷出版后，“中央要求尽快把它翻译成外文。这项工作由中联部主管，姜椿芳具体负责”，“他为组建翻译班子竭尽全力，亲自与有关部门商议，请来一批翻译高手，先后组建了俄、英、法三个翻译组，还亲自主持《毛泽东选集》第四卷俄译文的审定工作”。

20世纪70年代以后，中央编译局又开始《列宁全集》中文第二版的编译工作。这一次，《列宁全集》的卷本收集更加全面而浩繁。母校上外也给予他们有力的支援。上外主动承接了编译《列宁全集》第53卷的任务，专门设立“列宁著作翻译研究室”，集中全校俄语力量，并制订了严格的操作程序，按要求保质保量完成了任务，中共中央宣传部和中央编译局还向学校参与教师颁发了荣誉证书。同时，学校还为编译局翻译和校订了《列宁文稿》《回忆列宁》《列宁年谱》等10多部著作，字数达千万以上。这些著作出版以后，在全国都有很好的影响。

中央编译局有一句口号，叫作“出书出人”。从20世纪50年代起，经过中央编译局的努力，《马克思恩格斯全集》《列宁全集》和《斯大林全集》陆续翻译出版，他们还翻译出版了一大批马列经典选集与文摘。仅20世纪50年代，就翻译出版《马克思恩格斯全集》中文10多卷，《列宁全集》中文版39卷，《斯大林全集》中文版13卷，有效解决了当时学习研究马克思主义的急需，为马克思主义基本理论的大宣传、大传播、大学习、大普及作出了历史性贡献。“三大全集”的翻译出版，“向全世界无声地宣告新中国在马列主义指导下走社会主义道路的坚定决心与信心”。

经过三大全集的翻译实践，编译局成长起一支马列经典著作翻译“国家队”。其中不少上外人从初级翻译成长为中级翻译、高级翻译，直至资深翻译家。上外校友顾锦屏后来成长为中央编译局常务副局长，周亮勋任马恩室主任，岑鼎山任列斯室主任，何宏江任列斯室副主任，顾锦屏、周亮勋、岑鼎山、张舆、冯申、孙开焕、董荣卿、王燕华、何宏江、汤钰卿、傅子荣荣获"资深翻译家"称号。在编译局获"全国先进生产者"称号的4人中，有3人是上外校友。

奉献一生，专注马列经典翻译传播事业

校友顾锦屏在回忆当年出版《列宁全集》中文第一版的情况时曾说："由于当年出版《列宁全集》大多数没有署译者的名，（上外）一、二期校友具体参加哪几卷工作今天已无法确定。"就是这样一群默默无闻的人，不为名，不为利，只为马列经典著作翻译传播，甘于寂寞，呕心沥血，殚精竭虑，默默奉献，直至燃尽自己的生命。近年来《光明日报》曾连续撰文报道中央编译局优秀翻译家群体，其中讲到编译局里几位上外人的事迹，令人十分感佩。

校友岑鼎山是"资深翻译家"，被认为是局里"最优秀的定稿员"，"最后倒在翻译桌上"。同事们说他"就是靠一杯浓浓的茶，一根接一根地吸烟来提神，完成他一天一万字的校订"。他的房间里终日烟雾缭绕，"不开窗根本走不进去"。"他本来可以有自己的兴趣，会唱歌，喜欢弹琴。但一干起工作就什么都没有了。"为了什么？就是为了翻译出版《列宁全集》第二版，他是总定稿人，责任重大。结果"《列宁全集》编完了，他的病也来了"，后来同事去看他，痛心地说："那个瘦的呀！"

另一位上外校友、国内马列经典著作权威翻译家、全国"五一"劳动奖章获得者周亮勋，虽办了退休手续，然退而不休，还是继续负责译文校订，和年轻同志一起加班加点。2005年的一天，他在局里开会研究稿件，突发脑溢血晕倒在办公室门口。送到医院紧急进行开颅手术，术后丧失记忆。有人问他，你与老伴是怎么结婚的呀？他想不起来了，唯独记得工作，在病房里还喊"开会，开会！"还问"稿子？我的稿子呢？"稍好一点，又想要"逃"出病房去工作。最后出不了医院，看不成稿件，老人就在病床上哼唱《国际歌》，直至哽咽失声……报道说他是"唱着《国际歌》，憾然离世的"。同事们

痛惜地说："老周的去世是我们马列部的一大损失。"岂止马列部？对中国马列经典著作翻译传播事业都是一大损失！

而顾锦屏，这位曾经的编译局常务副局长，看着一起来的校友陆续离世，他不改初衷，退休后仍然承担一些重大研究课题，文章称他是"一位至今坚守在岗位上的老人"。年轻人说他"天天都来，你可以随时请教他"，同事们说他"天天晚上都在办公室工作，周六、周日也来"，一辈子也放不下事业。他经常告诫年轻人："代圣人立言，笔重千钧啊！"

报纸感慨："就是这样一群拼了命的群体，成就了'我国政治生活和党的建设中的大事'。"

三大全集出版，皇皇宏篇巨制，煜煜思想光辉，背后站着的是一群默默奉献的人。毛泽东主席说过："如果没有翻译工作者的努力，中国哪晓得什么是马列主义？"习近平总书记指出："100年前陈望道翻译了首个全译本《共产党宣言》，为引导大批有志之士树立共产主义远大理想、投身民族解放振兴事业发挥了重要作用。"并希望把传播马克思主义理论这件事"坚持做下去，做得更好"。

编译局老局长师哲曾对翻译工作者有个形象的比喻，他称誉姜椿芳为"沙漠里负重的骆驼"。这也正是上外人的集体群像：在中国学习传播马克思主义的艰难历程中，老校长姜椿芳带领上外人甘愿成为"负重的骆驼"，在马列经典著作三大全集翻译出版的荒漠中坚守初心，坚韧不拔，默默耕耘，一步一个脚印，踏出硕果累累、万紫千红的春天！

今天，上外人向老校长和前辈校友致以崇高敬礼，并接过前辈接力棒，把老校长当年栽下的翻译学幼苗不断培养壮大。2003年，上外在传统外语教学的基础上，向全球最高翻译教学标准对标，成立了高级翻译学院，把"翻译学"建设提升到一个新的高度，于2004年设立全国第一个"翻译学"博士点；2005年11月该院的教学成果成功获得国际会议口译员协会（AIIC）的最高评级，并获全球"一级会议口译教学单位"称号；2007年该院成为我国首批能兼招培养笔译与口译的翻译硕士专业学位的高等学院，"一体两翼"式地培养学术型学位、专业型学位翻译人才。

新时代以来，上外以“多语种 +”“+ 多语种”的新理念、新方法，积极建设和发展翻译学，开拓理论与实践的多种渠道，热情地翻译、阐释和宣传中国传统文化典籍、新中国发展成就、当代的马克思主义——习近平新时代中国特色社会主义思想理论科学体系、当代中国故事等，组织翻译了《荀子》《列子》《菜根谭》《围炉夜话》等，向世界展现中国文脉和智慧；翻译了《习近平用典》第一、二辑，《习近平讲故事》等，传播伟大思想；翻译了《浦东奇迹》《一带一路：中国崛起的天下担当》等，向世界讲述中国故事和中国方案；学校还通过多部著作的多国语言版本外译，从各个研究中心的区域国别研究角度，把中国在治国理政和改革发展方面的经验，全面、准确地传播出去。特别是 2014 年学校把翻译理论与实践紧密结合，建立了多语种外文门户网站，涵盖了 21 个语种的网站群，向世界阐释中国共产党人的思想理论力量，讲好中国故事，传播伟大思想，得到中央领导同志的肯定与批示。至 2020 年，该网站群已达 29 个语种，发表文章 7000 多篇，编辑队伍超过 100 人。在 2020 年疫情期间，上外人也充分发挥语言学、翻译学和政治学方面的学科优势，主动对接国家战略，参与国际治理，书写使命担当，曾连续 170 天不间断监测境外关于新冠肺炎疫情的舆论环境，为如何讲好中国故事提供分析与决策建议，发布境外疫情简报与报告近 600 期，字数超千万，在境外发表多语种文章 40 余篇，报送决策咨询报告 200 余篇，有的已转化为国家或上海市的相关政策乃至国际经验。上外成为弘扬中华传统文化的窗口、传播伟大思想的阵地、引领国际舆论的路径，充分展现了当代上外人在思想文化传播方面的传承与使命。

“诠释世界，成就未来”，上外人正为构建人类命运共同体而继续努力奋斗，勇往直前！

（撰稿：杨凡）

薪火相承　锦绣纺织

——东华大学与“纺织”相伴相随

藏品名称：

《私立南通学院概况》《麻纺学》《针织厂设计》《织物触觉风格的客观评价》

藏品类别：

纸质文献

所在场馆：

东华大学图书馆、东华大学档案馆

藏品年代：

1947 年(《私立南通学院概况》)、1957 年(《麻纺学》)、1961 年(《针织厂设计》)、1985 年(《织物触觉风格的客观评价》)

藏品价值：

《私立南通学院概况》：介绍了南通纺织专门学校，是中国近代纺织高等教育的开端。《麻纺学》《针织厂设计》：是纺织专业教材、新中国纺织教育工作中的重要工程。《织物触觉风格的客观评价》：是纺织博士论文，也是新中国学位制度的重要物证。

图 13-1

《织物触觉风格的客观评价》《麻纺学》《针织厂设计》《私立南通学院概况》

衣食住行，纺织为首。从养蚕栽棉到纺纱织布，从穿针引线到缝衣置服，中国古代男耕女织各司其职，“一夫不耕或受其饥，一妇不织或受其寒”，纺织伴随着文明的起源和发展，薪火相传，从未间断，已有上千年的历史。但中国的纺织一直以手工纺织为主，直到 1840 年鸦片战争爆发，外国的动力机器纺织业在中国拉开了序幕，西方列强向中国输入先进的动力纺织机器和纺织技术，才打破了中国传统的手工纺织生产方式。官僚资本、民族资本及外商资本纷纷在中国兴建近代纺织企业，工业的发展带动了对专业人才的需求。1912 年，民族资本家张謇在南通建立纺织传习所，培养纺织专门人才，打开了我国近代纺织高等教育的大门。随后，我国兴建了多所纺织教育机构，培养出大批纺织技术人才，为民族纺织工业的变革和振兴提供了重要的内核驱动力，也为新中国纺织教育发展奠定了坚实的人才基础。近代中国纺织高等教育跟随着近代中国纺织事业的兴起、受创、复苏、勃发而跌宕起伏，而早在其发端伊始，东华大学便与它结下了不解之缘。

驱动民族纺织工业振兴

清末，为抵抗外国纺织品的倾销，中国有识之士纷纷设厂自救，开展了一系列动力机器纺织生产。然而，对于先进的纺织机械和技术，民族资本纺织业在技术上完全依赖外国技师和洋匠，企业生产严重受制于人。面对如此困境，南通民族资本家张謇有了“以实业办教育相迭为用之思”，并指出：“无学堂则工艺无由以致精。”“有实业而无教育则业不昌。”纺织技术人才的培养迫在眉睫，纺织教育尤其是纺织高等教育的兴起应成为当务之急，正如《礼记·学记》中的“建国君民，教学为先。化民成俗，其必由学”。中国纺织高等教育的先锋——南通纺织专门学校——在这样的背景下应运而生。

1912 年，张謇在大生纱厂设立南通纺织传习所，后改名为南通纺织专门学校，“以教授高等学术、养成专门人才为宗旨”，成为我国近代首个以培养纺织高级人才为主的高等纺织教育机构。1927 年该校更名为南通纺织大学，后与南通农科大学、医科大学合并为南通大学，下设纺织科。1930 年，经教育部立案，定名为南通学院。1938 年，南通学院因抗战原因迁沪，其纺织科设二系（纺织工程系和染化工程系）八班。

1947 年，学院著《私立南通学院概况》一书，对学校沿革、行政组织、编制班级、课程、参观实习、设备概况、经费概况、学生纳费、员生人数、毕业生人数统计、招考新生统计、近一年大事记、校董及教职员名录、校产损失调查报告书、迁较纪略、历任院 / 校长名录等内容详述在案，以作留存。1952 年，南通学院纺织科伴随全国高校院系调整，与国内十余所纺织院系一同并入华东纺织工学院（今东华大学），组成中国规模最大的纺织高校。

南通纺织专门学校在办学的 40 年间，培养出 1750 余名优秀纺织人才，这些人才毕业后逐渐成长为著名纺织企业家、纺织专家、学者等，成为我国纺织界的中坚力量，为推动近代纺织业的发展作出了巨大贡献。如校友王子宿是我国近代知名纺织科技专家，于 1920 年毕业于南通纺校，后在英国波尔登纺织专科学校、曼彻斯特大学夜校进修纺织，归国后在南通纺校任教，并和校友组织成立了南通学院纺织科学友会；校友杜燕孙是我国近代知名染整工程技术专家，1936 年毕业于南通学院纺织科染化工程系，发起并建立了中国染化工程学会，并接办了《染化月刊》，新中国成立后，任华东纺织工学院教授、纺织工业部科学技术委员会委员等职。

探索新中国
纺织教育新局面

1949 年，一穷二白的新中国百业待兴。我国纺织工业有 500 万锭处于 30 年代落后技术的棉纺加工能力，布的总产量还不到 19 亿米，全国人民过着缺衣少穿的生活。国家把解决几亿人口的穿衣问题和吃饭问题看成同等重要的大事，大力加强对纺织工业生产和建设的领导。新中国成立伊始，中央人民政府便设立纺织工业部，将纺织工业部从广义的轻工业中划分出来专门设立一个部级机构，全力解决全国人民的穿衣问题，中国纺织工业开始蓬勃发展起来，各地对纺织类技术人才的需求愈发殷切。

1950年6月，在华东军政委员会教育部和上海市人民政府的领导下，由华东纺织管理局主持，会同上海棉纺织业同业公会，将上海的4所私立纺织院校（中国纺织染工程学院、上海纺织工业专科学校、诚孚纺织专科学校、文绮染织专科学校）合并成为私立上海纺织工学院。1951年6月，又在合并交通大学纺织系、私立上海纺织工学院和上海工业专科学校纺织科的基础上，加大投入，创办了华东纺织工学院。纺织工业部在教育部的同意下，委派时任华东纺织管理局副局长兼上海交通大学纺织系主任张方佐兼任院长，知名教授、纺织化学家钱宝钧担任教务长。此后在全国高校院系调整时，又把南通学院纺织科、武汉中南纺织专科学校等并入。至此，华东纺织工学院成为中国规模最大的纺织高校。

华东纺织工学院云集了当时国内最顶尖的纺织专业团队，打开了我国探索建设中国特色社会主义纺织高等教育的新局面，依托雄厚的师资力量和行业背景支持，成为我国纺织行业人才的摇篮和科学研究的重要基地。现代教育家、出版家陆费逵指出："立国根本，在乎教育。教育根本，实在教科书。"高等纺织教材建设是提高教学质量的关键之一，是纺织高等教育工作中的一项重要工程。为探索更高质量的高等纺织教材发展之路，华东纺织工学院的教研团队进行过多种有益的尝试：学习和编译苏联经验教材、自主编写教材、选编遗留教材等，充分发挥自己的特长，把先进的、优秀的教学材料提供给教学，用于培养高质量纺织专业人才。东华大学图书馆馆藏《麻纺学》（1957年）、《针织厂设计》（1961年）等正是该阶段由学校教研组编译/著的纺织专业教材，这类教材主要供本校学生上课学习之用，并未公开出版。

在招收和培养全日制学生的同时，华东纺织工学院受纺织工业部委托，承担起国家纺织系统管理干部的培训责任。新中国成立之初，针对纺织工厂职工普遍文化程度不高的情况，纺织工业部一方面在各地举办识字班、初中班、高中班，扫除纺织职工中的文盲、半文盲，另一方面，在开展文化学习的同时，结合生产需要，举办各种运转操作训练班、脱产技训班。对管理干部，也进行有计划的培训。华东纺织工学院于1952年首先招收150余名具有5年以上工龄的青年工人，后来又举办青工预科班和青工本科班，从1956年起又连续举办4届干部班（学员59名），培训出了一批技术较好、管理能力较强的人才，后成为新中国纺织工业建设的领军人物和业务骨干，如纺织工业部部长郝建秀（1962 年毕业）、吴文英（1963 年毕业），新中国纺织工业部首届全国劳动模范黄宝妹（1963 年毕业）等。

为改革开放和纺织现代化事业持续输送高端人才

1980 年 2 月，全国人大常委会审议通过了《中华人民共和国学位条例》，这是新中国教育和科研领域的第一部法律，从此，我国的高等教育特别是研究生教育进入了以攻读学位为质量标准和衡量尺度的规范发展历程。经国务院学位委员会审定，在高等纺织院校中普遍实行学士学位制，批准华东纺织工学院（今东华大学）为首批具有博士、硕士、学士三级学位授予权的高校之一，并设立博士后流动站，致力于为国家改革开放和纺织事业的现代化建设提供坚定的高层次人才智力支持。1985 年，我国第一篇纺织学科的博士论文诞生，华东纺织工学院潘宁在严灏景教授指导下完成《织物触觉风格的客观评价》，专业方向为纺织材料。潘宁被誉为“新中国纺织博士第一人”，曾担任美国纤维学会主席，已成为国际著名的纤维及聚合科学和纺织工程方面前沿科学家。潘宁博士的这篇博士学位论文作为改革开放以来东华大学率先开展纺织学科研究生教育的重要物证，具有标志性意义。1985 年经纺织工业部批准，学校更名为中国纺织大学，着力建设“国内一流、国际著名的纺织大学”。1998 年 9 月 1 日，随着国务院机构改革的深化，学校正式划转为教育部直属高校。

多年来，在全面建设小康社会、从纺织大国走向纺织强国的历史进程中，东华大学持续为国家输送高端复合型人才，培养了一大批享誉国内外的纺织专家。学校充分发挥纺织专业优势，在国内率先建立纺织工程专业；不断拓宽纺织专业面，将化学纤维专业拓宽为高分子材料专业；增设服装工程、纺织品设计等专业，为发展新兴的服装工程学科奠定基础；发展高新技术学科专业，使其对纺织工业全程渗透，充分发挥高新技术纺织品对其他产业部门发展的重要作用。1995 年，学校被列为国家“211 工程”重点建设院校，成为全国唯一一所以现代纺织为特色进入“211 工程”重点建设序列的高校。2017 年，学校入选“双一流”建设高校，建设学科为纺织科学与工程。近年来，学校围绕“纺织”特色学科，持续构建以纺织为“一体”，材料和设计为“两翼”，创新学科为“引擎”的学科特色新格局。在 2017 年全国第四轮学科评估中，纺织科学与工程获评 A+，继续名列前茅。纺织科学与工程 I 类高峰学科在上海高校高峰高原学科第一阶段建设绩效评价中获评优秀。

阅读东华大学的 70 年，我们看到它与“纺织”相伴相随：最早可追溯到 1912 年创办的南通纺织传习所，那是近代中国纺织高等教育的开端；前身是 1951 年成立的华东纺织工学院，那是新中国第一所纺织高等学府；1985 年，更名为中国纺织大学，着力建设“国内一流、国际著名的纺织大学”；1995 年，被列为国家“211 工程”重点建设院校，成为全国唯一一所以现代纺织为特色进入“211 工程”重点建设序列的高校；2017 年，入选“双一流”建设高校，建设学科为纺织科学与工程。“纺织”是东华大学的基因，是花了大半个世纪的时间形成的传统和特色，在培养纺织专业技术人才，助推我国成为纺织强国、赶超西方发达国家的过程中，东华大学前景广阔，大有可为。

（撰稿：冯晴、陈惠兰、姚静）

海洋强国逐伟梦　航海教育筑英才

——上海海事大学校史见证高等航海教育及学科发展

藏品名称：

东印度古船模型、“义薄云天”锦旗、第二套人民币 5 分钱纸币、贝汉廷手稿、天体天象演显设备、“育明”轮模型

藏品类别：

模型、纺织品、货币、纸质文献、仪器

所在场馆：

上海海事大学校史馆

藏品年代：

1895 年（东印度古船模型）、1950 年（“义薄云天”锦旗）、1955 年（第二套人民币 5 分钱纸币）、20 世纪 60—70 年代（贝汉廷手稿）、1986 年（天体天象演显设备）、2012 年（“育明”轮模型）

藏品价值：

东印度古船模型：有利于航海专业学生了解 17 世纪中叶东印度贸易古船的形态，对航海史有进一步的认识。“义薄云天”锦旗：证明航海类专业校友何炳材利用专业技能为收复南沙群岛作出了贡献。第二套人民币 5 分钱纸币：证明航海类专业校友方枕流等利用专业技能为新中国航运事业作出了贡献。贝汉廷手稿：见证了航海类专业校友贝汉廷利用专业技能向世界展示中国船长的风度。天体天象演显设备、育明轮模型：展示了航海专业学科教学实习设备的发展。

图 14-1
东印度古船模型

图 14-2
第二套人民币 5 分钱纸币

图 14-3
“育明”轮模型

图 14-4
“义薄云天”锦旗

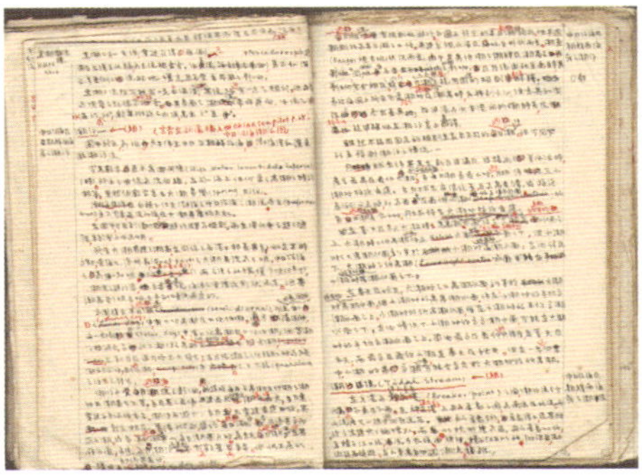

图 14-5
贝汉廷手稿

图 14-6
天体天象演显设备

1840 年鸦片战争爆发，西方列强用坚船利炮迫使清政府签订了一系列不平等条约，中国的重要通商口岸、航运市场均被西方列强控制，航权旁落，又无自己培养的本国高级航海人才，民族轮船企业“商战求富”的梦想举步维艰，创办中国高等航海教育的呼声日渐高涨。1909 年，上海高等事业学堂船政科创立，高等航海教育在上海这片热土上历经了高等商船学堂、吴淞商船学校、上海航务学院、上海海运学院、上海海事大学等校名的变迁，于吴淞口、浦江岸、东海边缓缓展开，航海、航运等学科也逐渐发展起来。现在的上海海事大学已成为一所以航运、物流、海洋为特色，具有工学、管理学、经济学、法学、文学、理学和艺术学等学科门类的综合性大学。

海上帆影，玻璃柜里大航海时代的印记

在上海海事大学校史馆的中心摆放着一个古船模型，古朴的船体、流畅的线条、精良的制作无一不在诉说着古老的历史。它就是校史馆的镇馆之宝——东印度贸易古船模型。这个古船模型制作于 1895 年，它所展现的是曾效力于荷兰东印度公司，在 17 世纪中叶频繁往返于欧洲和远东之间，从事海上贸易所使用的古贸易船只。

17 世纪是大航海时代的快速发展期，而荷兰东印度公司无疑是其中的佼佼者。荷兰东印度公司成立于 1602 年 3 月 20 日，1799 年解散。荷兰当时的国家议会授权荷兰东印度公司在东起非洲南端好望角，西至南美洲南端麦哲伦海峡的区域具有贸易垄断权。也因此，荷兰东印度公司在成立的将近 200 年间，总共向海外派出 1772 艘船，欧洲约有 100 万人次搭乘共计 4789 航次的船前往亚洲地区。平均每个海外据点有 25000 名员工、12000 名船员。在那个没有现代化设备、没有机械化动力的帆船时代，这样木制结构的帆船如何抵抗暴虐的海上灾害，顺利抵达目的地？直到今天，研究大航海时代的专家学者仍为解开这一奇迹之谜不懈奋斗着，而这种古船模型的存在是必不可少的凭借。目前，这种类型的船舶模型如沧海遗珠，在世界范围内也屈指可数，堪称无价之宝。

1869 年 11 月 17 日，随着苏伊士运河的通航，轮船的优势开始突显，外国来华的轮船数量迅速超过了帆船，成为主要的航运工具，中国传统的帆船航运被西方的钢铁怪物所排挤，外国轮船大举进入中国市场，这一方面冲击了中国的传统帆船航运业，另一方面也为民族航运企业的诞生提供了思路，社会各界意识到了我国高级航海人才的紧缺。1909 年，晚清邮传部上海高等实业学堂（南洋公学）船政科开创了我国高等航海教育的先河，1911 年，船政科分出，中国第一所高等航海学府——邮传部高等商船学堂——成立。1912 年，更名为吴淞商船学校。之后的 40 余载，从吴淞商船学校到上海航务学院，学校在多次迁址、两次被毁、三度停办的境况下奋力前行，坚持培养高质量航海人才。

2012 年，安特卫普港务局中国总代表、上海海事大学客座教授朱伯彦先生将这一船模赠送给学校。这一古船模的珍贵不仅在于它的制作精良为世所罕见，更在于它本身所承载的文化内涵，对于我们进一步了解大航海时代的历史，进一步研究船舶结构、研究航运业的发展都有着极其珍贵的意义与价值。对于航海类专业的大学生来说，这是非常珍贵的体验。

船长回忆，老手稿诉说南沙群岛收复始末

在兴学育人的过程中，我国高等航海教育培养出了一批批为国家航海航运事业作出巨大贡献的杰出人才。他们凭借自己的专业技能，在祖国大江南北发光发热。

南沙群岛自古以来就是中国的固有领土。虽然它曾先后被法国和日本占领，但在日本无条件投降之后，当时的中国政府按 1945 年开罗会议宣言和波茨坦公告的精神及日本《无条件投降书》条款，派舰队于 1946 年 12 月收复西沙和南沙群岛，并向全世界宣布中国对西沙和南沙群岛行使主权。

吴淞商船学校杰出校友何炳材在手稿中记录了这段经历。何炳材船长的航海生涯中有过许多大大小小的惊险事件，然而直接参与收复南沙群岛让他最难忘怀。收复舰

队由海军总司令部选定排水、吨位最大，装备最新式的太平舰为旗舰，与永兴扫雷舰，中建、中业两艘坦克登陆舰组成收复南沙和西沙舰队。任命海军上校林遵为进驻西沙、南沙群岛舰队指挥官，兼管进驻南沙群岛的工作。由于在海关的灯塔补给船积累的一些航行狭窄水道和登临海岛的经验，何炳材被指挥官林遵和舰长麦士尧看重，指定为引航员。

彼时南沙群岛的航海资料和航法，不论中外航路指南均无阐述，只有对“危险地带”的描述，令人颇有谈虎色变之感。但国之大事岂能轻言放弃？何炳材船长以“人定胜天”的格言来鞭策自己，认真研究南沙群岛的形势和周围水深，以及南海的气候、风向、海流、海浪等，分析过去沉船多在南沙群岛东部的原因，最终决定由榆林港开出后不直接向南沙群岛航行，而是先向南行驶，靠近越南东岸的华力拉角附近越南领海外之后，测定船位，再向东驶向太平岛。

当时的时间和气候并不适合收复南沙群岛，既无天时，也无地利，但收复南沙群岛是关系国家尊严的问题，何船长只能自行克服困难，尽力创造人和。通过大胆探索，小心实践，最终舰队于 1946 年 12 月 12 日登陆太平岛，提前完成了收复工作。而太平岛的名字便是用太平舰的舰名来命名的，以纪念太平舰接收该岛。

此后，何炳材船长拒绝了国民党海军总司令部的电令升调，逃往香港，返回九龙海关缉私舰工作，直至 1949 年 10 月带“海康”缉私舰在香港完成了起义壮举。

2018 年 6 月 27 号，作为上海海事大学校史系列图书之一，根据何炳材手稿编辑出版的《爱国船长何炳材的航海历程》新书发布会在学校举行，发布会上何炳材长子何国忠将父亲尘封 30 年的自传手稿捐赠给母校。同时赠予的还有原交通部长钱永昌校友为何炳材写的题词，以及 1950 年九龙关起义时授予何炳材的“义薄云天”锦旗。

驾船起义，5 分钱纸币上的爱国故事

1949 年上海解放以后，吴淞商船专科学校学生积极组织人民保安队、担任驻船联络员、投身随军服务团、参加人民解放军，为护厂护校、护船护产、随军服务、保家

卫国作出了积极贡献。为民族自救，吴淞商船校友们更是参与到驾船起义运动中去，为新中国航运事业作出了重要贡献。

从上海海事大学校史馆陈列的这张 5 分钱纸币上，我们可以看到一艘行驶中的轮船，它劈波斩浪，勇往直前。这便是“海辽”轮。

“海辽”轮，产自美国船厂，载重 3200 吨，在 1949 年 9 月以前，只是国民政府招商局名下的一艘普通商船。新中国成立前夕，“海辽”轮与其他被国民党军队征用的招商局轮船离开上海，一直往返于大陆和台湾之间，负责运送物资和军队。1949 年 9 月 18 日，“海辽”轮在香港接到招商局电令，要求它在 20 日凌晨启航，前往汕头运兵，驰援舟山群岛——它的命运至此改变了。

当时 33 岁的吴淞商船学校校友、“海辽”轮船长方枕流当机立断，在确认油料准备充足之后，于 9 月 19 日，趁香港招商局下班后悄悄启航，宣布起义。

国民党军队装备精良、防守严密，要想成功脱离控制并非易事。为了拖延时间，减损避战，“海辽”轮先是向国民党船务总局谎报船只轮机受损，请求时间宽限，又动员全体船员涂抹船身上的“海辽”轮标识，伪装成英国的“玛丽·莫勒”号，进行了船形改装，并实行灯火管制，隐藏行踪，不再与任何电台联系。

起义之路险阻重重，他们甚至在菲律宾北面的巴林塘海峡遭遇过海盗。后来，“海辽”轮还曾改扮成悬挂巴拿马旗帜的“安东尼亚”号，这才有惊无险地躲过了敌人飞机的侦察和轰炸，最终在八天九夜的航程后抵达大连港，宣告起义成功。

1949 年 10 月 1 日，“海辽”轮成为新中国第一艘挂起五星红旗的海轮，它也是国民党统治区起义的第一艘海轮。随后，招商局香港船务局的 13 艘海轮也相继起义。

毛泽东主席曾亲自打电报给方枕流船长和全体船员，表示祝贺和嘉勉。为纪念“海辽”轮起义成功，中国人民银行经请示中央人民政府批准，在设计新中国纸币时，将“海辽”轮船形图案放在了第二套人民币 5 分纸币正面的右边。1955 年 3 月 1 日纸币正式发行，一直流通了 34 年，“海辽”轮的光辉形象，也永远铭刻在中国人的心中。现在上海海事大学校史馆就保存了一张印有“海辽”轮的 5 分纸币，向世人继续讲述着海大校友这段光荣的故事。这些航海人的壮举也为新中国航运事业奠定了重要基础。

先辈荣光，彰显中国新一代航海人风采

“人有人的风度，船有船的风度，国有国的风度。”这是上海海事大学杰出校友贝汉廷船长的座右铭。而贝汉廷船长的风度就是一辈子不离开船，一辈子不离开海洋，要把最大的力量贡献给祖国的航海事业。

贝船长曾任职于沿海航行的小吨位船，也曾掌舵万吨远洋轮。无论是饱受赞誉之时，还是委身挖泥船之刻，他都从未忘记报国誓言。

1978 年 4 月，他指挥汉川轮抵达德国汉堡港，准备装运国内急需的成套化纤设备回天津。然而，这套设备总共 44 个大件，近 5000 立方米，外型不规则，装卸运输中不能碰、不能压，属于超长、超大、贵重货物。当时如果用汉川轮来运，无疑要装一船半。德国人自信于德国式精确、严谨的工作作风，坚持汉川轮无法一船运走这套设备。贝汉廷船长拿出了一份合理的配载图，并讲解了汉川轮的技术状况。他对返航沿途的气象水文情况进行了综合分析，对配载图进行了精确的数据分析，准确的计算令德国人最终折服。之后贝船长又凭借自身丰富的航海经验，加上搜集了相关资料，把货物按同样比例缩小做成硬纸模型，反复组合，反复在船图上模拟装载，使每件货物在舱内或甲板上都找到最佳装载位置，再计算这样的装载是否符合稳性要求，一切都令人满意后制订出了配载图和装货计划，最终成功装货，赢得了海运界和新闻界的一致赞叹。这些手稿如今就珍藏在上海海事大学校史馆内。

此后，1981 年在荷兰鹿特丹港，贝汉廷船长又一次刷新汉川轮装货最高纪录，再一次震惊了荷兰海运界和新闻界，也再一次彰显了中国新一代航海人的最高风度。贝汉廷船长的光辉形象也印在每个航海专业学子的脑海中，他严谨的精神和中国船长的风度值得每个航海专业大学生学习。

星辰大海，新时代高等航海教育的实践

随着国际形势、国内经济建设和交通运输事业的发展，上海在国家航运业中的重要地位日益凸显，急需培养大批航运技术和航运管理人才。1958年，交通部决定在上海恢复高等航海教育，指定由上海海运局和上海船舶修造厂一起负责筹建上海海运学院及附属中学。上海海运学院初创时期，原吴淞商船专科学校的教师、校友纷纷返沪参与筹建工作，他们成为当时师资的重要来源和骨干。1991年至2004年，上海海运学院进行管理改革，全方位推进教学、科研及师资管理的进步，为培养航运人才学校添置了一批实验实践教学设备。

1986年，上海海运学院从日本五腾光学公司引进了一台天象仪，同年12月由日方专家安装调试完毕，交付使用。天体天象演显设备曾是上海海运学院时期学校天象馆中的重要设备，而上海海运学院天象馆，是海洋船舶驾驶专业的主干课程之一的《航海天文学》实验教学的重要设施。天象馆具有特殊的结构，顶部是一个钢结构的巨大天球，天幕由专家按照严格的技术要求拼装而成，天球直径8米，演示厅有固定座位35个，座椅可以随意调节高度，以从最佳角度观看星空。

2004年经教育部批准，上海海运学院更名为上海海事大学。为了更好地服务上海国际航运中心建设和国家航运事业发展，根据上海市高校布局结构调整规划，2008年上海海事大学主体搬迁至临港新城（现上海自贸试验区临港新片区）。高等航海教育的发展对实践教学提出了越来越高的要求，2012年12月12日，上海海事大学教学实习船“育明”轮正式交付。“育明”轮为4.8万载重吨扬子江型干散货船，总建造费用2.73亿元，是世界上吨位最大、设备最先进的远洋教学实习船之一，具备全球无限航区航行能力，由中海集团江苏造船基地建造。“育明”轮具备教学实习、科学研究、国际交流和散货运输等四大功能。船上设置了两个功能完全相同的驾驶台，生产驾驶台设在第11层，实习驾驶台在第10层。经船长允许，可随时切换供学生进行实际船舶操纵训练。实习船还模拟校园环境，设有现代化多媒体教室、图书阅览室、篮球场、室内操场、羽毛球馆、健身房、攀岩设施等体育设施。

从天文馆到“育明”轮，航海类专业的教学实习设备实现了巨大的飞跃。目前，上海海事大学已经发展成为一所拥有各类在校生 2.6 万余人，以航运、物流、海洋为特色的多科性大学。2019 年，学校迎来了 110 周年校庆，在百十年的发展历程中，上海海事大学始终不忘初心，致力于为国家和社会培养德智体美劳全面发展的社会主义建设者和接班人。全体海大人将担负起航运强国、交通强国、海洋强国、“一带一路”建设等历史使命，为建设具有全球影响力的高水平海事大学而不懈努力！

（整理：周蓉）

琴声悠扬

——记中国第一把小提琴

藏品名称：

现存最早的由中国人在中国制作的第一把小提琴

藏品类别：

乐器

所在场馆：

上海音乐学院东方乐器博物馆

藏品年代：

1935 年

藏品价值：

是现存最早的由中国人在中国制作的第一把小提琴，见证着小提琴制作在中国的起源和发展，具有重要的历史意义。

图 15-1
谭抒真先生之子谭国璋与这把小提琴合影

小提琴诞生于16世纪上半叶的意大利。17世纪末18世纪初由西方传教士带入中国。在中国有史料明确记载的最早有小提琴参加的合奏表演是在1699年到1708年间，由葡萄牙传教士徐日升（Thomas Pereira）组织的乐队演奏给康熙皇帝欣赏的表演。该乐队由在北京的传教士组成，其中有小提琴手、古五弦大提琴手。至于小提琴在民间的传播，主要是在19世纪下半叶。其中上海徐汇公学的西洋管弦乐队是中国第一个学校乐队，在中国小提琴艺术发展史上有重要意义。

能制作小提琴的中国人，最早的是留学美国麻省理工学院的司徒梦岩（1888—1954）。司徒梦岩出生于上海，十几岁时，在上海跟徐家汇教堂的传教士学习小提琴，1904年留学美国，1907年考入著名的麻省理工学院，主修机械工程。1910年，他认识了小提琴制作家波兰裔犹太人华特·沙朗·高斯（Walter Salon Goss），利用业余时间跟他学习制作小提琴。1915年，高斯用司徒梦岩制作的小提琴参加美国旧金山巴拿马太平洋世界博览会，获得金奖。1914年司徒梦岩毕业，在波士顿一个造船厂工作。1915年回国，任上海江南造船厂工程师，后任总工程师。他回国时，带回4把小提琴：3把由他自己在美国制作，1把是他的老师高斯制作的。这些琴在1932年一·二八淞沪抗战时，因住所被日寇蓄意纵火而全部被烧成灰烬。在他家人撰写的《司徒梦岩传记》中，没有提及司徒梦岩在中国制作过小提琴。

现在我们能见到的第一把在中国制作的小提琴是由谭抒真（1907—2002）于1935年在青岛制作的。谭抒真出生于青岛，1921年考入北京汇文中学，1922年在北京跟李勖刚学习小提琴，1923年进入北京大学音乐传习所跟穆志清学习小提琴，随后在青岛与上海跟奥地利小提琴家施特劳斯和荷兰小提琴家海斯特学习小提琴，1927年参加上海工部局交响乐团，成为加入这个交响乐团的第一个中国人。1924年在青岛时，他的一把小提琴坏了，拿到上海去修，花了60多元钱，等了一个多月才修好，可用了不久又坏了。他深感一定要学会修琴。从1932年起，他在青岛国际乐团工作，有做琴的条件，就设法买了小提琴制作的书籍，并从德国订购了制作小提琴的工具和材料，开始学习修琴和制琴。当时在青岛和他一起拉四重奏的美国大提琴家希尔勒（Sherer）会做提琴，他们就时常在一起研究制琴的技术和方法。就这样，谭抒真在青岛做出了他的第一把小提琴。目前我们无法判断见到的这把小提琴是否是他做的第一把琴，但从琴中的标签和琴的特征来看，这把写着“谭抒真 1935 年作于青岛”的琴，其真实性是没有疑问的。

谭抒真在青岛有一位朋友叫王玫（1907—1994），在青岛一所女子学校教音乐，也喜欢拉小提琴。他知道谭抒真在做小提琴，也要做，于是请谭抒真帮他到德国订购了材料，教他做琴。这样王玫也做出了一把琴。据载：“1935 年在音乐家谭抒真的帮助下，由王玫全部选用中国出产的乐器材料亲手制作的中国第一把小提琴诞生于山东青岛……中国第一把小提琴诞生的消息不胫而走，青岛《青岛民报》首先进行报道。”但从此事的前因后果来看，谭抒真做琴在前，王玫做琴在后似乎是没有疑问的。

这把琴内贴有一枚手书的标签，上面用工整的印刷体写着“COPY OF JOSEPH GUARNERIUS 1741 MADE BY S.C.TAN IN TSINGTAO A.D.1935（仿约瑟夫·瓜奈利 1741，谭抒真 1935 年作于青岛）”。JOSEPH

图 15-2
小提琴内的手书标签

GUARNERIUS 就是伟大的意大利小提琴制作家约瑟夫·瓜奈利·德尔杰苏（1648—1744），显然这把琴是谭抒真参照德尔杰苏作于 1741 年的一把琴，根据其琴型制作而成。S.C.TAN 是谭抒真名字的英文缩写。同样的英文缩写也出现在另一把由他制作于 1937 年的小提琴标签中，这把琴一直收藏在他的家中。TSINGTAO 就是青岛，A.D.1935 就是 1935 年。这张标签为这把琴的琴型、制作者、制作地点及制作年份提供了明确而直接的证据。

伟大的意大利小提琴制作家约瑟夫·瓜奈利·德尔杰苏是享誉世界的提琴制作大师，是意大利提琴制作黄金时代最杰出的代表之一。德尔杰苏在吸收了最伟大的提琴制作家斯特拉底瓦里精华的基础上，创造性地加以发展，其制作的提琴既有斯特拉底瓦里琴灵敏、优美的音色，又有宏大的音量。帕格尼尼 19 世纪初就是用德尔杰苏制作的琴巡演欧洲，受到极大欢迎，使之名扬天下。到了 20 世纪，德尔杰苏的琴更是受到许多音乐家的喜爱，包括海菲茨、格鲁米奥、科岗、斯特恩、祖克曼等在内的许多音乐家都使用其制作的琴。谭抒真用德尔杰苏的琴作为自己制作第一把小提琴的范本，足见他对小提琴有着极高的鉴赏力，同时也意味着中国小提琴制作是从非常高的起点起步的。

目前，上海音乐学院东方乐器博物馆收藏的这把琴是学校从广西的一位教师手中征集而来的。这位老师是一名小提琴爱好者，在看到谭抒真的相关报道后慕名到上海，找到他的家人请求鉴定。经谭抒真家人及上海音乐学院相关专家的鉴定，确认这是谭抒真作于 1935 年的小提琴。据这位教师说，他是从广西梧州的一个朋友处得到这把琴的，至于这把琴是怎么流传到广西的，其中的故事就不得而知了。

谭抒真 1949 年 9 月由时任上海市市长的陈毅任命为上海音乐学院副院长。新中国成立后，音乐学院严重缺乏乐器，由于谭抒真有制作乐器的经历和相关的知识，上海音乐学院于 1950 年 5 月成立乐器制作室，谭抒真兼任主任。1950 年乐器制作室成功制作出中提琴，1951 年制作出小提琴，并接受订货。当时的上海音乐学院乐器制作室有十几位小提琴制作师，年产小提琴 100 把以上。这些琴在今天来看，具有相当高的专业水平，完全适用于音乐学院和交响乐团演奏的需要。1956 年 7 月上海音乐学院乐

图 15-3
谭抒真制作的小提琴，现存其家（左做于 1937 年，右做于 1935 年）

器制作室划归轻工业科学院乐器研究所，在此期间进行了大量有意义的乐器科研工作。1958 年，上海音乐学院乐器工厂成立。由于上海音乐学院在乐器制作，特别是提琴制作方面取得了卓著成绩，1958 年，轻工业部委托上海音乐学院为全国培养提琴制作人才，从全国各地选派了 15 名提琴制作师到上海培训，由谭抒真指导。广东派了徐弗、陈锦农和何光济 3 位制作师；北京有戴洪祥，上海有朱象教、叶宝荣等，这些人日后都成为各地提琴厂的领导和骨干。其中陈锦农 1980 年获美国国际提琴制作比赛金奖，成为我国第一个在国际小提琴制作比赛中获金奖的小提琴制作家。

为了使青少年能有适合其身形大小的小提琴演奏，上海音乐学院乐器工厂在 1958 年设计制作了一套有 12 种大小尺寸的小提琴，比国外通常只有 6 种尺寸的青少年提琴尺寸更丰富，选择更准确。在 1959 年更是制作了一套用乌木镶嵌的弦乐四重奏乐器。这种工艺，代表了提琴制作的最高工艺技术。这套弦乐四重奏乐器制成至今已逾 60 年，今天看来，仍熠熠生辉，其制作水平堪称世界一流。如果不是亲眼见到实物，很难想象 1959 年上海音乐学院乐器工厂提琴制作的水平已达到如此高的程度，真为我们的前辈感到骄傲。

谭抒真是我国当代德高望重的音乐教育家、小提琴家、小提琴制作家，我国小提琴制作事业的开创者。1927 年，他进入上海工部局管弦乐队，成为乐队中的第一个中国音乐家；1949 年被任命为上海音乐学院副院长；1984 年，由文化部改任上海音乐学院顾问；2002 年逝世。谭抒真在上海音乐学院的领导岗位上整整工作了 53 年，是我国享有崇高声望的音乐教育家。他和贺绿汀院长等领导一起，经过长期不懈的努力把上海音乐学院办成了一所具有世界声誉的音乐学院；他是我国小提琴教育的一代宗师，从 1927 年进入上海工部局交响乐团起，长期从事小提琴的演奏和教学，时间跨度逾 76 年，在中国小提琴演奏事业的发展中发挥了学科领头人的作用，在他的努力和领导下，我国的小提琴教学和演奏水平在几十年的时间里达到了世界一流的水准；他是中国小提琴制作事业的开创者和领导者，在中国大地上制作了第一把小提琴，1950 年建立了上海音乐学院乐器制作室，开创了中国的提琴制作事业，培养了我国几代提琴制作专业人才，在中国提琴制作事业的发展中，发挥了极为重要的作用。现在中国的小提琴制作，主要集中在北京、上海和广州等地。这些地区的小提琴制作家，如果谈论师承关系，直接或间接地或多或少都会与谭抒真有关。

为了发展小提琴制作乃至乐器修造艺术学科，上海音乐学院于 1978 年率先设立提琴制作专业，从全国各地招了 2 届共 10 名学生，谭抒真以 71 岁高龄亲自任教，开创了在音乐学院设立乐器制作专业的先例。随后全国各大音乐学院也纷纷建立乐器修造专业，为我国培养了大批高水平的乐器制作专业人才。随着国家的改革开放，学校又选送乐器制作的学生出国深造，使我国乐器制作的专业水平很快与国际水准接轨。据不完全统计，到 2019 年仅上海音乐学院乐器修造专业就培养了 4 位硕士、42 位本专科毕业生、105 位进修生，其中有多位学生在国内外的提琴制作比赛中获奖，为我国乐器行业的发展作出了重要贡献。

目前上海音乐学院的乐器修造学科，有一流的教学团队、高水平的课程标准和教学大纲、完备的教学计划，已形成了从本科生到研究生层次完整的教育培养体系，不仅培养了一批高水平的专业人才，更为中国乐器制造事业的发展提供了重要的学术支撑，同时也成为中外乐器制造专业学术交流的高端平台，在国内外享有盛誉。可以说，上海音乐学院的乐器修造学科，在中国从制造大国转向制造强国的过程中发挥着不可替代的重要作用，尤其在当前我国乐器制造业转型发展的形势下，其影响和作用日益显现。

中国现在是世界上最大的提琴制造国，也正在成为提琴制造强国。据不完全统计，我国小提琴 2015 年的年产量在 90 万把左右，每年有 70～75 万把出口，其中大部分出口到欧美等发达国家。我国的提琴制作家每年都参加在世界各地举行的提琴制作比赛，每年均有多人在各种比赛中获奖。北京从 2010 年起举办国际提琴制作比赛，按照国际专业标准，邀请国内外公认的权威专家担任评委，到 2019 年已成功举办了 4 届，赢得了世界声誉。

从 1935 年谭抒真在青岛制作出中国第一把小提琴开始，中国的提琴制作事业从零起步，到如今已过去了 85 年，中国的提琴制造称雄世界。这是我们国家发生天翻地覆变化的一个缩影，也是中国文化事业、音乐事业发展的一个缩影，其中，上海音乐学院发挥着重要的作用。抚今追昔，我们深深感激为此作出巨大贡献的各位前辈，更有责任肩负传承的使命继续不懈努力奋斗。

（撰稿：华天礽）

“花少不愁没颜色，我把树叶都染红”

——黄自《西风的话》与《九一八》手稿札记

藏品名称：

黄自《九一八》音乐作品手稿

藏品类别：

纸质文献

所在场馆：

上海音乐学院图书馆特藏室

藏品年代：

1935 年

藏品价值：

黄自先生是我国理论作曲学科的一代宗师。

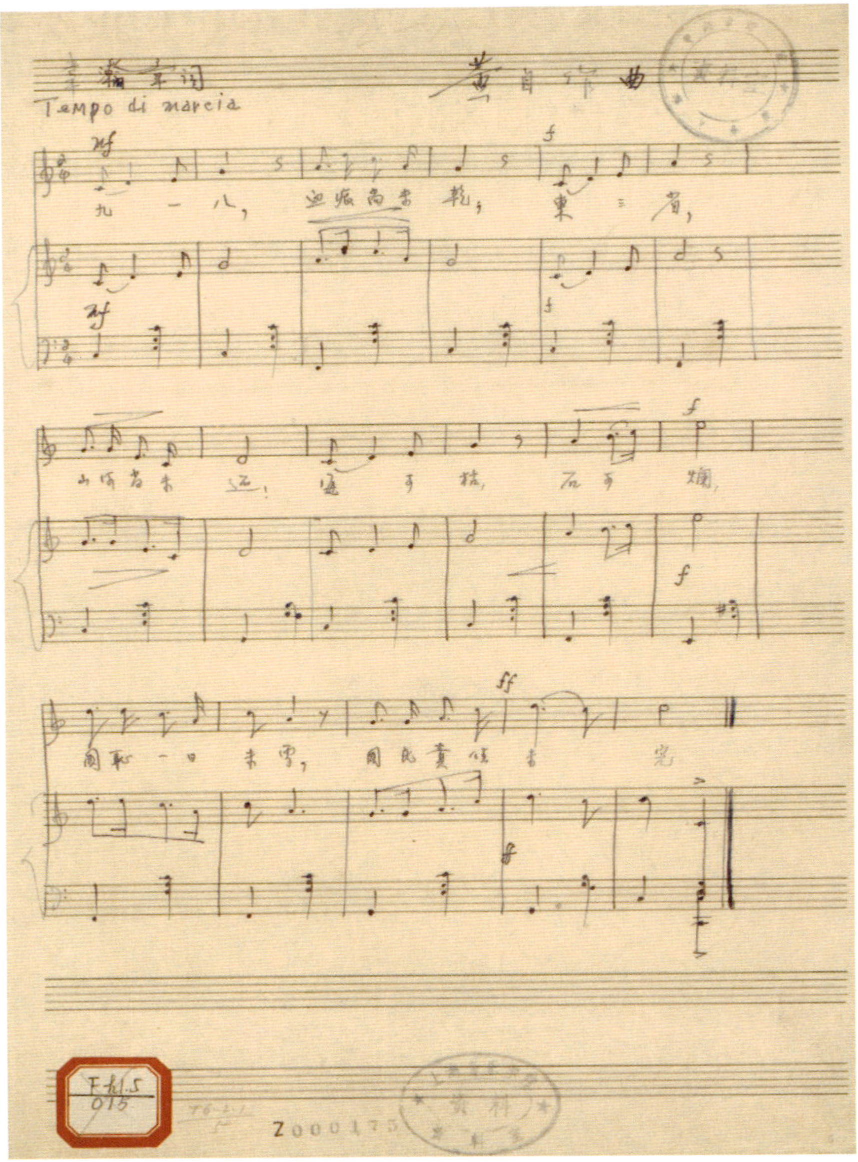

图 16-1
《九一八》手稿

为纪念我国理论作曲学科的一代宗师黄自先生（1904—1938）诞辰110周年，作为钱仁平教授所主持、实施的国家社科基金艺术学项目“华人作曲家手稿数字化典藏与音乐文本分析”的主要内容之一，上海音乐学院先后于2014年3月、5月、9月、10月、11月在上海音乐学院、中央音乐学院、香港中央图书馆、耶鲁大学、台湾师范大学举行了“黄自先生诞辰110周年珍贵手稿文献巡展”并同步举行黄自作品音乐会与黄自研究专题讲座，引起海内外广泛关注，先生的崇高业绩与纯美音乐再次感动了世界。

为了筹备此次国际巡展，并同步启动《黄自全集》的前期编校工作，上海音乐学院图书馆在2013年用一整年时间专题开展黄自先生手稿（总约2000多个页码）的整理、保护与典藏等工作。在整理过程中，上海音乐学院图书馆黄自手稿整理工作团队注意到《西风的话》（廖辅叔词）的手稿记谱与通行乐谱有一个显著不同：前者的倒数第4小节第一拍是清晰的a^1，而后者则是g^1。溯源、比对

图16-2
黄自像

该作初始发表的《复兴初级中学音乐教科书》（商务印书馆 1933 年初版）第一册，就是 g^1，而黄自本人就是该教科书的主要编著者之一，这样的改动是否为作曲家本人的意愿？

黄自先生的弟子、黄自研究专家、我国当代音乐学泰斗钱仁康先生（1914—2013）也更倾向于 g^1。他在上海音乐出版社 1957 年版《黄自独唱歌曲选》——一个颇有历史意义的版本，无论是对于作曲者黄自先生还是编订者钱仁康先生——附录《〈黄自独唱歌曲选〉校记》中写道："是抄谱者的错误还是作曲者的改笔，是一个疑问；但从全曲单数各小节旋律开头两拍是同音一点来看，多半是作曲者的改笔。因此本书完全遵照《音乐》（指复兴教科书）而不遵照手抄本。"另外，手稿与《复兴初级中学音乐教科书》版在第 6、11、12 小节钢琴伴奏的左手声部也略有不同，后者的改动虽小，但内声部的进行则更为顺畅——钱先生认为"伴奏中的两处肯定是在发表于《音乐》时作曲者（指黄自）改正的"。钱先生的分析很有道理。但笔者目前仍然保留这样的可能性：如果按照手稿维持 a^1，是否会打破 8 次同音反复的规律甚或"机械"而富有变化些呢（从和声角度，a^1 也是一个更有变化的倚音）？

需要特别值得提及的是，上音图书馆特藏室有两套《复兴初级中学音乐教科书》，当初笔者和张雄老师进行手稿比对时惊讶地发现：同为 1935 年 5 月第 11 版的两本第一册，所印曲目竟然有两首不同！这是不是中国近代音乐出版史上的罕见奇观？钱仁康先生在 1957 年版《校记》中也揭示了原由："后来由于国民党反动政府违背爱国人民的意志，坚决执行反共媚日的卖国政策，在续印第 11 版时，这首歌曲（指《九一八》）和另一首复君作词、陈田鹤作曲的《国耻献词》不得不被删去，代以《国庆》和《西风的话》。"

"九一八，血痕尚未干，东三省，山河尚未还！海可枯，石可烂，国耻一日未雪，国民责任未完！"黄自先生 1933 年创作的这首铁血丹心、慷慨激昂的《九一八》（韦瀚章词）就这样从教科书中消失了。其实，早在 1931 年九一八事变爆发不久，这位"学院派"作曲家就在当年 11 月创作了他的第一首抗战爱国歌曲《抗敌歌》（自撰第一段歌词，韦瀚章为第二段填词）。接着，1932 年一·二八事变爆发，身处战乱前线的黄自先生创作了雄浑悲壮的混声合唱曲目《旗正飘飘》（同年9月就作为故事片《还我山河》的插曲，1987年作为台湾故事片《旗正飘飘》插曲，近年热播的电视剧《我的团长我的团》《长沙保卫战》也先后选用该曲作为插曲或片尾曲）；接着，1932年4月为何香凝女士词谱曲《赠前敌将士》……黄自先生既是专业教育劳苦功高、艺术创作成就显著的“学院派”作曲家，也是最早连续投入抗战歌曲创作并获得广泛影响的爱国作曲家。在纪念中国抗日战争胜利70周年的日子里，我们更加怀念他。你听：“旗正飘飘，马正萧萧，枪在肩，刀在腰，热血似狂潮，好男儿报国在今朝。”

（撰稿：钱仁平

原载《音乐周报》2015年7月1日）

壮绝神州戏剧兵

——上戏珍藏抗敌演剧队演出史料遗珍介绍

藏品名称：

抗敌演剧队演出说明书

藏品类别：

纸质文献

所在场馆：

上海戏剧学院图书馆

藏品年代：

1940—1945 年

藏品价值：

再现了抗日战争时期中国话剧工作者为夺取抗战胜利作出的贡献。

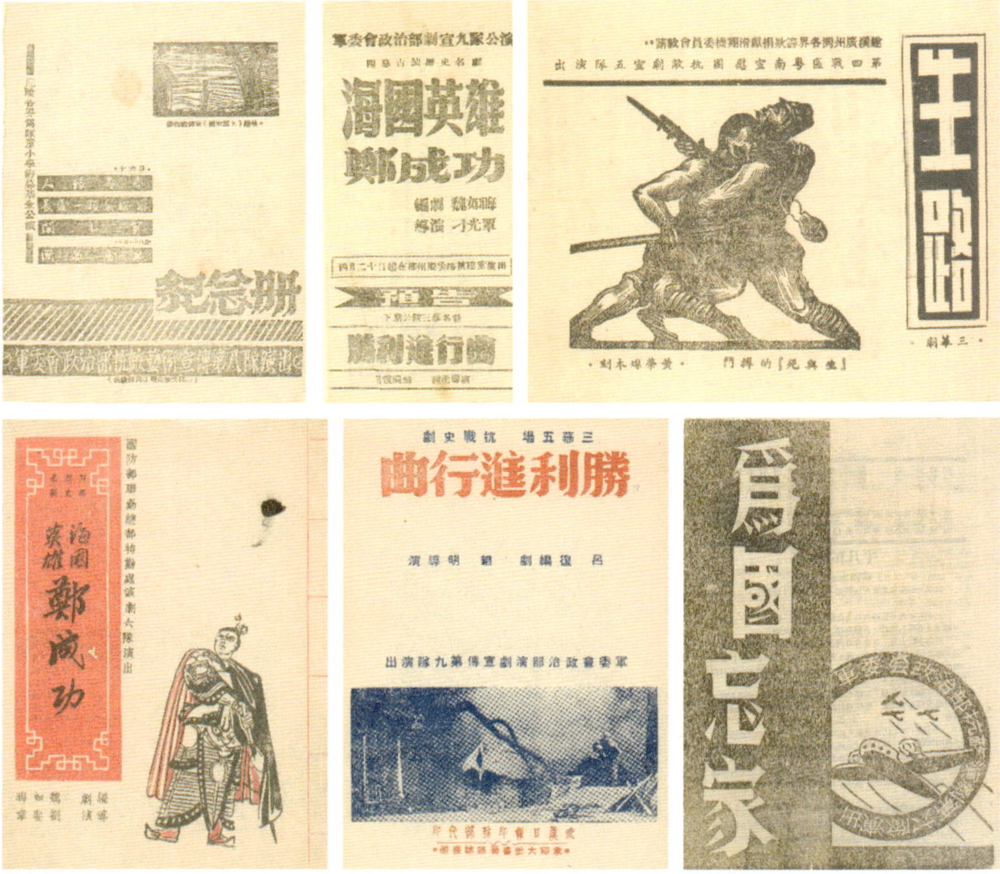

图 17-1

抗敌演剧队演出说明书封面

19 世纪末 20 世纪初，西方人本主义思潮涌入中国，东西方的文化碰撞加剧了社会的动荡。中国话剧产生在辛亥革命前夕，当时大批先进的中国知识分子以及青年学生受西方人本主义思潮以及西方戏剧演出形式的影响，发现把身边发生的腐败、愚昧的事编成故事，以表演的形式表现出来，是民众发泄对社会黑暗不满和宣传革命的有效方式。辛亥革命能得到民众支持并取得成功，和用话剧的方式进行鼓动宣传是分不开的，孙中山先生对当时的话剧演出曾有“是亦学校也”的高度评价。五四新文化运动后，易卜生的社会问题剧受到推崇，求变、求新，反帝、反封建、反愚昧的话剧演出，在上海、天津、北京等地迅速蓬勃起来。可以这么说，中国话剧从诞生那一天起就附上了其革命性、战斗性的标签。之后，田汉领导南国戏剧运动，张彭春主导的天津南开话剧，熊佛西主持的北平小剧场运动和定县农民实验戏剧，由中共江苏省文委领导，夏衍主持的左翼戏剧运动以及在江西、湖北、湖南等革命根据地开展的戏剧活动无不继承了这一优秀传统。

日本侵略者继 1931 年霸占中国东三省后，又不断挑衅华北地区。在中华民族存亡的紧要关头，中国共产党领导的左翼戏剧人再次勇敢地站到了抗日的前沿，提出了“国防”的主张，呼吁中国戏剧工作者摒弃前嫌，一致对外，成立了不分党派的上海剧作者协会，此举也为日后抗日文化统一战线的建立打下了基础。1937 年淞沪会战爆发后，上海剧作者协会进一步更名为中国剧作者协会，动员了所有在上海的爱国戏剧工作者，连夜赶排演出了大型话剧《保卫卢沟桥》，之后又组建了 13 支抗敌救亡演剧队，奔赴各地进行抗战宣传活动。

1938 年，抗日战争进入关键时期，大片国土沦陷。大批知识分子、青年学生和戏剧工作者云集武汉，他们怀揣一腔爱国热忱开展起救亡宣传活动。8 月，在时任国民政府军事委员会政治部副主任、中共中央南方局书记周恩来的亲自领导下，成立了以左翼戏剧人士中共产党员为骨干的 10 个抗敌演剧队、4 个抗敌宣传队和 1 个孩子剧团。这群爱国者投笔从戎，经过郭沫若、田汉、洪深主持训练 1 个月后，他们穿上军装，打上绑腿，奔赴各战区前线。演剧队始终恪守团结抗战的宗旨，克服种种困难干扰，坚持到前线慰问将士，在后方民众中开展宣传工作。他们的行动极大鼓舞了战士士气，提升了民众抗日必胜的信心。

上海戏剧学院作为戏剧专业院校，能收藏保存到这批从战乱中幸存下来的演出说明书是有着积极意义的。说明书还原了当年抗敌演剧队的演出剧目内容，是中国戏剧人在民族危亡时刻的担当和作为的历史见证。对于学院的戏剧教学和科研，也是不可多得的珍贵资料。

抗敌演剧队风姿一览

抗敌演剧队演出的剧目大都取材于现实生活，贴近群众，非常接地气。有些剧目揭露敌军的凶残和伪善，警示民众不要对日本法西斯抱有幻想，如《生路》《闹元宵》；有些剧目歌颂中国军人奔赴前线奋勇杀敌的爱国情怀，如《为国忘家》《胜利进行曲》；有些剧目反映后方百姓尽己所能支援抗战的匹夫责任，如《大地回春》《国家至上》；也有些剧目刻画民族英雄以鼓舞士气，如《海国英雄》。

从这些演出宣传单中，我们可以看到新中国第一批优秀话剧电影工作者的身影，如吕复、刘章斐、刁光覃、高重实、吴宗温等前辈，他们在抗战文艺工作中作出了重要的贡献。

为了赞颂这群为国家贡献青春的戏剧工作者，为了纪念这段抗战文艺史，著名的戏剧家田汉为抗敌演剧队题词——壮绝神州戏剧兵。是的，在宏大的抗日画卷中，有那么一群特殊的战士，他们把青春和热血化作火光，用自己的方式为抗日战争的胜利献出力量。他们的作为对前线将士、对后方民众所鼓起的精神力量不亚于长枪，不输于大炮。这样的一群人，实乃我神州大地的壮士奇兵。

下面，让我们通过史料来了解这群戏剧战士的历史。

抗敌演剧第八队（演剧八队）

前身为上海救亡演剧第八队，队长刘斐章。1938 年 8 月军委会政治部成立后被整编为抗敌演剧第八队，驻衡阳。1941 年皖南事变以后，国民党当局为了加紧对抗敌演剧队的管控，将演剧八队变更为抗敌演剧第六队，由湖南调往反共积极的湖北恩施六战区驻防。1943年夏起，出发到万县、秭归、宜昌等地演出，克服了种种困难，完成了前线慰问任务。抗战胜利后，以国防部联勤总部特勤处演剧六队名义坚持演出，1946年撤销建制。

1941年，队伍由湖南调往湖北恩施的途中，路经湘西沅陵。由于当局找借口不拨付转移经费，演剧队的行程无法继续，同时又受到当地政府和百姓的热情挽留，便就地举办了为期8天的演出，其中3场是专为战火中的沅陵难童举办的募捐演出。为了表示对当局政府破坏团结抗战的不满，特地排演了由老舍、宋之的编剧的大型话剧《国家至上》。《国家至上》是通过汉、回两个不同文化背景的家庭，在日寇的狂轰滥炸中从误解到和解，并最终以生命的代价亲手击毙挑唆民族仇恨的汉奸，表达民族危亡之际，唯国家至上才是正道的故事。

1942年抗日战争进入了艰苦的相持阶段，大后方不断遭受日军飞机的狂轰滥炸，为壮大中国空军，由演剧八队更名的抗敌演剧第六队在恩施举办了为青年号飞机的

图17–2
1940年8月演剧八队在沅陵募集基金公演说明书

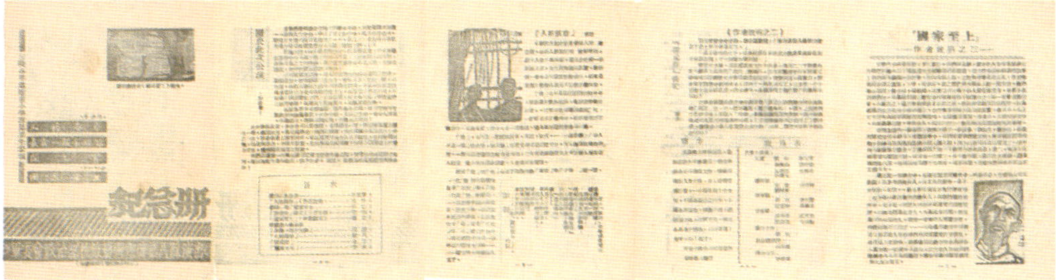

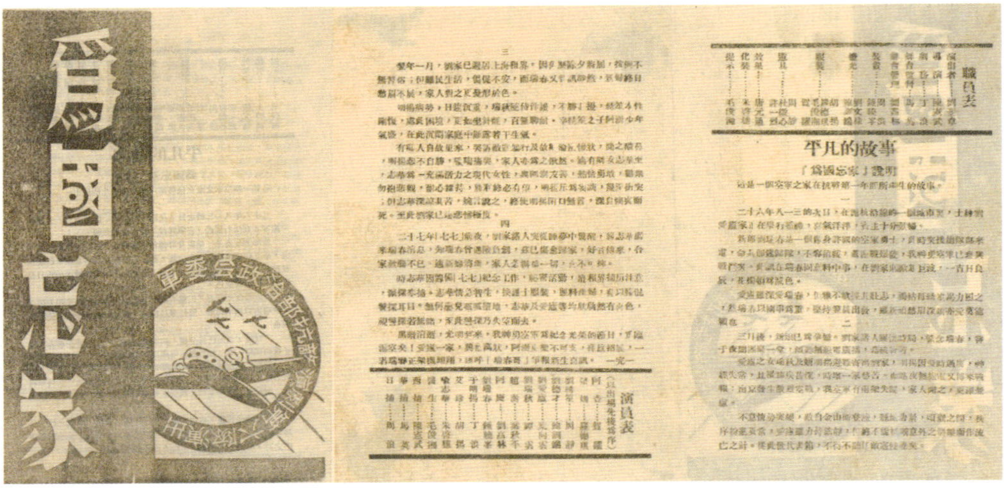

图 17-3
1942 年 4 月演剧六队在恩施演出的《为国忘家》说明书

募捐公演，演出剧目之一是由夏衍编剧、描写中国空军飞行员为抗敌舍家奔赴前线的《一年间》。因恩施在白色管控下，为避免当局的注意和干扰，特将剧名改为《为国忘家》，还刻意隐去了编剧的名字。该剧连续演出了九天九夜，引发了各界的好评。

抗敌演剧第九队（演剧九队）

前身为上海救亡演剧二队，队长吕复。1938 年 8 月军委会政治部成立抗敌演剧队后被整编为演剧二队，驻南昌。1941 年皖南事变后改为抗敌演剧第九队，驻长沙。1941—1944 年在长沙四次会战和衡阳保卫战中，始终坚持为前线将士和民众演出，大大鼓舞了军民斗志，其中 1944 年还赴桂林参加第一届西南剧展。1945 年抗战后，赴重庆集训。1946 年奉命调往京（南京）沪地区，沿途在武汉进行多场演出后，又以演剧九队名义在无锡、上海、杭州多地开展演出。1948 年整编制复员，多数成员组成希望剧艺社在上海继续进行演出，直至上海解放。

1942 年第三次长沙保卫战成功阻止了日军南下的企图，大大鼓舞了全国军民必胜的信心，也激发了从第一次到第三次长沙会战中，始终坚持在前线的抗敌演剧第九队全体队员的抗敌宣传的热情。他们利用相对平静的战争空隙，接连排演了两个大型抗日名剧，一个是陈白尘的《大地回春》，另一个是夏衍的《愁城记》。《大地回春》通过在敌人残暴进攻和破坏下，重振中国民族工业和一对城市青年放弃追求安宁生活，投入到抗战的阵营的两个故事，一方面热情歌颂了青年一代的爱国情怀，另一方面告诫人们做汉奸、卖国贼是绝无好下场的。《愁城记》则围绕着一对青年夫妇与其叔父在遗产继承上的矛盾展开，鞭挞

图 17-4
1942 年 8 月演剧九队在长沙演出的《大地回春》《愁城记》说明书

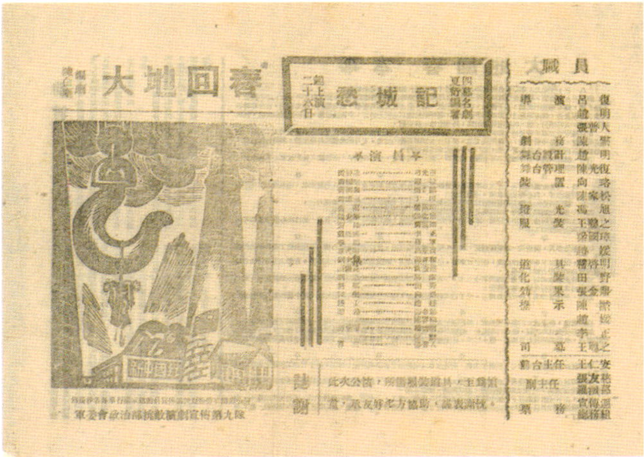

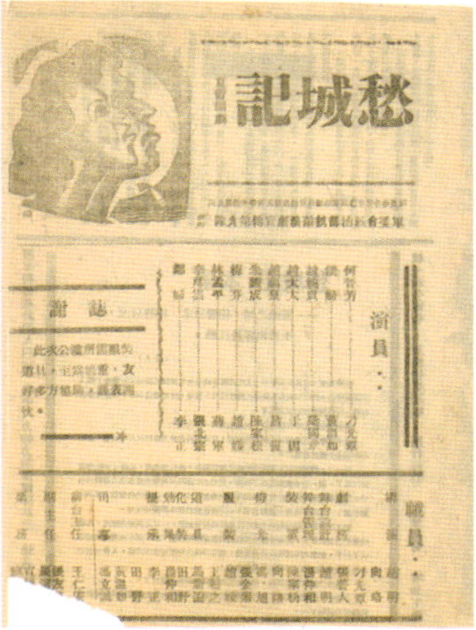

了在祖国危亡时期奸商的无耻，对骨肉同胞遭受苦难的同情以及对青年一代追求光明的期待。这两部名剧在之后剧宣九队的抗敌宣传中有过多次演出。

《海国英雄郑成功》是魏如晦 1938 年在上海租界创作的。剧本通过郑芝龙、郑成功父子对外来入侵者展现截然不同态度的故事，昭示了卖国求荣、卖身投靠的下场只能是家破人亡，只有百折不挠坚持抗争才能找到出路。该历史剧在抗战时期曾被多个演剧队选中演出过。

《胜利进行曲》是根据 1940 年演出的《保卫大湖南》改编的。1940 年 12 月日军逼近长沙，第二次长沙保卫战开战在即，为提振士气，演剧二队（抗敌演剧第九队前身）、八队在长沙联合上演了百人参与的大型话剧《保卫

图 17-5
1943 年 4 月演剧九队在柳州演出的《海国英雄郑成功》说明书

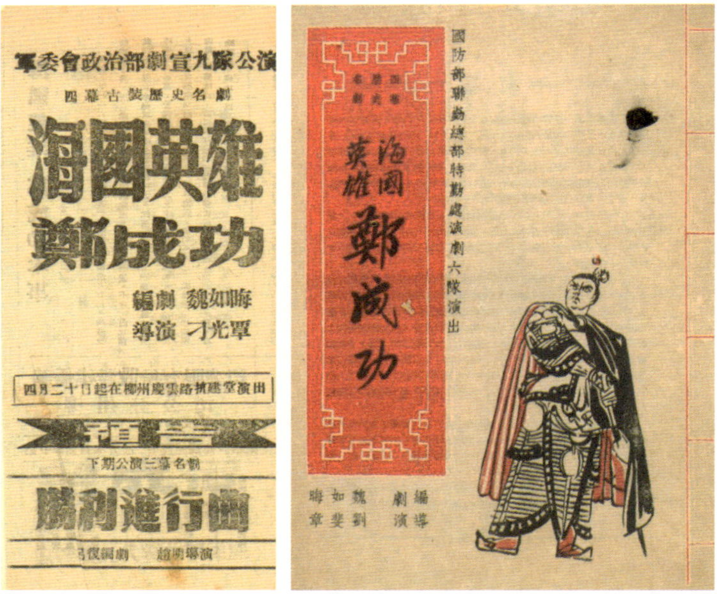

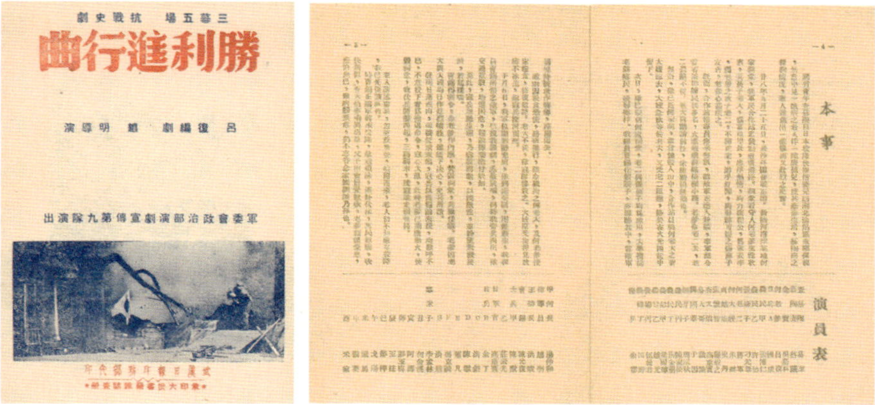

图 17-6
1946 年 6 月演剧九队在抗战胜利后途径武汉改编演出的《胜利进行曲》说明书

大湖南》，该剧以真实的素材讴歌了第一次长沙保卫战期间，长沙民众不畏强暴、不怕牺牲，通过断绝日寇的粮食供应策应了军队、取得胜利的事迹。此次演出规模之大、参与人员之多都创演剧队演出建队以来的历史记录。

抗敌演剧第五队（演剧五队）

前身为 1938 年在武汉成立的抗敌演剧九队，队长徐桑楚，驻广西桂林。1941 年皖南事变后，改名抗敌演剧第五队，更名后原来要调五战区，经过合法斗争，坚持留驻广西，并辗转于广西、广东、云南、贵州各地进行抗日宣传，而后又随远征军到缅甸的腊戍、西保、密支那抗日前线进行慰问演出。1945 年抗战胜利在广州集体复员。

《生路》是演剧队成立初期在各队很流行的一个演出剧目，剧本取材于安徽农村的一个真实故事：当地一个有财有势的乡绅为了保全自己的财产，不惜投靠汉奸保长，

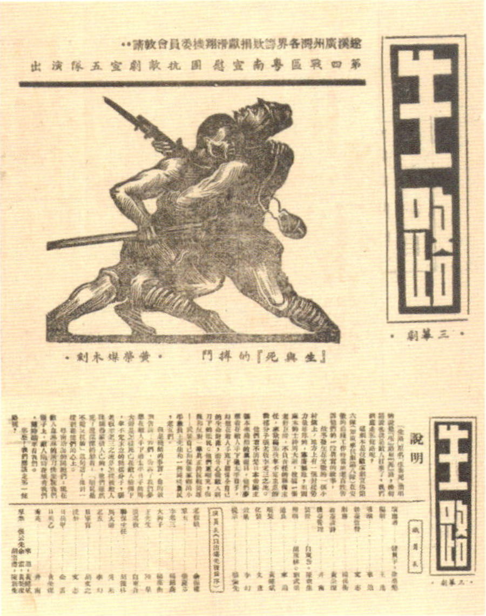

图 17–7
《生路》演出剧目说明书

并和汉奸保长一起欺骗对日军抱有幻想的人，结果都被日本侵略者搞得家破人亡。该剧以血淋淋的事实告诉民众一个真理：不能侵略者面前苟安偷生，只有反抗才能有生路。

抗敌演剧队演出说明书真实反映了抗日战争时期中国戏剧人在中国共产党领导下为抗战所作的贡献，是研究抗战文化和中国话剧史不可多得的史料，有着重要的参考价值。上海戏剧学院曾在图书馆展出过这些说明书。教师们在教授抗战时期的戏剧创作、在讲述抗战时期的戏剧人才时，这些说明书上展示的创作者、说明方式以及说明书本身的设计样式，都为学生们提供了丰富的学习素材。

抗敌演剧队不愧是中国先进文化的一张红色名片。

（资料提供：胡传敏）

忠诚教育事业　献身法制建设

——华东政法大学苏惠渔教授参与“两案”审判，推动中国法治进程

藏品名称：

苏惠渔参加“两案”审判时所穿工作服

藏品类别：

纺织品

所在场馆：

华东政法大学校史馆

藏品年代：

1980 年

藏品价值：

是苏惠渔参与中国法治进程的见证。

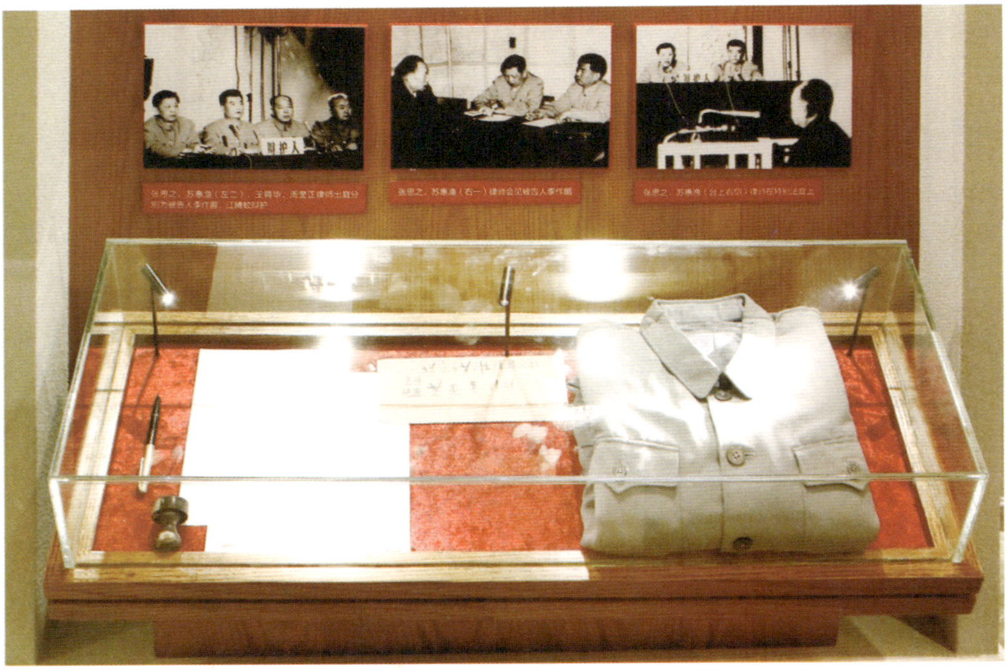

图 18-1
苏惠渔参加“两案”审判时所穿工作服

在华东政法大学（以下简称华政）校史馆内，有一套全羊毛的灰色中山装外套，立式衣领，小巧扣子，做工精良，正作为华东政法校史馆的镇馆之宝，被静静地置于玻璃柜中，无声地诉说着那些峥嵘岁月。这件衣服的主人，就是学校的功勋教授苏惠渔老师。当年他参与"两案"审判（指特别法庭对林江反革命集团10名主犯的公开审判）工作，工作组高度重视每一个细节，给出庭的辩护律师量身定做了这套衣服，朴素而实在。在"两案"审判中，他就穿着这件衣服为李作鹏辩护。这么多年来，他将这件衣服细心收藏，视若珍宝。此次历史性的审判是我国法制建设的里程碑，宣告了我国律师制度的恢复，宣传了社会主义律师制度，树立了刑事被告人有权获得辩护的范例，成为我国拨乱反正以来依法办案的典范。

作为华政的功勋教授，苏老的一生正如这件衣服一样，朴素而实在，他为法学教育事业和法制建设奉献了自己的一生。睹物思人，这件灰色的中山装，给予了当今的华政学子更多的精神力量。

心系杏坛，一往情深育英才

"忠诚教育事业，献身法制建设。"这是苏惠渔教授的座右铭。"人们说我是专家、学者、领导，我却始终不渝地认为，我首先是教师，我把我的一腔深情给了我的学生——这些可爱的孩子们，因为我国的法制建设太需要人才了……"法苑育苗，百年树人。"一往情深育英才"已成为苏教授扎根于胸的一种历史责任，因为他珍惜、珍爱那光荣、神圣又沉甸甸的"教师"称号。回首往事，感慨万分，苏教授心中的万般甘苦感绝非旁人可轻易体会。

1964年，当华政那块历经风雨的校牌再次挂起的时候，他抑制不住激动的心情，从江苏省高级人民法院毅然走进了华政园。面对法律的萧条、教学设备的简陋、教材的匮乏，坚信一切事在人为的他在司法业务教研室担起了刑法教学任务，完成了其法律生涯中理论—实践—理论的二次飞跃。他全力以赴，呕心沥血，花费整整两年完成了全部刑法讲稿。

图 18-2
苏惠渔教授

1979 年华政复校，在先前那段风云突变的日子里始终不肯放弃“教籍”的苏教授就像士兵重返战场一般，毅然放弃去日本深造的机会，从复旦大学回到他几番魂牵梦萦的华政，踏上讲坛，重执教鞭，参加了刑法教研室的组建和领导工作。

他热爱教育事业，重视课堂教学。他的讲学以逻辑严密、抑扬顿挫、语句流畅、深入浅出、诙谐生动为独特风格。他在重视刑法理论问题研究的同时，强调该学科具有很强的实践性，指出法学理论是为司法实践服务的，教学、科研都应植根于司法实践的土壤中，因此不能坐而论道。

他一方面及时关注理论界的学术动态，另一方面注意与司法实际部门保持紧密的联系和良好的合作关系。在研究生课程设置方面，他安排大量实践性内容，更一改传统“一言堂”的讲授方式，采用平等切磋的“自述—讨论一总结”型教学方法。他的这一教学思想也同时被带进了刑法学本科教学，在他与同事的努力下，华政刑法学理论教研室于1982年越出传统刑法学理论体系的构架，创造性地开设了案例评述课，深受同学欢迎，也得到了司法部和当时国家教育部的肯定。

倡导实践的苏教授经常身体力行。他擅长运用刑法理论解析疑难案例，得出的结论一般都有极强的说服力，所以司法部门的同志把他称为“为疑难复杂要案‘会诊’的老专家”。在他的影响下，华政的刑法专业以务实见长，注重应用，善于观察现实条件下各种犯罪行为和发展、变化规律，重视理论的实用性和可行性，逐渐形成了以实践为目的的“教学、科研和实践”三结合的治学风格。

开拓创新，学术研究重实践

作为学科带头人，作为一名刑法学专家，苏教授认为：高水平的学术成果是深厚的理论功底、丰富的实践经验和敏锐的政治洞察力的高度结合。因此刑法学者既要进行宏观课题的深入研究，也应进行微观探索，及时洞悉实际部门在具体应用刑事法律过程中所遇到的各种新情况，从中抽象出系统的根本性问题，进而有的放矢地组织多层次、多角度的专题讨论。

1980年我国第一部刑法实施后不久，苏教授有感于我国刑法学界对犯罪构成理论研究的不足，与另一位教授合写了长达15000字的长篇专论《略论我国刑法中的犯罪构成》。该文首次全面系统地分析论证了我国刑法规范所体现的犯罪构成理论，引起了刑法学界的广泛关注，并获得了上海市高校哲学社会科学研究（1976—1982）优秀成果论文奖。

1987年，苏教授作为华政的课题负责人，接受并承担了颇具难度的国家级科研项目“量刑综合平衡与电脑辅助量刑研究”。翌年，该课题便取得了一批卓著的科研成果。司法界给这一开创性的课题以高度评价，认为它的开发应用将会使审判机关在量刑时有一个公开、科学、合理的尺度。

苏教授一贯秉着“学术必须与实践相结合”的学术研究思想，运用科学的方法展开学术研究。他在理论上有独到见解，且擅长剖析、论证疑难案件，对案件的定罪量刑起到了指导作用。

从零开始，见证法治新时刻

1980 年，全国人大设立特别法庭、特别检察庭，对林彪、江青反革命集团主犯的犯罪活动进行侦察、起诉、审判。“两案”指导委员会决定公开审判中应有辩护律师。华政教师苏惠渔受委托，担任李作鹏的辩护律师。教师朱华荣参加“律师小组”工作，曾两次与江青会见，后因江青决定自我辩护，未出庭。林彪、“四人帮”一伙人倒行逆施、罪行累累，深为全国人民所痛恨，苏教授克服了感情

图 18-3
“两案”审判现场

上的障碍，根据事实和法律提出了有利于被告人的辩护意见，获得了特别法庭的采纳。

此次历史性的审判是我国法制建设的里程碑，宣告了我国律师制度的恢复，宣传了社会主义律师制度，树立了刑事被告人有权获得辩护的范例，成为我国拨乱反正以来依法办案的典范。

此后，苏惠渔还受托参加许多重大刑案的辩护工作。1986 年，他作为我国第一位赴西德讲授中国法律制度的教授，成为两国关系史上“零”的突破者。他利用此次机会宣传我国法制建设的新成就，所作讲座、报告引起了鲁尔大学学生的浓厚兴趣，被当地媒界誉为“很了解中国的过去，也很了解中国现在的学者”。他的访问增进了两国法学界的相互了解，扩大了中国法学界的影响，为中国法学界走向世界作出了贡献。

他还投入了刑法修订的艰巨工作，多次参加全面修改的研究和讨论，积极提出了许多很有见地的修改意见。在正式提交人大修改前夕，应全国人大法工委的邀请，苏教授还参加了 1996 年 12 月召开的有关刑法修订的座谈会，为这部保障国家社会、经济生活秩序和社会主义建设事业的新刑法出台尽了一份心力。

2019 年，苏惠渔荣获“全国杰出资深法学家”称号，以表彰其在刑法学、刑事诉讼法学、司法改革等法学学科领域形成的多项重要研究成果，以及为改革开放以来的中国法学研究事业和法治建设作出的杰出贡献。此奖项代表了中国法学界的最高荣誉，是中国法学界最重量级的奖项。

薪火相传，法脉绵延共传承

苏惠渔在审判现场所穿的工作服，被精心保留至今，在校史馆开馆之时被捐赠出来，成为华政参与中国法治进程的见证。在华政近 70 年的办学历程中，几代师生为了新中国的法治教育事业，“在逆境中崛起，在忧患中奋进，在辉煌中卓越”，始终秉持爱国主义精神，坚持社会主义方向，弘扬“笃行致知、明德崇法”的校训精神，追求真理、探索新知，培育新人、服务社会，成功将学校建设为中国法学教育重镇，并使其赢得了“法学教育的东方明珠”的美誉。

复校之初，华政人奋进开拓，谱写了一曲感人的创业赞歌，“帐篷精神”成为激励一代代华政人自强不息、奋进开拓的精神源泉；世纪之交，华政人勇立潮头，从苏州河畔到佘山脚下，学校的办学规模、条件、层次和水平得到大幅提升；新的时代，华政人再启征程，抓住机遇乘势而上。秉承民族复兴梦想，追随共和国法治建设步伐，华政人缘法而行，尚法而为，用心血和汗水谱写了法治建设的辉煌篇章；落实立德树人德法兼修根本任务，坚持开放办学、开门办学、创新办学，教学立校、学术兴校、人才强校。华政人求真至善、务实担当、正义温暖的执着身影闪现在法治建设的各个角落，无疑是共和国法治建设的一个缩影。

迈上了建设“双一流”的新台阶后，弥足珍贵的文化传统，已经内化为华政人的坚定信念和价值追求，彰显了华政的亮丽色彩和鲜明品格。红色是华政最亮的色彩，华政人承继革命传统，忠诚党的教育事业；开放是华政鲜明的品格，华政根植上海城市文化，在改革开放的大潮中逐浪前行；卓越是华政不懈的追求，华政始终以“新生”的精神，筑梦青春和未来，一路向前、奋勇争先。

苏惠渔的工作服是对历史的致敬。每一位创业立校、孜孜奋进的华政先贤，都心忧国家、敢为人先，为学校的教育事业倾注了毕生心血。每一位建功立业、拼搏进取的前辈，都弘扬传统、坚韧执着，共同铸造了华政的无限荣光。致敬历史的最好方式是书写新的历史，对未来的最好把握是开创更美好的未来。站在新的历史起点上，华政将秉持着前辈精神，努力建设成为国际知名、国内领先，法科一流、多科融合，特色鲜明、创新发展，推动法治文明进步的高水平应用研究型大学和令人向往的高雅学府。坚持党对学校工作的全面领导，落实立德树人根本任务，为党育人、为国育才；牢固树立“人才是第一资源”的理念，不断推进教师队伍建设改革，努力建设一流师资队伍；坚定“建设一流政法大学”的信心和决心，锐意改革，创新发展，更加主动地对接国家发展战略，积极融入上海社会主义国际化大都市和卓越全球城市建设，为推进法治中国建设、加快教育现代化作出更大贡献。

附录:

苏惠渔生平

苏惠渔，男，1934年9月17日生，汉族，江苏苏州人，中共党员。刑法学教授，中国资深法学家，华东政法大学功勋教授，上海市刑法学会名誉会长。曾兼任中国法学会理事，中国法学会刑法学研究会副会长、顾问，上海市社联常委，上海市法学会副会长，上海市刑法学会会长，上海市警察学会副会长，上海市刑事侦查学会副会长，上海市人大常委会立法咨询员，上海市高级人民法院、上海市人民检察院特邀研究员等职，享受国务院政府特殊津贴。1959年北京大学法律学系本科毕业后留校任教。1972年4月调至复旦大学，曾任新闻系党总支副书记。1979年6月重返华东政法学院任教，历任刑法教研室主任、科研处处长、校学位评定委员会委员、校务委员会委员。

长期从事刑法学理论的研究和教学工作，主讲刑法学、案例评析等课程，先后培养了100余名研究生。合著、参著、主编《电脑与量刑》《经济犯罪论》《量刑方法研究专论》《中日刑事法若干问题》《论国家刑权力》《市场经济与刑法》《刑法原理与适用研究》《犯罪与刑罚理论专题研究》《刑法学》等学术著作和教材几十部，发表论文100余篇。1989年出版的《电脑与量刑》开创性地提出了利用人工智能对量刑的研究，至今仍受到理论和司法实务部门的重视和运用。1980年的论文《略论我国刑法中的犯罪构成》首次全面系统地分析论证了我国刑法的犯罪构成理论，引起刑法学界的广泛关注。

1980年11月受最高人民法院特别法庭委托，参加林彪、江青反革命集团案的审理，担任李作鹏的辩护律师。1986年12月应联邦德国著名学府鲁尔大学、科隆大学之邀，到联邦德国进行为期4个月的讲学，这是中德建交以来的第一次。1988年和日本著名刑法学家西原春夫教授共同发起和推动当代中日两国刑法学者的学术交流，定期由中日双方轮流进行召集，出版专辑，形成了最早的一批中日刑事法比较的学术成果。

1994年受司法部委托，任高等政法院校规划课程教材《刑法学》主编，1997年该教材获全国高校优秀教材奖。1995 年获上海市高校优秀导师称号，1998 年获上海市教育发展基金会申银万国奖，2004 年获华东政法学院功勋教授称号，2009 年在“首届中国法学名家论坛”上入选中国首届当代法学名家名录，2017 年入选中国百名大法学家名录。

2019 年 6 月，因病逝世于上海。

（整理：曹婧）

两代人的“全运会”
说不尽的“赛艇魂”

——上海海洋大学学子再登全运会领奖台

藏品名称：

第十三届全运会上海代表队队服、第十三届全运会奖牌与奖杯

藏品类别：

纺织品、奖牌奖杯

所在场馆：

上海海洋大学校史馆

藏品年代：

2017 年

藏品价值：

见证新时期海大学子再战全国运动会，登上领奖台。

图 19–1
第十三届全运会上海代表队队服

图 19–2
第十三届全运会奖牌与奖杯（宁波　摄）

不习水性，焉知海洋？水上运动，是上海海洋大学学科建设与人才培养的一大特色。

在上海海洋大学校史馆里，展示着2017年第十三届全国运动会银牌、奖杯和队服。当年，由上海海洋大学50余名大学生组成的上海市龙舟队决战全运会龙舟赛，勇夺第十三届全国运动会男子12人龙舟200米银牌、男子12人龙舟500米直道铜牌、男子12人龙舟100米铜牌、男子22人龙舟200米第四、男子22人龙舟100米第六、女子12人龙舟500米直道第六、女子12人龙舟200米第六、女子12人龙舟100米第六。这是海大人二度登上全运会领奖台。

全运会上飒英姿

早在1959年9月，上海海洋大学校友、时上海水产学院工业捕鱼专业毕业生陈士麟和队友就斩获了第一届全国运动会双人单桨有舵手项目金牌。时光荏苒，在过去将近一甲子的58年之后，上海海洋大学50余名学子组成男、女龙舟队，于2017年7月再次代表上海市出征第十三届全运会龙舟项目比赛。

前辈战绩，后士之师。在备赛、参赛期间，这支由业余选手经过刻苦训练而组成的年轻代表队，冒着酷暑，顶着压力，克服困难，刻苦训练，完成了质的蜕变，成为一支与专业队伍不相上下的代表队，很多人的肌肉线变得如刀刻一般。他们经过顽强拼搏，最终为上海代表团斩获一银两铜共3枚奖牌，并获得男子22人龙舟200米第四、男子22人龙舟100米第六、女子12人龙舟500米直道第六、女子12人龙舟200米第六、女子12人龙舟100米第六的好成绩。2017年8月，上海市人民政府授予上海海洋大学龙舟队“上海市群众体育工作优秀集体”称号，授予龙舟队教练员迟焕祺、孙健“上海市群众体育优秀个人”荣誉。2017年10月，上海市体育局发来贺信，信中写道：“在举国关注、全国最高水平的第十三届全国运动会上，代表上海参赛的海洋大学龙舟队不畏强手、团结拼搏，赛出了风格、赛出了水平，夺得运动成绩和精神文明双丰收，以实际行动诠释了海纳百川、追求卓越、开明睿智、大气谦和的上海城市精神。”

图 19-3
2017 年 6 月 29 日，上海海洋大学领导为龙舟队出征全运会决赛送行

图 19-4
第十三届全运会上，上海海洋大学男子龙舟队勇夺小龙舟比赛一银两铜。图为 2017 年 7 月 16 日，上海市体育局副局长赵光圣为运动员颁奖

图 19-5
2017 年 7 月 15 日，上海市社会体育管理中心领导与上海海洋大学龙舟队师生合影

第十三届全运会上代表上海市龙舟项目参赛的优异表现，是学校办学特色与体育运动有机结合、协同发展的集中展示，充分展现了百年学府深厚的体育育人底蕴和水上运动的优良传统。

相隔 58 年，在第一届和第十三届全运会上，海大人凸显了力争上游的拼搏精神，取得了优异成绩。这得益于上海海洋大学百年水上运动的历史传承，得益于学校领导的高度重视，得益于龙舟队全体师生的刻苦训练。海大学子在全运会赛场上的出色表现，是海大的光荣，更是上海的骄傲。

水上运动育英才

在新旧百年更替的历史发展节点，面对新时代、新起点、新发展，上海海洋大学聚焦提高办学质量和大学格局转型，承载着服务国计民生、助力地方发展、献智海洋治理的重要使命。在提质增效和转型发展、全面建设有国际影响力高水平特色大学的过程中，“传承精神，强健体魄”成为立德树人的关键环节。为此，学校在“秉承传统、拓展布局、巩固优势、凸显特色”的思想指导下，着力发展特色学科优势明显、多学科协调发展的教育教学体系。其中，“打造海洋特色体育教育体系”成为一项重要内容。只有拥有强健的水上运动能力，才能更好地驰骋海洋，探究蓝色世界的奥秘。

学校经过多次研究提炼，确立了“水上为主、水陆并举”的发展思路，逐步构建起由龙舟、皮划艇、赛艇、水上定向、水域救援等组成的内容丰富、立体协同、面向全体学生个性化需求的、具有海洋特色的体育教育教学体系。2012 年以来，学校累计投资数千万元建设了近 5000 平方米的专门力量训练房、体能监测室、划桨池、船库、游泳池、沙滩排球、拓展运动场、水上安全与救助中心等设施和功能齐全的水上运动训练基地，并在此基础上不断强化龙舟第二课堂育人功能，面向不同年级、专业学生，建立由专业教师、体育教师、辅导员协同，学院、体育部、部门等协同推进的第二课堂协同育人模式。

2017 年，学校入选国家“双一流”学科建设高校和上海市高水平特色大学建设行列，成为世界一流学科建设高校。一流学科需要一流体魄，更需要一流的体育教育。为深入贯彻全国思政工作会议精神和“立德树人”工作要求，充分发挥体育在学生技能传授、人格塑造、精神养成、能力提升方面的作用，学校致力于建设海洋特色运动育人平台，围绕海洋学科建设与专业发展，以强化体育精神、团队观念和规则意识为主线，从师生体魄强健出发，以学生需求为导向，实现课堂教学与运动队训练相衔接、培养兴趣与提高技能相促进、群体活动与运动竞赛相协调的龙舟运动育人平台，将中华民族优秀的传统文化融入体育教育教学。学校通过高水平教练员队伍和训练基地建设，对接政府要求和社会需要，主动融入奥运争光和全民建设战略，培养具有较高文化素质

图 19-6
上海海洋大学龙舟队
（孟雨涵　摄）

的国家级运动人才，不断增强学校的凝聚力和师生的自豪感，营造积极向上、充满活力的育人氛围。

龙舟文化树精魂

龙舟运动的崛起，是学校对传统水上运动项目的重要拓展与创新。

龙舟，是以中华龙图腾为特征符号建造而成的龙形船，每每用于端午节龙舟竞渡，承载着中华民族的龙信仰和民族精神。端午赛龙舟起初为中国人祛病防疫的节日活动，春秋之前的吴、越之地，有在农历五月五日举办龙舟竞渡进行图腾祭祀的习俗；后因楚国诗人屈原在这一天悲愤投江，逐渐成为中国汉族人民纪念屈原的传统节日习俗。龙舟竞渡传到国外后，深受人们喜爱并成为国际比赛。龙舟运动具有凝聚力强、群众性强、观赏性强等特点。

上海海洋大学龙舟队多年蝉联市级比赛冠军，连续多年单独组队参加国内龙舟顶级赛事——中华龙舟大赛，是上海唯一获得过此项赛事男女青少年组冠军的队伍。从2013年至今，共参加国际级赛事4场、国家级赛事20场、省市级赛事近40场，共获得金牌36枚、银牌13枚、铜牌17枚。2015年，龙舟队荣获“上海市青年五四奖章集体”称号，中国大学生体育协会赛艇与龙舟分会为表彰上海海洋大学对龙舟运动所作出的贡献，授予其“突出贡献院校”匾牌。

图19-7
上海海洋大学龙舟队在训练
（孟雨涵　摄）

龙舟文化贵在传承龙的精神。在做好学校龙文化建设之余，上海海洋大学龙舟队还积极推动中等学校龙文化发展，帮助上海市工商外国语学校建设“三龙”文化，从无到有，不断进步，成为上海市中等职业的文化品牌，并于2015年被上海市教委授予“龙文化传承教育基地”称号，给龙文化的继承与传播打造了一个坚实平台。

国际赛场铸友谊

全运会的拼搏精神，在国际赛场上继续传递和弘扬。

在推进特色化、国际化、信息化、法治化的建设进程中，上海海洋大学积极“走出去”“迎进来”，积极参与国际体育交流活动，弘扬中华优秀传统文化，坚定文化自信；面向国际学生和境外文化交流团体开展龙舟、太极拳等中华传统体育运动，传播优秀传统文化；通过“亚洲校园”等国际合作项目加强友好学校间体育人文交流。2018年9月23日中秋之际，首届上海海洋大学国际大学生龙舟邀请赛在东海之滨拉开帷幕，来自日本、葡萄牙、马来西亚及复旦大学、同济大学、浙江海洋大学等的11支国内外高校代表队齐聚临港，以“同舟共济”的龙舟精神，不仅展示了上海海洋大学特色运动育人平台建设的成效，同时进一步增强了世界高校之间的友好关系，更向世界传递了中华民族的核心价值。2019年9月19—22日，上海海洋大学举办了第二届国际大学生龙舟邀请赛，参赛的12支队伍中来自境外的队伍由2018年的3支（日本东京海洋大学、葡萄牙阿尔加夫大学、马来西亚拉曼大学）增加到2019年的6支（新增韩国海洋海事大学、澳大利亚塔斯马尼亚大学、巴拿马大学），近200名学生志愿者参与其中，增加了颁奖晚会，加强了深度交流。

龙舟比赛期间，运动员们参观了上海海洋大学水上救援实验室、东海大桥；参与了感知上海、龙舟运动训练、体验中秋文化等活动，参赛人员对上海海洋大学各方面表示一致的好评。这项比赛向境内外高校展示了上海海洋大学成为“双一流”高校的能力与姿态。

值得一提的是，上海海洋大学国际学生联队也积极参与了本次国际龙舟赛。龙舟运动是上海海洋大学的特色，国际学生自2018年开始，便在体育部教师指导下学习龙舟运动。这次比赛尽管准备时间短，但是在集体荣誉感与荣校情怀的作用下，国际学生们积极响应，在短时间内集结了队伍。这是龙舟对学生信心的激发，也是上海海洋大学龙舟队对国际学生的扶持与帮助。

在比赛过程中，所有队员以团队为先，按照要求，及时到位，表现出强大的团结精神。参加本次龙舟赛的国际学生来自 11 个国家，每个国家的文化是不同的，但是在同舟共济的时候，国际学生们克服了文化上的差异，克服了身体上的不适。他们在最短时间里，调整到了最好的状态。这是对自身的挑战，也是上海海洋大学“勤朴忠实”校训的体现。国际文化交流学院教师潘桂妮认为，系统性地学习龙舟，可以更好地帮助国际学生。

龙舟运动在锻炼身体之外，也对国际学生起到国际教育的作用。葡萄牙阿尔加夫大学的学生远道而来，对此次比赛的机会十分珍惜。他们以比赛为窗口，感受上海的国际化。上海海洋大学国际学生以东道主的身份，迎接了马来西亚拉曼大学与葡萄牙阿尔加夫大学的学生，体现了主人翁意识。

对于集体观念，正如孔庆涛所说：“这是龙舟运动本身具有的项目的特点，是对青年学生教育价值最大的体现。”龙舟的同舟共济、齐心协力，区别于其他运动的选手在角色中的不同。在龙舟运动上，选手需要充分地依靠队友、信任队友；在冲过终点时，是龙舟上的集体获得了荣誉，而不是某个个人。这样的特点，使得当下青年学生对于集体概念有了更深刻的理解与切身的体会。

2019 年，龙舟队应邀赴日本东京参加奥运会皮划艇测试赛龙舟展示活动，上海海洋大学组织力量参与了奥运龙舟的设计和《传承》龙舟运动里的科学密码的拍摄，为龙舟运动走进奥运大家庭贡献了海大智慧。

龙舟，让世界了解中国；龙舟，让中国走向世界！

上海海洋大学龙舟队的传奇，带给学生的感悟和启发已经远远超过体育运动本身。一届又一届龙舟队队员，已深深把体育精神内化为心中的一种信念和追求。“体育中蕴含的爱国精神、奋斗精神、团队精神，已深深刻在海大学子的心中，让他们终身受益。”

2017 年，在上海市大学生龙舟锦标赛中，上海海洋大学的学生在领先的情况下主动放弃比赛，施救落水的复旦大学队员，生动地诠释了“同舟共济”的龙舟精神。同年，上海海洋大学龙舟队队员罗晓韵在航头镇曹家宅附近安全救起了一位不慎落入水中的小女孩，彰显了新时代的雷锋精神，为当代大学生树立了榜样。龙舟队还将在比赛中获得的奖金和队员们勤工俭学积攒的零用钱捐赠给河南程庄小学，给边远山区的孩子送去过冬的棉校服，将爱心传递给他们。

上海海洋大学龙舟队前进的每一步，都凸显着海大学子坚韧不拔、顽强拼搏、自强不息的奋斗精神，发愤图强、为校争光的奉献精神，团结协作、顾全大局的团队精神和集体主义精神。在龙舟队的经历，使学生们养成了认真做事、吃苦耐劳的优良作风，对他们的人生观、价值观、荣辱观产生了重要影响并使他们受益终身。一个个优秀学子，正从这里脱颖而出，走向更加广阔的天地。

一颗颗硕果的背后，凝聚着体育部教师们的心血。仅有 29 人的体育部，承担着全校 1 万多名学生的体育教学、学生体质测试、运动队训练与竞赛、校园体育活动、体育学科发展等工作，同时还要指导 30 余个学生体育社团、一支由教育部批准的高水平田径运动队。体育部每年举办和参加校外赛事 60 余项，其中国家级以上赛事 10 余项，校内举办赛事 20 余项，累计参赛运动员超过 3000 人次。近年来，体育部教师获得国家课题 1 项、省部市教委体育科研课题 20 余项、校级课题 30 多项，公开发表论文多篇，出版教材与专著 8 本，1 门课程获得校级教学成果特等奖，2 门课程获评市级体育与健康精品课程。

2020 年，体育部成立海洋特色运动育人中心，全面“落实立德树人根本任务，着力加强学生人格健全和意志锤炼教育”；积极对接国家“海洋强国”“临港自贸区新片区”发展战略，深入探索“体教融合”“学科融合”创新发展模式，培养高质量海洋特色人才；构建以增值性评价为主导的新型学生体育综合评价发展模式，营造健康校园文化，落实海洋实践类一体化课程常态化发展的要求。

在未来，上海海洋大学将继续坚持体育为人的全面发展服务，以体育学科的建设进一步支撑学校总体的学科建设，充分运用学校“双一流”建设的支持，大力推动跨学科的体育科研基地建设，充分发挥学校的特色学科优势，努力争取并完成一批具有重大意义的体育科研项目，积极进行与国内外各有关机构和专家学者的体育科研交流活动，以教师队伍建设为发展的根本，不断优化队伍整体结构、积极发挥骨干教师的作用，建设一支高素质、高水平、高效率的体育科研队伍。

（撰稿：孔庆涛、叶鸣、蔡霞）

南极风化石　一片科学心

——求索极地四洋、发展海洋科学的见证

藏品名称：

南极风化石（采自南极格罗夫山）

藏品类别：

标本

所在场馆：

上海海洋大学校史馆

藏品年代：

2006 年

藏品价值：

是上海海洋大学在五洲四洋、南极北极探究海洋奥秘、培养海洋人才、发展海洋事业的见证。

图 20-1
李曰嵩捐赠的南极风化石（宁波　摄）

上海海洋大学校史馆里，陈列着一块特别的石头标本，那是上海海洋大学李曰嵩教授乘“雪龙”号参加中国第22次南极科学考察活动，从南极带回的南极风化石，采自南极格罗夫山，可谓“来自南极冰川的稀客”。该标本是上海海洋大学探究两极四洋、培养海洋人才、发展海洋事业的历史见证，承载着中华儿女的海洋梦、海洋意识与海洋精神。

选派师生考察极地

极地研究奥妙无穷、方兴未艾，是海洋科学的重要领域，是中国参与全球海洋治理、全球渔业管理的重要基础工作。

2005年11月—2006年3月，李曰嵩随“雪龙”号参加了中国第22次南极科学考察，开启了上海海洋大学教师首航南极的先河。2008年，刘洪生参加了第3次北极科学考察，开启了上海海洋大学教师首航北极的破冰之旅，由此拉开了上海海洋大学探究极地奥秘的序幕。这块南极石标本正是这一历史进程的有力见证。

两极研究自此成为上海海洋大学的重要研究方向。2009年12月，上海海洋大学南极生物资源探捕项目组成员朱国平、博士研究生夏辉，开赴南极进行海洋生物资源开发研究。其间，他们结合南极磷虾生态友好高效渔具渔法、南极磷虾资源栖息环境及资源量分析评估、南极磷虾生产渔场气象及浮冰、南极磷虾资源开发探捕安全保障、南极磷虾资源综合开发利用等研究，为南极生物资源开发利用专项的进一步深入开展与实施提供科学依据，在南极海洋生物资源保护委员会科学家委员会中贡献“中国方案”。

2010年11月—2011年4月，上海海洋大学派出水产与生命学院青年教师霍元子博士参加中国第27次南极科考，参与完成从上海至中山站、从中山站至上海的走航观测任务和南大洋普里兹湾常规调查任务，主要承担南大洋微型浮游生物群落结构和生物多样性调查与研究，应用FACScalibur流式细胞仪、Triology Turner designs荧光仪、HPLC、DAPI染色技术和分子生物学技术等多种仪器和手段进行微型和超微型浮游生物（微微型浮游生物、异养细菌、浮游病毒）FCM 的丰度研究、微微型浮游植物多样性的分子生物学分析、微型和超微型浮游生物荧光显微镜分析和微微型光合浮游生物 HPLC 色素组成等的研究，共获得样品 3500 余份，为历年之最，最长连续工作时间达到 48 个小时。

2011 年 10 月—2012 年 4 月，水产与生命学院 2009 级海洋生物学专业硕士研究生崔世开参加了第 28 次南极考察，主要承担南极重点海域微型生物生态学调查与研究，同时进行了高纬度海域和环南极的走航式海洋生物

图 20–2
2006 年，李日嵩随“雪龙”号赴南极考察

图 20-3
2008 年，刘洪生参加北极科学考察

生态学观测；2011 年 7—8 月他参加了我国北极黄河站考察，进行北极海域微型生物样品的采集、预处理和现场模拟实验。从而成为上海海洋大学首位先后参加南北两极大洋考察的硕士研究生。

2012 年 11 月—2013 年 4 月，水产与生命学院的张建恒博士参加我国第 29 次南极科学考察，主要参与完成了普利兹湾 7 条断面的常规调查任务和中山站往返上海的走航观测任务，主要承担南大洋微型浮游生物群落结构和生物多样性调查与研究，应用流式细胞仪、荧光仪、HPLC、DAPI 染色和分子生物学技术等多种仪器和手段进行微型和超微型浮游生物 FCM 的丰度研究、微微型浮游植物多样性的分子生物学分析、微型和超微型浮游生物荧光显微镜分析和微微型光合浮游生物HPLC色素组成等的研究。

2018年4月21日，参加中国第34次南极科学考察的教师翟万营和童剑锋圆满完成各项考察任务，搭乘“雪龙”号顺利返抵上海。本次科考历时165天，途径新西兰基督城、罗斯海、中山站、麦克默多站、阿蒙森海，总行程3.8万余海里。其间，翟万营主要负责南极鱼类样本和水体环境样本采集，共在南极罗斯海新建站、中山站、麦克默多站采集包括独角雪冰鱼（Chionodracohamatus）、尖头裸龙螣（Gymnodracoacuticeps）、伯式肩孔南极鱼（Trematomusbernacchii）及多种伯式肩孔南极鱼（Trematomus）属南极鱼类样本60条，同时采集水体样本30个。根据项目研究需要，翟万营对鱼类样本进行外形测量、血液抽取和解剖、组织保存，进行大片段DNA提取，同时在现有条件下对采集样本进行短暂驯化养殖和前处理工作。本次样本采集为深入开展鱼类在极端环境下的适应与进化研究提供了良好的实验材料和前期准备工作，为后续研究奠定了基础。

童剑锋携带上海海洋大学自主研发的宽带声学测量系统，一共获取了14个站位214GB的宽频超声波回声散射数据；并且在阿蒙森海37个考察站位使用“雪龙”号上的科学鱼探仪系统EK60进行生物散射层观测，同时协助对EK60进行系统校正；在“雪龙”号航行期间还作了“声学方法在海洋生态系统观测应用”的交流报告。

2019年10月9日—2020年4月23日，水产与生命学院教师吴智超乘坐“雪龙2”号参加中国第36次南极科考。“雪龙2”号作为我国自主建造的极地科学考察破冰船首航南极，受到国人和世界的高度关注。本次科考历时198天，总航程35000余海里。吴智超此次科考的主要任务为南极鱼样本的采集、极地鱼类发育过程的基因表达研究、建立极地生物功能基因挖掘和功能在体研究的技术体系、南极鱼类宿主和寄生生物的相互关系研究等。

南极长城站是中国第一个南极考察站，其所在的菲尔德斯半岛为乔治王岛最大的无冰区，是南极生物分布最为密集的地区之一。这是上海海洋大学首次选派教师参加的南极长城站考察任务。吴智超对菲尔德斯半岛海域地形进行了解和实地勘察后，选取了 6 个采样点进行样本采集工作，共获得 3 科 6 种南极鱼，采集到海水样品 30 份，原位分离水体微生物和其他生物。在对这些南极鱼进行人工养殖的过程中，基本掌握了其食性、适宜的生存温度范围、溶氧量等环境参数。这些珍贵样品和数据的获得为南极鱼类重要功能基因的筛选和利用提供了有力保障。

2005—2020 年间，上海海洋大学常年选派教师和学生参与极地科考，为我国极地事业的发展贡献了力量。

极地研究喜结硕果

南极鱼类在南极海洋生态中占据重要地位。几千万年来在冰冻和极端寒冷选择压力下，南极鱼类发生了多种多样的基因水平和生理水平的变化。揭示这些变化的遗传基础是研究生物如何适应环境的重要内容。在众多南极鱼类中，冰鱼科鱼类是目前已知的唯一缺乏血红蛋白和功能性血红细胞的脊椎动物。然而，南极冰鱼的血红细胞如何丢失以及是否具有适应意义是一个长期悬而未决的问题。

2015 年，上海海洋大学科研人员利用跨物种的转录组与小分子核糖核酸（microRNA，一种遗传物质）组比较，揭示出南极冰鱼在造血程序上发生了大规模的基因调控的重建。它们在负责造血的组织（如头肾）中，一方面强力抑制了与造血相关因子的表达，同时调高了上百个小分子核糖核酸的表达。而且有意思的是，造血转录因子的强力抑制，以及小分子核糖核酸表达的普遍调高，都是由一个相同的信号通路，即 TGF-β 信号通路的上调所引起的。实验表明，南极鱼类在进入低温的南极海域后发生了调高 TGF-β 信号通路的进化趋势。这种趋势导致生活在南极的鱼类有血红细胞减少的普遍趋势，且在冰鱼科鱼类中表现更为强烈。本项工作在分子水平深化了人们对鱼类血液细胞发生与低温适应之间关系的认识。

该项研究成果于 2015 年 9 月 6 日在线发表于国际分子生态学领域的顶级期刊 *Molecular Ecology*。海洋科学学院教授许强华为该论文第一作者，与水产与生命学院教

图 20-4
2010 年朱国平（左）参加南极磷虾资源考察

授陈良标为共同通讯作者。

2016 年 10 月 4 日，*Nature Communications* 以长文形式在线发表上海海洋大学水产生命学院陈良标课题组的研究论文“Neofunctionalization of zona pellucida proteins enhances freeze-prevention in the eggs of Antarctic notothenioids”。该论文揭示了南极鱼透明带蛋白的新功能以及南极鱼卵的抗冻机制。

南极洲近岸海域常年被冰雪覆盖，海水温度一直维持在 -1.9℃左右。南极鱼亚目的鱼类经过大约 3500 万年的进化，适应了南大洋极端低温的环境，成为这一海域的主要物种。目前我们已经知道，南极鱼适应这种极端环境的一个机制，是这些鱼类进化出了抗冻糖蛋白（AFGP）。抗冻糖蛋白存在于成鱼的体液中，可以降低鱼类体液的冰点，保持鱼类的体液在 -1.9℃环境下不结冰。南极鱼通常在近岸水域产卵并孵化，孵化时间长达几个月甚至一年以上，然而鱼卵本身并不合成抗冻糖蛋白，从母体带来的抗冻糖蛋白在长达 10 个月的孵化过程中会慢慢消失。南极鱼卵是如何在这种极端环境下存活的，是进化生物学上一个重要的问题。

卵壳蛋白在哺乳动物被称为透明带蛋白（Zona Pellucida），是存在于动物卵细胞外的糖蛋白，是构成动物卵壳或透明带的主要物质，其主要功能是保护卵细胞和精卵识别。陈良标课题组客座访问学者曹立雪博士和黄巧硕士等经过长期研究发现，南极鱼的卵壳蛋白基因家族（AnnotoZPs）存在与低温相关的基因扩增并且获得了冰晶融解促进活性。南极鱼的卵壳蛋白的一些成员，具有结合冰晶的活性和非依数性降低溶液冰点的功能，在中等浓度情况下可以降低溶液的冰点 0.26～0.65℃。该研究通过转基因斑马鱼实验证明，南极鱼的卵壳蛋白等一类蛋白通过独特的 ZP- 冰晶结合机制抗冻，是一种不同于已知抗冻蛋白的抗冻机制。

此外，在首席科学家陈长胜教授、海洋科学学院高郭平教授的带领下，上海海洋大学国际海洋研究中心成功取得多项北极科学研究突破性成果。他们利用海洋 - 海冰相耦合的数值模型对北极地区的海冰覆盖面积、海冰密集度、海冰速度和海冰厚度等反映海冰特征的重要参数进行模拟，与美国国家冰雪数据中心的各类海冰观测数据进行综合对比验证，成功再现了北极海冰近 40 年时间和空间的变化，捕捉到了海冰变化异常年份的分布特征，并详细分析了海冰对于包括热通量、长短波辐射，以及风应力等气象因素变化的响应和敏感性。同时，他们通过计算北极地区海水出入口的体积通量，揭示了加拿大北极群岛在北冰洋环流中所扮演的重要角色，并成功总结了之前海洋学界争议较多的影响北极海水流出北冰洋的主要动力机制，明确加拿大北极群岛上游与下游水位梯度差是决定北冰洋海水通过地形结构错综复杂的群岛流出北极的主要因素，而北极区域的海表面大气压分布则是影响水位梯度差的关键。上海海洋大学年青教师张瑜博士作为中心的主要科学家，以第一作者的身份，将此两项研究成果撰写成论文，已发表在物理海洋学顶级期刊 *Journal of Geophysical Research-Oceans* 上。

他们还结合全球尺度的海洋数值模型和区域尺度的北极海洋数值模型，成功捕捉到北极环流动力的主要特征，并通过对比多种不同分辨率的海洋数值模拟结果，详细对比分析模型分辨率的差异对北冰洋环流模拟精确度所造成的影响，揭示了高分辨率数值模型对北极海洋动力机制研究的必要性，该成果已在物理海洋学著名顶级杂志

图 20-5
2019 年 5 月 18 日国际博物馆日，朱国平为中学生作极地生物趣谈讲座（刘晓丹　摄）

Progress in Oceanography 上发表。2016 年 6 月，张瑜应邀出席在美国举行的北极近岸安全首脑峰会，向环北极圈八国（美国、俄罗斯、加拿大、丹麦、芬兰、瑞典、挪威、冰岛）的最高近岸安全管理官员们介绍上海海洋大学国际海洋研究中心以及中国在北极科学领域所取得的成果，受到在场各参会国官员的高度赞扬。这些突破性的北极研究成果表明，上海海洋大学国际海洋研究中心在北极地区海洋动力过程、海冰变化特征、环流影响机制等研究领域已处于国际领先水平，为进一步开发建立全球海洋预报系统奠定坚实基础，对将来服务我国海洋环境监测与保护、极端气候的应对、北极航道的安全保障，以及北极自然资源的开发都具有重大意义。

为了持续深化极地研究，提升研究能力和水平，2019 年 5 月 9 日，上海海洋大学成立极地研究中心。冰岛前总统格里姆松，瑞典外交部北极事务大使 Björn Lyrvall，北欧部长理事会国际事务高级顾问 Tomas OrriRagnarsson，冰岛外交部自然资源和环境事务处处长 Jón Erlingur Jónasson，冰岛阿克雷里大学校长 Eyjólfur Guðmundsson 博士，中国北极事务特别代表高风，自然资源部极地考察办公室副主任陈丹红，自然资源部海洋发展战略研究所所长张海文，中国极地研究中心主任杨惠根，上海国际问题研究院副院长杨剑，上海海洋大学党委书记吴嘉敏、校长程裕东、副校长李家乐等共同见证了这一历史时刻。

2005—2020 年，上海海洋大学参加极地科考与生物资源调查的人员累计近 60 人次，在极地生物资源认知与管理、海冰模拟、极地水文观测、极地生物污染与极区人文、极地政策与国际履约等研究领域取得较大进展，取得多项重要研究突破，多次贡献“中国方案”。学校积极拓展国际的极地合作研究，开展以澳大利亚塔斯马尼亚大学为核心的南极合作研究与交流，并与其他 10 余个国家的极地研究机构、大学与国际管理组织开展极地合作研究与人才交流。2018 年，上海海洋大学加入国内唯一一个被《中国的北极政策》白皮书承认的“推动中国 - 北欧合作交流”的重要平台——中国 - 北欧北极研究中心（CNARC）。

经过 10 多年的积累，上海海洋大学极地学科建设稳健发展，形成一支富有活力的研究队伍，依托上海海洋大学极地研究中心，以极地海洋生态系统为核心研究领域，辐射极地气候与环境、极地生物资源养护与管理、极地政策与法律等方面的科学研究与人才培养，与澳大利亚、日本、美国、新西兰、法国、德国、英国、葡萄牙、韩国、意大利、南非、西班牙、冰岛、挪威、丹麦等国的极地研究机构展开深入合作，努力打造国际知名、国内一流的极地研究国际合作平台。

一块南极石，开辟了一个新的研究领域，开启了一个新的时代，召唤着更多有志青年投身到奥妙无穷、充满挑战的极地研究世界去。

（撰稿：宁波、刘晓丹）

三种生物标本　三种做人精神

——以文博藏品讲述立德树人故事

藏品名称：

中华鲟标本、抹香鲸标本、金枪鱼标本

藏品类别：

标本

所在场馆：

上海海洋大学水生生物科技馆（中华鲟、金枪鱼标本）、上海海洋大学鲸馆（抹香鲸标本）

藏品年代：

2012年（中华鲟标本）、2002年（抹香鲸标本）、2007年（金枪鱼标本）

藏品价值：

中华鲟标本：用于鱼类学研究与教育、“至忠至诚”爱国修身教育。抹香鲸标本：用于海洋生物、海洋科学等的研究与教育、“至深至精”新时代科学家精神教育。金枪鱼标本：用于海洋生物、海洋科学等的研究与教育、“至快至进”行动落实精神教育。它们都是“文博藏品立德树人”故事的生动教材。

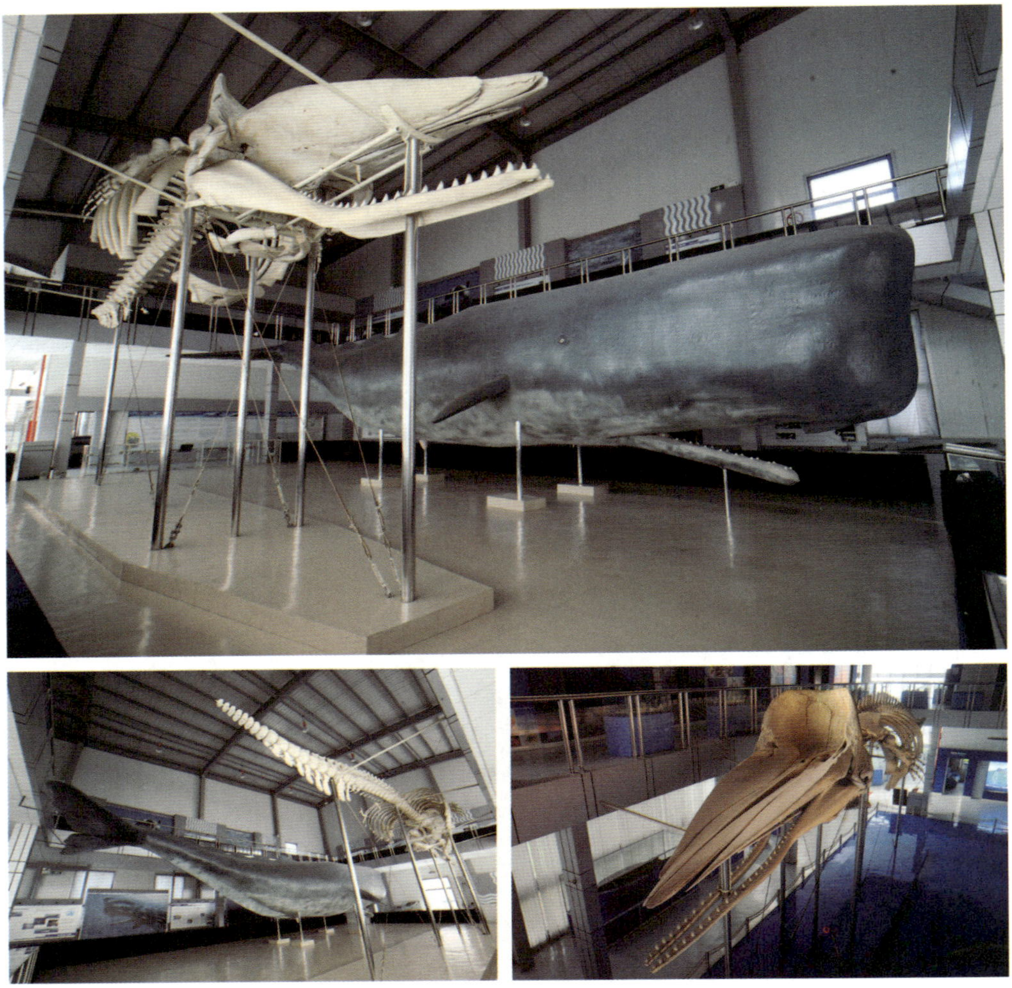

图 21-1
抹香鲸标本

图 21-2
中华鲟标本

图 21-3
金枪鱼标本

标本是生物学的典型标志和象征，也是科学精神、校风学风的载体，承载着学科建设的历史和故事，蕴含着丰富的育人资源。在上海海洋大学博物馆里，有三个“明星级”标本是上海海洋大学的特有收藏，即中华鲟、抹香鲸和金枪鱼标本。它们不仅在上海海洋大学博物馆里默默讲述着水生生物世界的奥秘与传奇、上海海洋大学的学科发展历史与积淀，激发着年轻学子探索水生生物世界的热情和使命，更因为这三种标本寓意着三种精神，与上海海洋大学校训“勤朴忠实”和新时代科学家精神相辅相成，而成为立德树人、文博育人的生动教材。

标本是学术传承的财富

上海海洋大学的鱼类标本，是学校鱼类学学科建设的历史见证。

1952 年上海水产学院成立时，由著名鱼类学家朱元鼎、王以康建立鱼类标本室。朱元鼎领导鱼类研究室（始称海洋渔业研究室），王以康则在养殖生物系主持鱼类学教学工作。1957 年王以康逝世后，朱元鼎亲自领导鱼类学研究室（标本室），而且关心和指导养殖生物系鱼类学教研室的教学与科研工作。鱼类学学科先后涌现出骆启荣、孟庆闻、缪学祖、伍汉霖、苏锦祥、金鑫波和殷名称等多位鱼类学家。经过几十年努力，鱼类学学科在科研、教学、标本收藏、科学普及、人才培养等方面取得丰硕成果，在国内外鱼类学界中有一定影响和声誉，使学校成为我国鱼类学教学和研究的主要基地之一。

标本是鱼类学研究的物质基础，也是鱼类学教学和社会教育的有力教具。学校鱼类研究室甫一成立，即十分重视标本收集和保藏，至 20 世纪 70 年代已有标本 1100 余种，3 万余号，成为一个较具规模的鱼类标本室。但经过 1972 年学校搬迁厦门与中国水产科学研究院东海水产研究所和 1979 年学校从厦门迁回上海与厦门水产学院的两次分割，至 1980 年返回上海时，标本已不足 2 万号，不仅馆藏标本数量大为减少，标本所携带的科学信息也遭受很大损失。1981—2020 年经过潜心收集，馆藏标本逐渐增加，其中有定名标本 3000 多种，模式标本近 40 种。

研究室成立之后，朱元鼎即亲自带队示范各类鱼类标本的采集，组织各项研究工作。多位鱼类学家如孟庆闻、郑文莲、郑慈英、伍汉霖、苏锦祥、金鑫波、许成玉、王幼槐、邓思明以及越南鱼类学家梅庭安均在20世纪五六十年代师从朱元鼎，从事鱼类学研究工作，后来在各自研究领域均作出重要贡献。在朱元鼎的领导下，学校很快成为中国鱼类学研究的一支重要力量，与中国科学院水生生物研究所、动物研究所、海洋研究所共同成为我国鱼类学研究的四大基地。

鱼类学团队组织和参加了一系列重要学术考察，对我国鱼类的多样性开展调查研究。如1957年的闽江鱼类调查，1958年的云南、四川及广西淡水鱼类调查，1958—1960年的全国海洋普查（东海区海洋普查），1959年的上海淀山湖鱼类调查，1959—1961年的东海鱼类调查，1962年的西沙群岛鱼类调查，1963年的粤西鱼类调查，1964年的湖南鱼类调查，1964年的海南岛海洋鱼类调查，1965—1966年的海南岛淡水鱼类调查，1974—1979年的福建鱼类、闽南渔场调查，1977年的南海诸岛海域鱼类调查，1983年的海南岛淡水鱼类调查，1985—1986年的广东淡水鱼类调查，等等。在大量调查与考察的基础上，团队先后主持或参加完成《南海鱼类志》（科学出版社，1962，朱元鼎参编）、《东海鱼类志》（科学出版社，1963，朱元鼎主编，罗云林、伍汉霖、金鑫波、许成玉、王幼槐参编）、《南海诸岛海域鱼类志》（科学出版社，1979，朱元鼎、伍汉霖、金鑫波、孟庆闻、苏锦祥参编）、《福建鱼类志》（福建科学技术出版社，1984—1985，朱元鼎主编，孟庆闻、伍汉霖、金鑫波、李婉端、沈根媛、苏锦祥、缪学祖、刘铭、周碧云、赵盛龙参编）、《中国鱼类系统检索》（科学出版社，1987，朱元鼎、孟庆闻、伍汉霖、金鑫波、苏锦祥参编）、《海南岛淡水及河口鱼类志》（广东科技出版社，1986，伍汉霖、金鑫波参编）、《广东淡水鱼类志》（广东科技出版社，1991，伍汉霖、金鑫波、钟俊生等参编）等专著的撰写，为摸清我国鱼类资源和鱼类志书撰写作出重要贡献。其中《南海诸岛海域鱼类志》《中国鱼类系统检索》《福建鱼类志》均填补了相关领域重要空白。

朱元鼎于1952年被调入上海水产学院后即开始中国软骨鱼类研究，1960年由科学出版社出版《中国软骨鱼类志》专著，记载了中国沿海所产软骨鱼类126种，是国内外鱼类学界研究中国软骨鱼类资源、区系、分布的不可缺少的重要参考书。这也是中国历史上较为全面、科学的介绍中国软骨鱼类资源情况的志书。1972年后，朱元鼎与孟庆闻合作，进一步深入研究中国软骨鱼类，于1979年出版专著《中国软骨鱼类侧线管系统以及罗伦瓮和罗伦管系统的研究》（上海科技出版社），通过内部解剖和比较研究，提出了一个新的中国软骨鱼类分类系统。该专著通过对软骨鱼类这种高级器官的研究，在鱼类进化理论方面是一个超越前人的突破，在鱼类形态学、分类学以及进化理论方面都有广泛影响，得到国内外鱼类学界好评，获1987年度国家自然科学奖三等奖。

继中国软骨鱼类研究之后，朱元鼎和罗云林、伍汉霖还一起进行中国石首鱼类的研究，于1963年出版专著《中国石首鱼类分类系统的研究和新属新种的叙述》（上海科技出版社），提出用鳔和耳石的内部形态变化同外部形态相结合作为分类依据和方法，并对石首鱼类的演化作了详细叙述和讨论，提出了新的分类系统，使紊乱的分类系统更符合自然界的实际情况。同时还发现石首鱼类2新属，4新种，把石首鱼类的分类研究向前推进了一大步。这部专著被译成英文在荷兰出版，在国际学术界广为流传。

朱元鼎于1964年发起组织全国鱼类学家编写《中国鱼类志》的倡议，得到同行们的赞同，并在上海进行分工。全书共分16卷，由中国科学院水生生物研究所、动物研究所、海洋研究所和上海水产学院等4个单位为主要编写单位。上海水产学院承担圆口纲、软骨鱼纲、虾虎鱼亚目、鲉形目、鲀形目等4卷的编写任务。《中国鱼类志》的编写后来被纳入国家自然科学基金会的《中国动物志》编委会的研究编写计划。在朱元鼎的组织领导下，由朱元鼎和孟庆闻主编的《中国动物志（圆口纲、软骨鱼纲）》、苏锦祥主编的《中国动物志（硬骨鱼纲鲀形目、海蛾鱼目、喉盘鱼目、鮟鱇目）》、金鑫波主编的《中国动物志（硬骨鱼纲鲉形目）》和伍汉霖主编的《中国动物志（硬骨鱼纲鲈形目虾虎鱼亚目）》已分别于2001、2002、2006和2008年由科学出版社出版。唐文乔参编的《中国动物志（硬骨鱼纲鲤形目下卷）》已于2000年出版；他作为第二作者参编的《中国动物志（硬骨鱼纲鳗鲡目、背棘鱼目）》也于2010年出版。

孟庆闻、苏锦祥、缪学祖编著的《鱼类分类学》（中国农业出版社，1995），在总结国内外鱼类学研究成果的基础上，详细介绍了中国产鱼类的分类，又适当介绍国外重要经济鱼类，是首次采用纳尔逊（Nelson）鱼类分类系统的专著，在国内鱼类学界产生广泛影响。

鱼类研究室在鱼类分类研究中共发现鱼类新种 70 余种、新属 7 个，是我国发现海洋鱼类新物种最多的研究机构之一，也是我国收集标本及研究资料最为完整的研究基地之一。

自 1989 年起，研究室科研人员还参加了部分鱼类学的教学工作，带领和指导学生进行野外实习。1983 年，鱼类学是学校第一批招收硕士研究生的学科之一，孟庆闻为第一任导师，之后苏锦祥、伍汉霖、殷名称也先后招收研究生，前后共培养了 10 余名鱼类学和鱼类生态学研究方向的硕士。从 2004 年起，鱼类学学科获得培养博士研究生资格，现在鱼类学方向的研究生导师有唐文乔、鲍宝龙、钟俊生、龚小玲、刘至治等。

鱼类研究室自 1994 年至 2001 年与日本九州大学、东京大学、宇都宫大学、国立科学博物馆等单位的鱼类学家合作进行中国大陆及朝鲜半岛鳑鲏鱼亚科鱼类的系统分类和生物地理学的研究，为期 8 年。每年双方派人采集 2～3 周，共同整理和研究所有标本及资料、开展室内研究工作。所有成果属双方共有，发表论文双方共同署名。8 年中与日方共同采集 7 次，双方合作达到预期目的，取得良好成绩。

1952—2020 年的 68 年间，在朱元鼎等几代鱼类学家的努力下，鱼类研究室为摸清中国鱼类资源家底、发展鱼类科学、培养鱼类学人才作出了杰出贡献。而今，学校鱼类学团队正跟踪鱼类学最新学术前沿，大力开展特定地区的鱼类生物多样性调查与评价，以及特色对象的保护生物学等方面的研究。

随着鱼类学研究事业的发展与进步，学校收集的鱼类标本数量也在逐渐增加，反过来又有力地支持了鱼类学学科建设，同时也成为社会教育中宣传科学家精神、激发青少年科学兴趣，以及爱国修身教育的重要载体。比如，在学校馆藏的 4 万多号标本中，有不少标本不仅默默讲述着科学的故事、人与资源环境的故事，而且现身说法讲述着做人做事的道理。其中，有 3 个标本已经成为学校“三全育人”的明星标本。

中华鲟：至忠至诚的“爱国鱼”

在上海海洋大学博物馆里，珍藏着“爱国鱼”——中华鲟——的标本。其中，展示在鲸馆的一尾外形标本长达3.30米，陈列在水生生物科技馆的叉长（鱼体由吻端到尾叉最深点的长度）1.72米。它们一边在讲述着鱼类王国令人神往的科学知识，一边以自己的独特生活习性和所形成的中华鲟文化，讲述着爱国修身的动人故事。

中华鲟，拉丁文学名 Acipenser sinensis，是硬骨鱼纲鲟科的鱼类。常见个体体长0.4～1.3米，体重50～300千克，最大个体体长可达5米，体重600千克。体呈纺锤形，头尖吻长，口前有4条吻须，口位在腹面，有伸缩性，并能伸成筒状，体被覆5行大而硬的骨鳞，背面1行，体侧和腹侧各2行。中华鲟是长江中最大的鱼，故有“长江鱼王”之称。

夏秋两季，生活在长江口外浅海域的中华鲟洄游到长江，溯流而上3000多千米，才回到金沙江一带产卵繁殖。产后待幼鱼长大到15厘米左右，又带着幼鱼生活于外海。它们如此世世代代在江河上游出生，在大海里生长。

中华鲟生命周期较长，最长寿命可达40龄。是中国一级重点保护野生动物，也是现存鱼类中最原始的种类之一，在地球上已有1.4亿年历史，是活化石，有“水中大熊猫”之称。它是我国特有的古老珍稀鱼类，居世界27种鲟鱼之冠。主要分布于中国长江干流金沙江以下至入海河口，其他水系如赣江、湘江、闽江、钱塘江和珠江水系也偶有出现。

中华鲟是长江瑰宝，也是中华瑰宝。除了它的身姿伟岸，令人动情的还有它的“忠贞”——在长江里诞生，到海里生活十余年至性成熟后，它总会洄游到长江故里生儿育女，因此得名“中华鲟”，也被称为“爱国鱼”。在洄游途中它表现出惊人的耐饥、耐劳、识途和辨别方向的能力，从某种意义上讲，正是中华民族的秉性。

在中华鲟身上，我们可以深刻感受到“至忠至诚”的深厚爱国情怀。假如我们每位中华儿女都满怀“至忠至诚”的精神，我们中华民族伟大复兴的中国梦，就会更加美好而灿烂。

抹香鲸：至深至精的“潜水冠军”

在上海市杨浦区军工路318号上海海洋大学博物馆鲸馆大厅里游弋着两具巨大的抹香鲸标本，一具是外形标本，一具是骨骼标本。一个像潜水艇一般的庞然大物，传递着海洋深处的奥秘，激发着青少年探索海洋的热情与梦想，讲述着“至深至精”的做人道理。

抹香鲸之所以有一个神秘而浪漫的名字，是因为它能产一种灰色或黑色的分泌物——龙涎香。它是齿鲸中最大的一种，也是所有大型齿鲸中最著名的一种，与两个小型近亲，即小抹香鲸和侏儒抹香鲸被单列为一科——抹香鲸科。成年抹香鲸一般体长15～20米，上海海洋大学博物馆鲸馆的抹香鲸外形标本及其骨架长达18.4米，重量估计超过60吨，可谓同类中的“大个子”。

2001年5月14日清晨，广西北海“桂北渔”号渔船出海捕鱼，航行至琼州海峡海区时，发现了一头巨鲸尸体。该船遂将其拖回至北海岸边，引来各方竞相争购。当时的国家农业部渔业局郑重申明：巨鲸是国家二级保护动物，不得私自捕杀、贩卖、运输和利用。此头巨鲸依法归国家所有，继而决定由上海海洋大学将巨鲸制成标本，供科研教学之用。

上海海洋大学专家随即飞抵北海，鉴定该鲸为一头雄性抹香鲸。但由于时值初夏，在海滩搁置多日后，巨鲸尸体已经发臭。专家们会同有关人员就地解剖，对该头抹香鲸的骨骼和鲸皮进行简单处理，并编好序号，然后由一辆载重10吨的冷冻车将重达5吨的骨骼及鲸皮运往上海海洋大学位于浦东新区的滨海实习基地制成标本。历时一年多，一头巨鲸最终变成两具标本：一副抹香鲸外形标本和一副骨骼标本。

鲸是善于潜水的海洋哺乳动物，而抹香鲸又是鲸中的潜水冠军，可潜至2200～2500米深。抹香鲸的头部约占体长的三分之一，其巨大的脑腔充满鲸脑油，可用于辅助抹香鲸上下沉浮。

正因为抹香鲸是鲸类中的潜水冠军，所以它总是能到达其他鲸类所无法抵达的海洋深处，也因此可以获得其他鲸类难以获得的大王乌贼等美味。它的深潜能力寓示着一种“至深至精”的精神，即无论从事什么事业，都比别人走得深、做得精，表现为一种高质量的专业精神和专业能力。若能涵化吸收，必将取则行远。

金枪鱼：至快至进的“海洋之箭”

上海海洋大学博物馆所属的水生生物科技馆，藏有一条叉长 1.17 米的大眼金枪鱼标本。这条金枪鱼由戴小杰教授不远万里从大洋带回学校，来自上海海洋大学位于大洋大海上的另一个课堂，后制作成标本展示。

金枪鱼为鲈形目鲭科大型远洋性鱼类的统称，见于世界暖水海域，科内和种间都有相当大的变异，分类也很不相同。在台湾被称为“鲔鱼”，有时也被称为“吞拿（鱼）”，这取自金枪鱼英文名 tuna 的音译。金枪鱼肉低脂肪、低热量，富含 EPA、DHA、优质蛋白质和其他营养素。

金枪鱼体长形，粗壮而圆，呈流线形，向后渐细尖而尾基细长，尾鳍叉状或新月形，适于快速游泳，一般时速为每小时 30～50 千米，最高时速可达每小时 160 千米，比陆地上跑得最快的动物还要快，是海洋里的游泳冠军。尾柄两侧有明显棱脊，背、臀鳍后方各有一行小鳍。另一特征是皮下有发达的血管网，作为一种长途快速游泳的体温调节装置。最大的蓝鳍金枪鱼可长到约 4.3 米，800 千克左右。金枪鱼类一般背侧暗色，腹侧银白，通常有彩虹色闪光。产卵期很长，产卵海域甚广，繁殖力旺盛。

大多数金枪鱼栖息在 100～400 米水深的海域，幼体的大眼金枪鱼和黄鳍金枪鱼以及鲣鱼都栖息在海洋表层水域，一般不超过 50 米水深，而成体的大眼金枪鱼和黄鳍金枪鱼栖息水层比较深，大眼金枪鱼的栖息水层深于黄鳍金枪鱼。

金枪鱼一生持续高速游泳，即使在夜间也不休息，否则即会死亡。其游程可达数千公里，被称为“没有国界的鱼类”。

在金枪鱼身上，我们可以感受到一种“至快至进”的精神，启迪着我们不论做什么，都要把准前进方向、快速高效达成目标。至快至进，就是朝着理想乘风破浪、奋勇前进！在构建海洋命运共同体，建设“中国梦”的过程中，我们更需要这种精神。

上海海洋大学博物馆是学科建设的成果，也是学科教育和“三全育人”的宝贵资源。博物馆的前身正是中国鱼类学奠基人、著名鱼类学家、一级教授朱元鼎1952年所建的鱼类标本室。博物馆犹如鱼类标本档案库、遗传资源库，其学术意义非同寻常。在朱元鼎的前半生里，由于战乱连绵，政治腐败，建立标本室只能是一个美好梦想；新中国成立后，建立鱼类标本室才成为可能，并且逐步发展为博物馆，成为上海市基础性科普基地，承担起“传承海洋文化，探究蓝色奥秘”的使命。

至忠至诚，至深至精，至快至进，三种生物标本象征着三种做人精神，与“勤朴忠实”的校训和新时代科学家精神相辅相成。上海海洋大学期待通过这三种精神，在讲述学科发展史、传承科学精神的同时，融“文博育人”于“三全育人”，培养学生品行有中华鲟之“忠诚”，钻研有抹香鲸之“精深”，行动有金枪鱼之“快进”，言传身教，立德笃行，将此三种精神根植学生心中，成为上海海洋大学特有的精神品质，代代相传，发扬光大。

（撰稿：刘晓丹、宁波）

国宝浮沉

——钱伟长先生与三峡文物保护的故事

藏品名称：

宜昌市文物主管部门向三峡文物考察团汇报文件、钱伟长带领考察团于中堡岛合影照片、钱伟长题名的《长江三峡工程坝区出土文物图集》、长江三峡工程库区地图

藏品类别：

纸质文献、影像材料

所在场馆：

上海大学图书馆

藏品年代：

20 世纪 90 年代

藏品价值：

是三峡文物保护的见证。

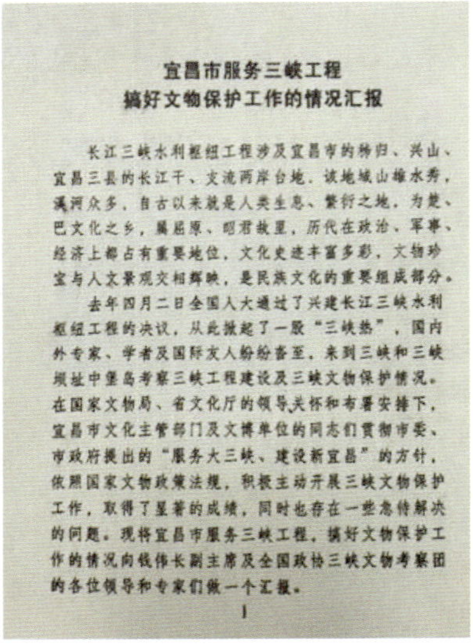

宜昌市服务三峡工程
搞好文物保护工作的情况汇报

长江三峡水利枢纽工程涉及宜昌市的秭归、兴山、宜昌三县的长江干、支流两岸台地。该地域山雄水秀，溪河众多，自古以来就是人类生息、繁衍之地，为楚、巴文化之乡，屈原、昭君故里，历代在政治、军事、经济上都占有重要地位，文化史迹丰富多彩，文物珍宝与人文景观交相辉映，是民族文化的重要组成部分。

去年四月二日全国人大通过了兴建长江三峡水利枢纽工程的决议，从此掀起了一股“三峡热”，国内外专家、学者及国际友人纷纷沓至，来到三峡和三峡坝址中堡岛考察三峡工程建设及三峡文物保护情况。在国家文物局、省文化厅的领导关怀和布署安排下，宜昌市文化主管部门及文博单位的同志们贯彻市委、市政府提出的“服务大三峡、建设新宜昌”的方针，依照国家文物政策法规，积极主动开展三峡文物保护工作，取得了显著的成绩，同时也存在一些急待解决的问题。现将宜昌市服务三峡工程，搞好文物保护工作的情况向钱伟长副主席及全国政协三峡文物考察团的各位领导和专家们做一个汇报。

1

图 22-1
宜昌市文物主管部门向三峡文物考察团汇报文件

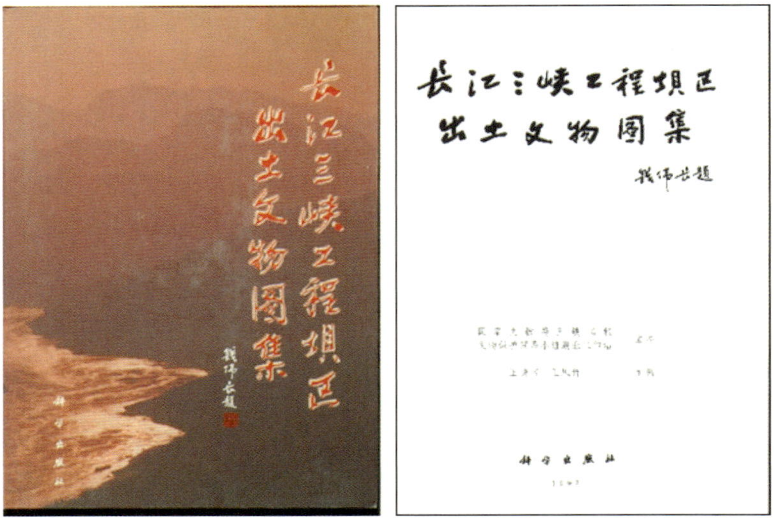

图 22-2
钱伟长题名的《长江三峡工程坝区出土文物图集》

图 22-3
钱伟长带领考察团于中堡岛合影照片

图 22-4
长江三峡工程库区地图

长江是孕育中华民族的母亲河之一，地处长江上游的三峡，有着雄奇壮丽的自然风光，先民们在这里繁衍生息，文人墨客在这里留下了众多珍贵的文化遗存。举世瞩目的三峡工程的修建带来了规模庞大的文物保护工程，这牵动了钱伟长先生的心。从钱老捐赠的藏品中，我们可以寻找到他当年参与三峡文物保护的足迹。

率队考察 指导文保

1992 年 4 月，全国人大五次会议决定兴建三峡工程。三峡工程是世界最大的水利工程，也是规模最大的文物保护工程。三峡的修建意味着海拔 175 米以下的广大地区将被永远淹没，而这些地区有着极为丰富的文物资源。如何抢救和保护好如此广阔区域内的文化遗产，成为当时举世关注的问题。为了保护三峡库区的文化遗产，全国各地文物、考古及古建筑专家奔赴三峡，进行大规模的抢救性考古发掘和地面文物保护工作。

1993 年 6 月，时任全国政协副主席、上海工业大学（上海大学前身）校长的钱伟长邀请国家文物局介绍三峡文物工作的情况，了解到三峡文物抢救和保护工作的规划问题复杂，时间紧迫，刻不容缓。同时，随着移民和拆迁工作的开展，已发生了文物遭破坏的现象。钱伟长当即决定亲自带队，赴四川、湖北三峡地区进行实地调查。

1993 年 9 月 24 日至 10 月 8 日，耄耋之年的钱伟长率领由全国政协委员、著名文物专家、国家文物局和国务院三建委办公室负责同志以及新华社、中央电视台、光明日报社等媒体记者组成的近 40 人的调查团，自重庆一路乘船至宜昌，沿途考察了三峡淹没区 11 个城市的 22 个文物点，召开了数次不同类型的座谈研讨会。

1993 年 10 月，钱伟长率领考察团来到湖北宜昌，宜昌市文化主管部门向全国政协三峡文物考察团作汇报。根据当时文物调查资料统计，三峡坝区及库区涉及宜昌市内文物点共计 228 处，位于海拔 175 米以下的各类文物点有 149 处，占全市总数的五分之一。钱伟长十分重视这里的文物考古工作，他认为：“三峡的地面、地下文物，都是我们整个民族文化的重要组成部分，对中国乃至人类文明史都有不可估量的意义，抢救三峡文物就是抢救我们祖国和民族的文化。”

中堡岛位于宜昌三斗坪中堡岛村四组，岛呈椭圆形，东西走向，海拔 78 米，面积仅有 0.15 平方千米，因冬春水退可步行至岛上，夏秋季节四面环水，故名中堡岛。虽是弹丸小岛，可它却蕴藏着丰富的考古学文化，文化层达 5 米多深，可谓“无字的地下通史”，是三峡地区具有代表性的一处古代文化遗存，是 5000 年前新石器时期大溪文化遗址之一。中堡岛也是三峡大坝的选址地，大坝轴线横穿小岛。这里的文化遗存得以保护和保存，离不开钱伟长的关注。1993 年，钱伟长率领三峡文物考察团来此考察，高度重视对此地的考古发掘工作。正是在钱老的关注下，全国文物考古工作者对三峡地下文物进行了紧急大抢救，陆续发现了被称为“埋在地下的一部《中国通史》”的中堡岛遗址。

“白鹤时鸣留胜景，石鱼出水兆丰年。”这里的“石鱼”指的是白鹤梁石鱼。白鹤梁共有唐代石鱼 14 尾，它既是长江枯水位的历史记录，又有“石鱼出水兆丰年”和“年年有余（鱼）”之意。因此，古人在白鹤梁上刻有“枯水季节，若石鱼出水面，则兆年丰千年如许”的石刻题记。

白鹤梁水文题刻有“世界第一水文站”之称，是世界上发现最早的水文题记，也是三峡工程库区唯一的国家级文物保护单位，其枯水题刻水文价值最为突出。当地首创以鱼为定量水则，展现系统的年代系列。白鹤梁长 1600 米，宽 15 米，上面刻有自唐广德元年至 20 世纪初 1200 多年间 72 个年份的枯水情况记录，有出自历代 300 多位名人之手的 3 万余字的诗词铭文，又有“水下碑林”之美誉，具有极高的科学、历史和文化价值。三峡水库蓄水后，这座世界上独一无二的水下碑林将被永远淹没在 30 余米的水下。自全国人大通过三峡工程上马的决议，它的保护问题就被提了出来。如何妥善保护与合理利用这一珍贵文物，也是调查团重点研究的课题之一。

在文物考察中，钱伟长召开专家会议，邀请了众多著名的文物专家和三建委有关部门负责同志。会议中，梁从诚委员提出：“白鹤梁既然不能移动也离不开水，那么可以等水库水位提高后就让它泡在水里，外面搞一个透明走廊以方便人们观看，这样既可保护又可利用。”这个想法立即引起了钱老的注意，他认为这个想法很有新意，会议中专家们也普遍肯定了梁从诚的想法。

江水滔滔东流去，千年浮沉白鹤梁。2009 年 5 月 18 日，白鹤梁水下博物馆正式落成。整个保护工程，由“水下博物馆”“连接交通廊道”“水中防撞墩”和“岸上陈列馆”4 部分组成。现如今游客可下到带参观窗的水下通道，透过玻璃舷窗欣赏白鹤梁题刻。

除白鹤梁水下博物馆外，三峡文物保护工程还促进了一批新生博物馆的建设，在三峡文物保护规划中也对博物馆建设编制了专项规划。由此建设的如重庆中国三峡博物馆、宜昌博物馆新馆、兴山民俗博物馆、巫山博物馆、夔州博物馆、重庆三峡移民纪念馆、开州博物馆、忠州博物馆、云阳博物馆等，这些博物馆使三峡文物保护工程中出土的大量的珍贵文物得到保护和利用，集保存、研究、展示于一体，并免费对公众开放。

钱伟长不仅对文物保护事件十分重视，同时还注重相关法律、法规的建设。他在重庆考察期间听取地方政府部门汇报，得知文物破坏现象屡有发生，强调要“依法治文物”。在钱伟长的倡导下，三建委移民开发局就向湖北、四川两省三峡库区各级移民部门下发了《关于做好三峡工程库区文物保护前期工作有关问题的通知》，对三峡淹没区和安置区文物的保护工作提出了 9 条要求。这些措施对于三峡文物的保护发挥了重要保障作用，1000 多处重要文物得到了合理、有效的保护。

1997 年 11 月，三峡大坝实现大截流，三峡湖北工作站团队编辑了《长江三峡工程坝区出土文物图集》，展示了三峡工程坝区文物保护工作的阶段性成果。时任全国政协副主席钱伟长亲自为此书题写书名。

钱伟长先生于 1983 年出任上海工业大学校长；1994 年出任新上海大学校长，为上海大学发展和中国高等教育事业作出了杰出贡献。2019 年 5 月 27 日，在新上海大学组建成立 25 周年之际，钱伟长纪念展开幕，受到了广泛关注。在展览的筹备期间，上海大学也收到了社会各界捐赠的一些珍贵藏品。这幅《长江三峡工程库区地图》是由国务院三峡办捐赠给上海大学的珍贵馆藏，现展示于上海大学博物馆“钱伟长纪念展”展厅中。

该图是 1994 年 5 月由河南省地图院印刷的内部用图。地图按照 1∶300000 的比例尺绘制，由 4 幅小地图拼接而成。如今的三峡库区文物遗迹点最初就是以该幅地图为底板进行标注的。可以说，该图见证了三峡文物保护规划的历程。

三峡文物保护是有史以来规模最大、影响最广、参与人员最多的抢救和保护工程。这一高水平文物保护工程得到世人赞誉，离不开钱伟长先生及众多文物保护专家学者不遗余力的坚守和努力。

文博精神 薪火相传

三峡文物保护是我国文化遗产保护的一个缩影。我国历史悠久，地大物博，历史文化遗存众多。文化遗产的保护离不开国家的重视，更离不开专业人才的守护。20 世纪七八十年代，我国高校逐渐开始设立考古文博学科，为文化遗产保护事业培养了大批专业人才。上海大学就是中国最早开设考古与文博专业的高校之一。上海大学考古文博专业隶属于文学院历史系，始建于 1978 年，前身为复旦大学分校，1979 年开始培养博物馆专业方向学生，1980 年正式招收首批考古与博物馆方向本科生，与南开大学、杭州大学（今浙江大学）一起成为首批开展文博教学的高校，是我国当代博物馆高等教育的开拓者之一。1994 年，历史系随文学院一起并入新的上海大学。

在几代人的努力下，今天的上海大学文博专业逐渐发展壮大。2018 年，上海大学设立了文物与博物馆专业硕士点，为考古文博专业进行高端人才培养。

近年来，在上海市教委重点学科和高原学科建设的大力支持下，在“世界考古·上海论坛”的平台基础之上，上海大学考古学学科在学科建设和人才培养上取得了显著成就。与国内外一流大学相比，上海大学在考古学理论、山地和海洋考古、科技考古和文物保护、博物馆学等方向形成了鲜明的学科优势和特色，在民族考古学、世界考古学等方向具有错位发展潜力。充分利用多学科、国际化、现代化的优势，重点发展具有理论、方法和实践前瞻性的分支和方向，形成了门类齐全、特色鲜明、重点突出的学科体系。坚持理论与实践、继承与创新并重，考古学方向与山东省文物考古研究院和湖南省文物考古研究所合作共建考古学研究和教学基地；博物馆学方向以上海大学博物馆为实践基地，以智慧博物馆研究中心和国际博物馆协会亚太研究中心为依托，开展多层次、多内容和多面向的教育，已经成为中国博物馆学最大的研究和教学中心。此外，上海大学还与中国国家博物馆、故宫博物院、陕西历史博物院、大英博物馆、史密森学会、皇家安大略博物馆、赛努奇美术馆等保持着密切的联系和合作。

现在，上大文博学科已是华东地区考古学教学和研究重镇，考古、文博人才培养的主要基地，是中国考古学面向社会、面向国际、面向未来的重要窗口，师资力量雄厚，梯队完整，研究成果丰硕。钱伟长先生的文物保护事迹影响着一代又一代的上大文博学人，文博学子也将以钱伟长先生为榜样，将青春书写在广阔的祖国大地上，让大千文物活起来，讲好文物故事，传播优秀的传统文化，为文博事业的发展贡献力量。

（撰稿：付丽　上海大学文学院历史文博方向提供部分资料）

七十余载体育缘　心系国是论体育

——钱伟长院士的体育教育理念

藏品名称：

钱伟长手写足球赛规程和题字

藏品类别：

纸质文献

所在场馆：

上海大学图书馆

藏品年代：

2002 年（钱伟长手写足球赛规程）、2007 年（钱伟长为新成立的上海大学体育学院题字）

藏品价值：

是钱老毕生热爱、推崇并积极地支持祖国体育教育事业的真实写照。

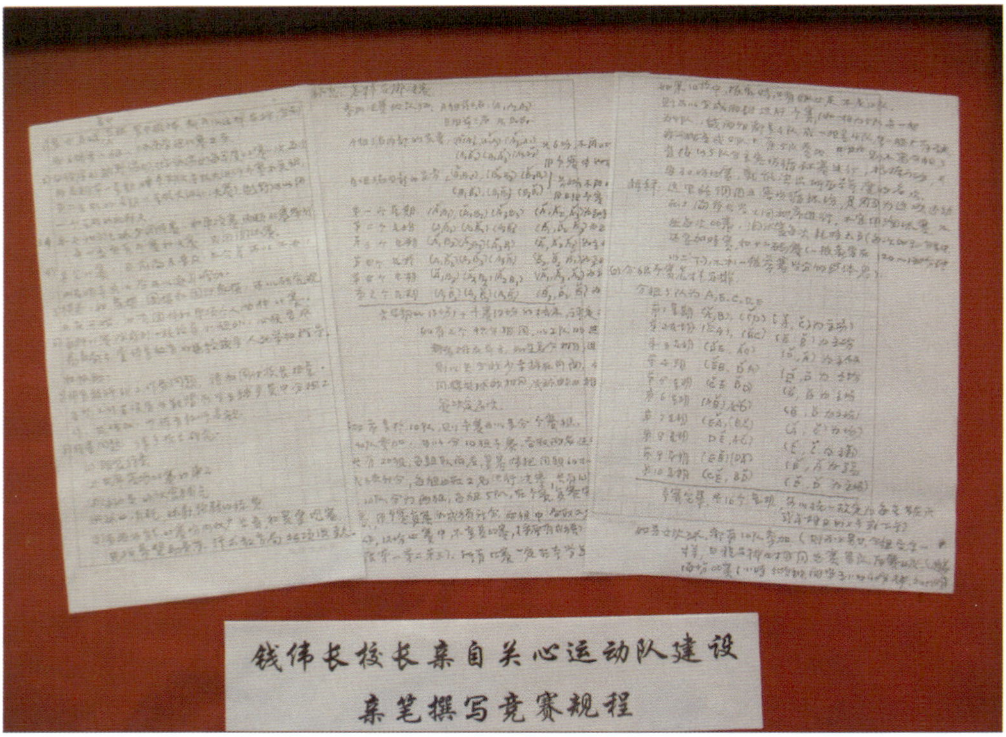

图 23-1

2002 年钱伟长亲自制定的足球赛规程

图 23-2

2007 年钱伟长为新成立的上海大学体育学院题字

上海大学的老校长钱伟长院士作为一位著名教育家，对于“体育在教育中的价值以及在高校教育中如何发挥体育这一重要载体作用”有着独到见解。他认为，高等学校的体育应以普通学生为本，它的最终目的是愉悦、释放、健康，应该让更多的青年学子参与体育锻炼并享受体育锻炼所带来的乐趣。他也一直积极推动我国体育教育事业的发展。可以说“七十余载体育缘，心系国是论体育”是钱老毕生热爱、推崇并积极地支持祖国体育教育事业的真实写照。

2002 年 5 月，上海大学宝山校区的体育设施建设基本结束。时任校长钱伟长院士策划了上海市高校足球比赛，并亲自撰写了竞赛规程。他还自掏腰包制作足球赛的奖杯。2003 年，他亲自为上海大学武术队题名。在他的倡导下，2007 年上海大学成立了体育学院，他亲自为体育学院题名。如今，这几份手写的足球赛规程和题名，成了上海大学珍贵的藏品。

那么，钱伟长老校长为何对体育情有独钟呢？钱老是如何与体育结缘的呢？这还得从他的经历说起。

身体不达标的清华学生钱伟长与体育结缘

1931 年 9 月 16 日，钱伟长考入清华大学。由于幼年时期生活在农村，父亲英年早逝，家境贫寒，缺医少药，他曾患过肠胃寄生虫病、伤寒等多种疾病，直接导致发育不良，体格瘦弱。当他进入清华大学时，身高只有 1.49 米。马约翰教授亲自为他进行体格检查，测量身高的标杆最低刻度在 1.50 米，他是全班最矮的一个，在刻度之外。旁边的青年教师说：“啊，来了一个清华历史上身高不达标的学生！”马教授却说：“没关系，可以锻炼嘛！”接着测量的几项，体重太轻、肺活量不足、篮球扔不进筐子，顺着跑道跑三圈，两圈下来已上气不接下气。在马教授的不断鼓励下，钱伟长总算跑完第三圈。马教授一把拉住他，温和地说：“不要紧，放松些。以后可要注意锻炼啊！”体能测试的结果让钱伟长急在心里，也让他记在心里。从这一天起，钱伟长便与体育结下了不解之缘，他也从“清华历史上身高不达标的学生”，成长为一名优秀的校运动队队员，曾入选田径队、越野队、足球队，并以13秒4的成绩在全国大学生100米栏的比赛中位列前三名。

钱伟长的体育情结与他的爱国情怀是紧密相连的。1931年9月18日，钱伟长进入清华大学的第三天，便发生了震惊中外的“九一八”事变。强烈的爱国热忱如火般熊熊燃烧，他虽然是以国文和历史双百分的成绩进入文学院，却毅然决心“弃文学理”。当他向物理系主任吴有训教授申请选读物理系时，吴教授劝他还是学文好，学文也可以救国，并关心地说：“你的身体单薄瘦弱，物理系的课程很重，每届都有一半同学因承受不了繁重的学习负担而被迫转系。”但钱伟长“科学救国”的决心已下，仍旧苦苦请求。一个星期后，吴教授终于做了有条件的让步：试读一年，如果数理化三门有一门不到70分，就转回文学院。此后，钱伟长夙兴夜寐、焚膏继晷，以至于患上了神经衰弱，原本瘦弱的身体变得更加虚弱了。为了完成繁重的学业，实现“科学救国”的理想，这时的钱伟长才真正认识到身体的重要性和体育锻炼的紧迫性。

钱伟长对体育的热爱还与其体育启蒙恩师马约翰的殷切教诲密不可分。起初，钱伟长选了体育的体弱班，马约翰却委托吴教授说服他“不必上体弱班，要重视锻炼，不要退缩，退缩救不了国。没有健康的体格，科学也是学不好的”。1932年10月，学校举行一年一度的越野赛，因临时缺人，钱伟长偶然被同学拉去凑数，这是他生平第一次在体育竞赛场上亮相。平时既无训练，也不知越野赛有多远，他像童年时在田埂上奔跑那样，撒开腿脚跟着一位物理系研究生跑起来，没想到此人是校越野队的队长谢志耕。钱伟长想起了马教授的叮咛：“跑完就是胜利！”遂强忍着百般困苦，硬是坚持了下来，跑到终点时，竟是第8名。后来，马约翰选取此次比赛的前10名组成清华越野代表队，钱伟长凭着这股犟劲儿得以入选。对钱伟长来说，这是他人生中的新篇章。

他是一位参与体育的终身受益者

在清华大学浓厚体育氛围的熏陶下，在著名体育家马约翰教授的谆谆教诲下，钱伟长积极投身体育锻炼，不断超越自我，实现了从“老夫子”到“斗牛士”乃至运动员的转变。毕业时，钱伟长身高居然达到了1.65米，摆脱了先天不足、后天失调的病弱体格。从此，他爱上了体育，并且兴趣广泛，养成了终身参与体育锻炼的习惯。可以说，体育使钱伟长摆脱了孱弱身体的束缚，炼就了健康的体魄；体育锤炼了他坚强的意志，锻造了他刚毅的人格；体育为他在后来的工作和事业上承受种种压力、克服重重困难、勇攀科学高峰、实现爱国理想，奠定了坚实的基础。

1. “斗牛”

“斗牛”是钱伟长最早接触的体育活动，也是清华大学每天下午4：30开始的课外活动。这是一种自由参加、不讲究规则的比赛。马约翰总是鼓励学生们积极参加“斗牛”，出一身大汗，洗个淋浴，身体就会健康，学习起来就更有精神。一年级时，“斗牛”场上总能见到钱伟长尽情奔跑争抢的身影。这为他后来进入越野队、田径队和足球队奠定了一定的身体基础。

2. 田径

田径带给钱伟长更多辉煌和成就感。他参加的田径项目主要有万米越野、跨栏和接力。二年级，钱伟长入选越野队后，开始了大运动量的训练，无论酷暑寒冬，每天清晨起来就是长跑。每天下午4点至6点的锻炼也是风雨无阻。

越野队的训练是很艰苦的。钱伟长每两天跑一次颐和园来回，约4000米；每两周跑一次西直门来回，约8000米；每月跑一次由天安门至清华园，约1.2万米。平日还有其他经常性的练习。

他们在北平市五大学运动会上连续5年夺得冠军。钱伟长和张光世、罗庆隆、孙以玮、刘庆林被称为“清华五虎将”。之后，钱伟长参加工作、出国留学，都一直将长跑作为自己的锻炼方式，几十年如一日。60岁时，在教研组万米长跑比赛中，钱伟长还跑在前面。

后来，钱伟长又练习了110米栏。他克服自己身材上的劣势，发挥步频快的优势，决定尝试把传统的三步跨栏改为四步，得到了马约翰的支持。1933年，全国大学生运动会田径比赛爆出冷门：清华大学的小个子钱伟长以13秒4的成绩获得了全国大学生100米跨栏的第三名！到四年级时，他已是全面掌握了跑、跳的运动员，400米中栏，能跑57～58秒，1万米能跑35～36分钟。

图 23-3
钱伟长（右二）入选马约翰教授组建的越野队

图 23-4
钱伟长参加校田径比赛

3. 足球

四年级毕业前，钱伟长对足球产生了浓厚兴趣。起因是本班足球队参赛缺人，临时“拉夫”，让他顶替了一场，从此引发了他的兴趣。在马教授的教导下，他苦练了一年多的基本功，到毕业后的整个暑假还在练“踢”，连留美考试都牺牲了。

读研究生时，因身体灵活、速度快、耐力强、脚法好，钱伟长已成为清华大学足球队的主力左前锋。

日常生活中，钱伟长最爱看的是新闻和体育节目，尤其喜欢观看女足比赛。20 世纪 80 年代，他还特意请秘书帮他买门票直接去现场看球。后来由于出行不便，就在住处观看电视转播。他不仅自己喜爱足球，还关心和支持高校足球的发展。2002 年，他亲自策划了上海市大学生足球邀请赛，制定比赛章程及规则，其中最主要的一条就是“凡持有运动员等级证书的大学生一律不准参赛”，并个人出资打造了奖杯，出席闭幕式。

2004 年，他得知上海女足在寻找主场，主动邀请他们到上海大学来，也欢迎上海球迷到上海大学比赛现场观看，并承诺不收门票。身为校长的他接受了《新民晚报》记者、原国家女子足球队队长孙雯的专访。当他得知客队女足的食宿标准不够时，当即表示“我来贴补”，并亲自到场为女足姑娘们加油助威。

4. 围棋

围棋是伴随钱伟长一生的一项运动。幼年时期，每逢假期，父叔四人回家后经常打擂台，他是热情最高的观战者，也管记账。后来，他在小学、中学、大学期间多次参

图 23–5
钱伟长在上海高校大学生足球联赛闭幕式暨颁奖仪式上讲话

图 23-6
钱伟长在下围棋

加学校围棋比赛，就靠这点底子，居然多次获得冠军。他在工作与生活中总能保持头脑清晰、思维敏捷，这与他一生喜爱围棋有着密切的联系。

5. 健步走

健步走是钱伟长在晚年坚持的一项健身运动。长跑已不适合 90 岁高龄的他，他每天坚持步行 3000 步。正因为与体育结缘，一生参与体育锻炼，他的身心才如此健康：从 1938 年在天津耀华中学当物理教师算起，健康工作了整整 73 年。

他是一位感悟体育真义的探索者

钱伟长结合亲身经历，将清华大学读书时积极参与体育的切身感受和积累的经验运用到办学实践中，形成了对体育教育的独到见解，并上升到理论高度，逐渐形成和发展了一套体育教育理论体系。钱伟长的体育教育理论体系是清华大学教育理念和马约翰体育思想相结合的产物，更是在此基础上的一种继承、创新和发展。

1. 体育的地位：素质教育之首

2002 年 5 月，钱伟长校长在参加江苏几所高校百年庆典期间，曾向记者谈及“体育在学生素质教育培养中的作用”这一话题，明确强调：“现在都提倡素质教育，我觉得素质教育首先要重视体育教育。首先，体育运动培养一种团队精神，比如球队，球队要的是团队精神，光靠个人奋斗是不行的，不光是球队，其他方面也是这样；其次是拼搏精神，做什么事情都要拼搏，不能想着慢慢地成功。这两个都是体育训练中最重要的东西。体育教育不光涉及一个技术问题，更涉及一个素质培养的问题。”他还说：“都说运动员头脑简单、四肢发达。我不这样看，要把一项事业做到一个高度，都是需要动脑筋的。体育比赛总是在不断地发现问题，然后思考解决的方案，才能进步。我们做学问也一样，触类旁通，举一反三。学生通过体育锻炼，不仅可以增强体质，也能发展健全的人格。”

2005 年 10 月，钱伟长亲临上海大学体育教学现场，开宗明义第一句就说：“体育运动是教育中最重要的一部分。”并且，他始终认为，教育要提升学生生存、发展与享受的能力，体育是其不可或缺的组成部分。他以一个教育家睿智的目光，看到了体育在教育中的特殊价值和魅力。

2. 体育的价值：促进人的全面发展

1997 年 8 月，钱伟长在全国政协体育专题研讨会闭幕式上作了名为《体育与全民素质的提高》的报告。他说：“学校体育很重要。清华大学一贯有重视体育的传统，我就是从那个时候开始体育锻炼的，并且从运动中得到了许多好处。好处之一是身体健康，另外运动也可以培养人，培养人的分析能力、决策能力。运动场上瞬息万变，要应付环境，就要有分析、决策的本事。我们培养学生，要各种能力都培养，这就是现在要求学校进行的素质教育。”

在钱伟长先生看来，学校体育教育是不能仅仅作为“体育问题”来抓的，很多培养是通过体育教育来做的，体育是培养社会栋梁的重要组成部分。他坚持认为，体育教育是全面培养人的一个重要载体，具有其他学科无法替代的作用，并进一步阐释：运动是培养人的体力、增强体魄、激发拼搏争先的斗志、形成合作的团队精神的最好形式。要通过学生自己组织的活动、学生社团的活动和体育活动来培养学生思考、发现、提出和解决问题的能力，以及自学、竞争、组织、合作、创新的综合能力。另外，他还提倡，将体育宣传和体育社团作为培养学生组织管理能力及集体责任感的一种积极途径。

3. 学校体育的重心：以全体学生为本，增强学生体魄

钱伟长先生一贯坚持：“学校体育的目的和任务，总的方向是锻炼体格，是为了学生的健康”，体育教学改革要围绕“健康第一”这一中心来进行。他认为，学校体育应以大多数普通学生为本，它的最终目的是愉悦、释放和健康。他始终强调，高校体育的重心就是要立足于全体学生，体育资源都应该服务于全体学生，大力开展“全体学生层面的体育活动”，应该是整个体育办学指导思想体系中的一个重要组成部分。钱伟长先生指出，大学不是要培养运动员的，运动员可以让体育学院去培养，组建体育代表队就是要培养大批身体素质好的人，让其鼓励和带动更多的学生参与到体育锻炼中来。他还曾讲过：“学校进行体育教育不是为了拿金牌，主要是培养具有团队精神和拼搏精神，拥有健康体魄，能够进行长期工作的人才。”这句话道出了钱伟长先生对于学校体育工作重心的深刻把握。

他是一位体育教育发展的推动者

在漫长的岁月里，无论是在清华大学担任教务长、副校长，还是担任上海大学校长，以及在担任全国政协副主席期间，钱伟长先生都不遗余力地对体育教育进行宣传和实践，他在延续着恩师马约翰对体育教育的热爱和追求。

1994年，新上海大学成立，开始建设新校区。钱伟长校长高瞻远瞩，果断地决定把新校区工程投资的六分之一用于体育设施建设。在他的努力及指导下，2003年，上海大学的体育资产已达2亿多元。2007年，上海大学成立体育学院。这些数据表明了钱伟长对上海大学体育事业的关心与支持，以及对体育教育在高校教育中的地位、价值的高度肯定。

2002年5月12日，90岁高龄的钱伟长校长亲自发函邀请上海市教委、市体育局及10余所高校分管体育的校长，包括上海大学党政领导班子及体育部负责人，一同

图23-7
钱伟长和出席全国政协会议的体育界代表在一起

召开了“体育教育与素质教育工作恳谈会”。钱伟长站着面对所有与会人员，开篇即言：“今天，我请大家来共商国是，如果高校还要培养国家栋梁之才的话，就必须重视体育。”

2003 年，教育部本科教育评估时，钱伟长校长亲自提出和制定了上海大学的体育教育指导思想与办学目标。他多次召集教育界、体育界的领导及专家，共商高校体育发展之大计；多次与上海大学党政领导班子及教师座谈，共谋上海大学体育教育发展之新路；多次接见青年体育教师、学生运动员代表，话语里流露出来的是他对青年人练好身体、为国家努力工作的殷切期望；多次为体育领域的科研基地、运动队及教材题字、题词，字里行间流露出他

图 23-8
钱伟长校长和徐匡迪常务副校长（左一）到学校体育部调研

对体育事业的殷切关怀。

钱伟长教育理念指导下的上大“公共体育专业化”教学改革实践

一、创新课程体系，构建实施“1＋2＋3”的体育模块化教学。上海大学探索建立了“1＋2＋3”的新课程体系，即1个学期的体育基础课、2个学期的专项基础课和3个学期的系统专项体育课，其宗旨是努力构建“健康锻炼成为终身习惯，体育专项成为生活方式”的终身体育行为观念。

二、融通教学模式：实施课内外、教学与群体、技能与健身一体化教学。老校长钱伟长曾说过：“学生的培养更重要在课外。”上海大学注重课外活动与课堂教学的有机结合，将课外体育活动纳入课程体系，将学生参加早操、课外活动的出勤率、体质健康测试等纳入体育课程评价体系。

三、整合教学资源：齐抓共管体育社团以提升体育教学成效。校团委与体育部门分工明确、团结协作、齐抓共管，积极开展各级各类内容丰富、形式多样的群体活动。由校团委组织领导，组建学生体育社团，在体育老师指导下开展单项群体活动与竞赛；体育老师进入社区学院担任体育导师，以大类、楼幢为单位，开展小型多样的社区体育文化竞赛活动；由体育学院总体协调，各学院和学生会体育部负责，以院系为单位每年开展全校性的系体育竞赛活动。

四、提升教师素质：体育教师从术科宽度到专项深度发展。体育学院坚持外引内培、重在培养的原则，实施分类管理，使教师各善其长，从单纯的技能教学型向专业化与多元化同构型发展。

五、优化教学评价：建立体质健康评价网络实验平台，监测学生锻炼过程。学校投入了近400万元的经费，建立了约500平方米的大学生体质监测实验室和大学生运动干预和咨询实验室，搭建了学生体质健康评价网络实验平台，为单纯的体质测试课赋予了新的内容。

六、完善教学服务：开发场馆功能，提升管理水平，确保体育教学改革实施。体育场馆中心的管理与服务工作，按照专业化体育教学需求及学生体育锻炼需要为目标，逐步向场馆设施、器材配置管理科学化、专业化、标准化方向转变。中心逐步改善行政、后勤人员结构，整体提升管理水平和服务质量；加强体育场馆信息化管理，提高科学管理水平；加强体育场馆设施的维护更新和安全管理工作。

“自强不息”“锻炼身体，争取为祖国健康工作50年”，这是钱伟长先生70余年来的体育情结，也是上海大学一直倡导和传承的体育精神。上海大学贯彻的“以人为本、全面发展、健康第一、终身受益”的体育教育理念，正是钱伟长教育思想在体育教育领域的具体体现。钱伟长教育思想在体育领域的贯彻与实践，对于当前我国高等教育领域的体育改革具有参考价值和指导意义，对全国学校的体育事业发展也将起到引领和示范作用。

（撰稿：杨小明、吴国琴）

钱伟长教育思想的生动体现：“泮池”和“鱼骨天线”

——钱伟长校长撰写的关于上海大学新校区建设的手稿

藏品名称：

钱伟长校长撰写的关于上海大学新校区建设的手稿

藏品类别：

纸质文献

所在场馆：

上海大学档案馆

藏品年代：

20 世纪 90 年代

藏品价值：

手稿中规划的上海大学的校园建筑是钱伟长教育思想的凝练和具象表现。

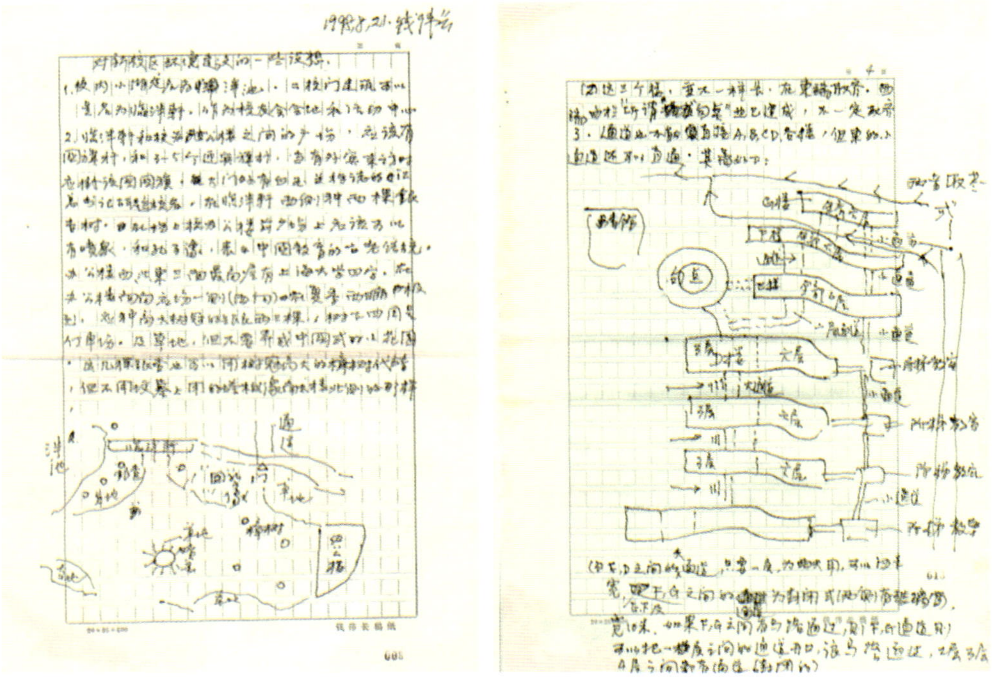

图 24-1

钱伟长校长撰写的关于上海大学新校区建设的手稿

在上海大学档案馆的馆藏中有一卷珍贵的案卷，案卷内保存着上海大学老校长钱伟长院士亲自为上海大学新校区（宝山校区）建设所拟写的文件，工整且有力的字迹记录着钱校长对学校建设的总体规划和缜密细致的具体要求。

钱伟长教育思想的生动体现

上海大学新校区建设规划之初，校园里填埋了原有土地上的自然河浜。钱校长说："一所大学没有水，就没有灵气。"因此，他要求在校园里挖出一个人工湖。在《对新校区环境建设的一些设想》手稿中，钱校长精心描绘了他心目中的校园环境，将这片人工湖定名为"泮池"，他还在泮池边上设计了一个名为"临泮轩"的建筑，建议作为校友会会址和活动中心。不仅如此，钱校长对环境细节的布置也有着具体的建议："在临泮轩西侧种两棵银杏树，在校办公楼前广场上应该可以有喷泉和孔子像，表示中国教育的古老传统。""在办公楼面向广场一侧（西向）在夏季西晒极烈，应种高大树冠的银杏两三棵。""临湖 5 米以内，每 10 米种一棵白玉兰；靠湖，每 5 米种一棵垂柳、一棵桃树；在院系建筑西侧，为了防西晒，种樟树和银杏，相间 10 米一棵（最后都可以长到 20～30 米高），树冠大。泮池边要不要加水泥岸墙和休息水泥长椅，请考虑。从南到北，中间有一各宽 10 米的沥青或水泥大道，靠湖边有 2～3 米的小路，到各学院西门要不要有台阶？（我看要，但不要太多，至多 3～4 级。）""各学院前设中西学者像，如文学院前为莎士比亚、屈原，法学院前为商鞅，理学院前为张衡和爱因斯坦，国商学院前为陶公和陈云，社会科学院前为马克思和邓小平等，但需讨论通过，并经黄菊批准。每尊雕像应有简单说明，用公历标明生卒年龄。每一学院西侧六层顶上有 A、B、C、D 字样，将来楼内房间编号，也以 A、B、C、D 字样，一层用 A1xx，Blxx，C1xx，Dlxx，二层用 A2xx，三层用 A3xx，B3xx……"在说明文字之下，钱校长还手绘了一幅示意图，详细标上了办公楼、临泮轩、泮池、喷水池、雕塑、草地、树木等的位置。

而《关于综合楼 E、F、G 的设计要求》的手稿更是对教学楼的建设提出了更为具体的要求。在这份手稿中，钱校长先是总结了先期建设的 A、B、C、D 楼存在的问题，尤其是大通道功能的不足。而对于 E、F、G 楼，钱校长则作了更为细致的考虑。“E、F、G 各楼二层有 200 人的大教室，每层 4 间，这样共有大教室 28 + 32 = 56 个，共容纳学生 11200 人，正好可以满足 1、2 级课程的大概需要，加上小、中教室和体育课程，大概能满足 14500 人的课堂要求了。但 E、F、G 各楼有实验的大量要求，如物理、力学和化学等都有大量的实验课，有些实验课如化学实验有排气排污问题，材料力学有万能机的重量和高度问题，要有地基和房间高度的要求，因此，E、F、G 的大教室不能都在一、二层楼。这里建议把材料力学实验放在 F 楼的一层，它的楼上可以是大教室的后面几排台阶座位，在这后排地可以挖深一米，如图示意，在这个坑内可以安放一排两架万能机，它们高度在 3 ~ 4 米之间，下有坑，上有抬高的顶，详细得问力学系，这台万能机怎样安装，建议在侧边开两个可以开放约 4 米高的门，这就解决了。”钱校长不仅对教室的容量做了精算、对教室的功能做了具体安排，甚至也考虑到了教师和工友个人的休息问题，并明确记录下来：“这里还可以加上教师休息室（单间），对面也可以作为工友休息室（有床）。”在这份手稿中，钱校长手绘了 4 幅示意图，如“鱼骨天线”般的院系综合楼给人留下了极为深刻的印象。

著名华人建筑大师贝聿铭曾说过：“建筑是有生命的，它虽然是凝固的，可在它上面蕴含着人文思想。”11 页手稿的字里行间，无不透露出钱伟长校长对学校的用心、对师生的用情和教育理念中的人文关怀。

上海大学的校园形态和建筑布局就是钱校长教育思想的充分体现。钱校长倡导培养“全面发展的人”，他曾说：“我们培养的学生首先应该是一个全面的人，是一个爱国者，一个辩证唯物主义者，一个有文化艺术修养、道德品质高尚、心灵美好的人；其次，才是一个拥有学科、专业知识的人，一个未来的工程师、专门家。”钱校长亲手绘制的校园草图寄托着他这样的希冀。他亲自规划的泮池起于校门口的美术学院之畔，一路绕至图书馆后侧，学生们在沿途的寝室楼里也能看到水。钱校长将小湖定名为“泮池”，取义于中国古代儒生求学的仪礼——中国古代儒生考中秀才被称为“入泮”，生员们需入学宫拜谒孔子，而学宫总有绿水相伴，古代的学宫因之又被叫做“泮宫”，泮宫之池即“泮池”，是古代的一种规格制度，在文庙里位于大成门的正前方。有了水，学校仿佛也更灵动起来，波光粼粼的泮

图 24-2
泮池映衬下的上海大学校园

池和伫立于校园内的孔子、屈原、牛顿等雕像，既表达着钱校长对中华民族教育传统延续的重视，也凝结着钱校长对现代教育的思考，传达着他对教育事业的热爱。这些景观一起流溢为上海大学的精气神。上海大学的校园之美不仅给师生们带来感官的愉悦、内心的宁静，更是润物细无声般地滋养着上大人的心灵。

逐步实现的学科蓝图

曾经有人赞叹上海大学的院系综合楼很漂亮。确实，该楼的主体教学楼被 4 条通道连通起来，整体的布局如同接收 UHF 波段电视信号的鱼骨天线一般，很是别致。钱校长这样解释如此布局的原因：“综合性大学必须做到文理相通、理工结合、文理工互相渗透，造通道把楼连起来，就是为了方便同一学院、不同学院的教师之间相互往来，方便学生在不同学院选课，方便教师与学生沟通，更加具体地体现办学理念。”钱伟长教育思想独特的理念被高度概括为“拆除四堵墙”：要拆除学校与社会之间的墙，强调学校的教学和科研必须结合社会需要，解决社会经济发展中存在的问题，为社会服务；要拆除教学与科研之间的墙，强调高校要成为“教学与科研两个中心”，要求学校每个教师既要从事教学，又必须从事科研，以科研带动教学，以教学促进科研；要拆除各学院与各专业之间的墙，强调学科交叉、文理渗透、理工结合、夯实基础、淡化专业，注重科学素质教育与人文素质教育的整合，注重基础研究和应用研究的结合，立足培养宽口径、厚基础的复合型人才；要拆除教与学之间的墙，提倡教学相长，教师应该循循善诱，学生则通过教师的引导，逐渐培养敢于探索、敢于战胜自我、具有创新精神和实践能力及自学能力，强调在教与学这对矛盾中，学是矛盾的主要

图 24-3
上海大学综合楼俯瞰图
（路鹏宇　摄）

方面。校园里的“鱼骨天线”就秉承着这种开放融合的办学理念。每个学院看似是独立的个体，却又被宽敞的通道连接起来成为一个整体。文学院的学生走着走着就能在理学院教室看到满黑板的公式，有时也会彼此讨论一下：“∫代表着什么？”理学院的学生偶尔会在通道中听到中文系的学生在谈论《长恨歌》。钱伟长的办学理念有效推进了学校与社会、教学与科研、院系与学科、教与学的融合，体现了现代科技、教育和文化艺术的发展趋势，顺应了时代的要求。2007年1月12日，上海大学召开的第一次党代会明确提出了“钱伟长教育思想”。钱伟长教育思想也是上海大学宝贵的精神财富。2017年7月27日，时任上海市委副书记尹弘在上海大学调研时，认为“钱伟长教育思想”是上海大学的三大优势之一（另外两大优势是“冠名‘上海’”和“20世纪20年代上海大学的‘红色基因’”）。

钱伟长校长潜心为上海大学新校区绘制蓝图的那一年，已经是一位85岁的老人了。“莫道桑榆晚，为霞尚满天”，耄耋之年的钱校长仍旧在为国家的教育事业和上海大学的建设发展奔忙着。在1994年5月27日新上海大学成立大会上，钱伟长校长对时任上海市市长黄菊说：“这是我的一个心愿，能够在上海办一所一流的大学。”同样是在成立大会上，钱校长也为学校今后的发展指明了方向。他说：“我们上海大学作为一所以‘上海’——这样一座世界东方大都市和中国最大的经济中心城市——命名的大学，应该在这场跨世纪的伟大变革中作出我们应有的贡献。这是我们全体师生员工的崇高责任，也是我们的无上光荣。当今世界的大城市中，以城市的名字命名的大学有不少，其中也不乏佼佼者。我们上海大学的奋斗目标就是：经过若干年的努力，达到这些优秀大学的水平，与他们并驾齐驱！”在钱伟长“拆除四堵墙”教育理念的指导下，学校甫一成立，就在学科设置上初显成效，这当中有一个典型的实例——1995年成立的上海大学影视艺术技术学院是国内高校中首个融合影视艺术与影视技术的学科，当时教育部公布的专业目录中还没有这样的专业。1994年4月，新上海大学还未正式挂牌成立时，钱校长到科专访问，参观了科专的电视与电声实验室，颇感兴趣，当时他就说：“我已与龚学平副市长谈过，建议成立一个声像技术与艺术相结合的学院，龚副市长表示赞成和支持。”钱校长正是通过发挥新上海大学多学科综合优势，创立新型学院，为上海培养艺术和技术相互结合的复合性人才。1995年，学校合并了原上海大学文学院汉语言学专业的影视编导及摄制专门化、播音编导专门化和科专的电视与电声专业，成立上海大学影视艺术技术学院。学院成立起名时，有人想当然地在“艺术”和“技术”之间加了个“与”，成了“影视艺术与技术学院”，理由是教育部公布的高等学校专业目录中没有“影视艺术技术”这个专业（教育部1998年颁布的《普通高等学校本科专业目录》将“影视艺术技术”列为“经教育部批准同意设置的目录外专业”），但龚副市长认为，这个学院既不是纯艺术的学院，也不是纯技术的学院，而是强调艺术与技术的融合，是没有缝隙的结合，是“艺术的技术”，有了一个“与”字，又会落入艺术和技术两分的窠臼，这也正是钱校长的心里话。学院成立后，钱校长特地邀请电影艺术家谢晋担任院长，请龚学平担任名誉院长。影视学院声誉渐隆，学院毕业生手握“艺术”和“技术”两种“武器”，当时在各大电视台颇为抢手。2015年成立的上海大学上海电影学院聘第五代导演陈凯歌为院长，在专业设置、课程安排等方面依旧秉持着学科交叉的传统。

新上海大学成立后，钱伟长教育思想渗透和辐射到了学校的方方面面：在理顺办学体制，建设新型、交叉学科的基础上，上海大学全面推行学分制、选课制和短学期制，为培养“全面发展的人”搭建了一个全新的平台；1997年12月31日，上海大学通过“211工程”建设项目可行性论证和立项审核，正式跻身“211高校”行列；1999年9月12日，上海大学新校区启用；2003年10月，上海大学接受教育部本科教学工作水平评估考核，并被评为优秀，也是首批接受普通高等学校本科教学工作水平评估考核的高校之一；2010年4月，上海大学获得“2009年度全国高校就业典型经验高校”称号；2016年7月，上海大学获得“2016年度全国创新创业典型经验高校”称号；2017年7月，上海大学获得首届“全国文明校园”称号；2018年，上海大学钱伟长学院获批成为教育部“三全育人”综合改革试点院（系）；2019年4月，上海大学获得首届“上海市文明校园”称号……这一件件、一桩桩都是钱伟长作为一名教育家，其教育思想在教育实践上的体现。钱伟长校长为上海大学绘就的蓝图正在一步步成为现实，上海大学广大师生正在一步一个脚印、一张蓝图绘到底地践行着钱伟长教育思想，努力实现钱伟长先生“办一所一流大学”的心愿。

（撰稿：洪佳惠）

和风送暖满庭芳

——上海中医药大学援医足迹见证海上中医发展

藏品名称：

上海中医药大学医疗援助照片

藏品类别：

影像材料

所在场馆：

上海中医药大学综合档案室

藏品年代：

20 世纪 50 年代

藏品价值：

是上海中医药大学建校以来师生参与医疗援助的历史珍贵档案。

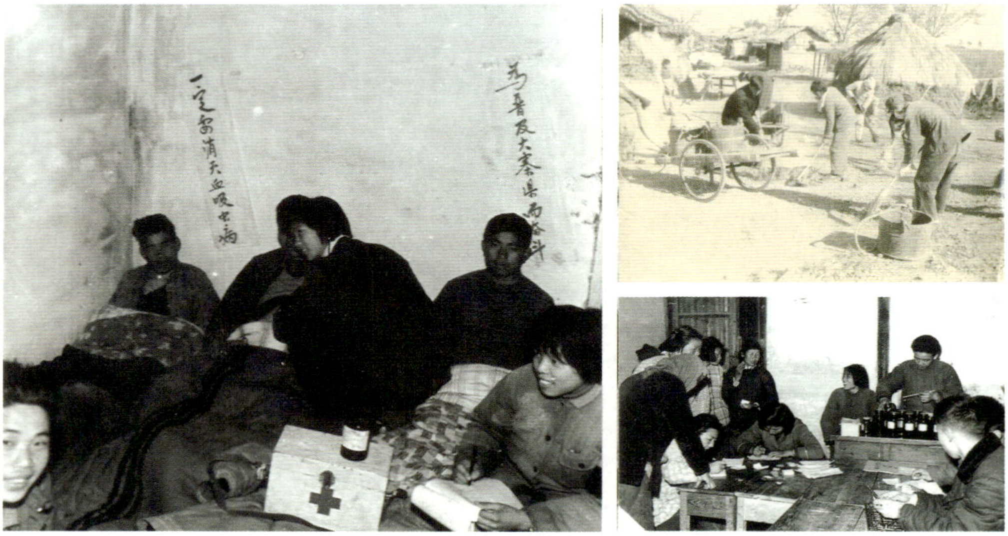

图 25-1

上海中医药大学医疗援助照片

新中国成立后，万象更新百业兴，毛主席作出指示：“中国医药学是一个伟大的宝库，应当努力发掘，加以提高。”为了有效解决迫在眉睫的人民健康问题，国务院正式批准北京、上海、广州和成都 4 个城市成立中医学院，上海中医学院（现上海中医药大学）应运而生。自诞生之日起，学校就担负着弘扬中医药文化、维护人民健康的重要使命，将发展之路铺向国家需要的地方。

坐落于上海中医药大学图书馆裙楼的综合档案室库藏学校历史档案 7 万余卷（册），见证了学校 1956 年建校以来的发展。在 2020 年全民抗击新冠肺炎之际，综合档案室从库藏中调出 198 张全校师生参与医疗援助、救护及支援农村、支援边疆、支援贫困地区的珍贵馆藏，连同抗击新冠肺炎疫情的素材一起，集成“和风送暖满庭芳——上海中医药大学医疗援助档案图片展”发布于网络。这些藏品不仅再现了数代上中医人接续为祖国卫生事业倾注心血的光辉岁月，也承载了上海中医药学科发展的历史印迹。

同心同向，用健康梦托举中国梦

20 世纪 50 年代以前，血吸虫病害流行地区遍及江苏、浙江、安徽、江西、湖南和上海等 12 个省市的 350 个县（市），患病人数有 1000 多万，受威胁的人口在 1 亿以上。党中央发出了“一定要消灭血吸虫病”的号召。彼时刚刚成立的上海中医学院汇集了一批著名的中医药专家，积极响应号召，以悬壶济世、拯救生灵为己任，参加到血防的工作中。1956 年，上海中医学院第一任院长程门雪被委任为中共中央血吸虫病防治领导小组中医中药组组长，中医儿科专家王玉润毅然跟随程门雪奔赴血吸虫病疫区，目睹了广大农民深受血吸虫病苦，腹大如鼓，丧失劳动力，乃至家破人亡后，转而投身中医防治血吸虫病研究。回顾历史，攻克血吸虫病肝纤维化医学难题的过程，也是上海中医肝病学科发展的过程。当时，肝纤维化被国际公认为“不可逆转”，出身中医世家的王玉润采用现代科学方法，沉浸临床与实验研究 20 余载，终于证实桃红饮、桃仁提取物用于治疗血吸虫病肝纤维化成效显著。在王玉润的带领下，中医药抗肝纤维化研究团队规模逐渐扩大，他 1978 年创立的上海中医学院晚期血吸虫病研究室，经过近 20 年的建设，于 1996 年由上海市卫生局批准建所，2001 年整体转制到曙光医院。他的第一位博士生、中国首批中医博士刘平从导师手中接过接力棒，担任肝病研究所首任所长。在刘平的领导下，肝病研究所将研究领域从血吸虫病肝纤维化扩展到肝炎后肝硬化；将抗肝纤维化有效药物从桃仁提取物和人工虫草菌丝发展到新一代复方及丹酚酸 B；将研究深度从临床和动物实验进展到体外细胞培养，并向基因水平发展。随着肝病研究所发展成为我国中医、中西医结合肝病研究的领头羊与人才培养高地，曙光医院中医肝病学科作为上海中医药大学中医学学科的重要分支，也成了国家中医药管理局重点学科（中医肝胆病学）、上海市重点优势学科。

一段援医经历，播种一个健康梦，数代上中医人扎根中医学的沃土，攻克疑难顽症，以不屈不挠的顽强精神浇灌梦想，以“功成必定有我”的担当精神托举起美好的生活。

矢志不渝，到祖国需要的地方去

20 世纪，上海中医药大学师生响应党和国家的号召，“到边疆去，到农村去，到祖国最需要的地方去”，学校的老领导、老教授、老校友等老一辈先行者下乡医病除害、支援农业生产、开展农村合作医疗，学校还通过在农村开设门诊部、举办运动会、派遣干部到农村去等形式，帮助发展农村的医疗事业。

自 1956 年 8 月 11 日起，上海中医学院先后组织多批下乡巡回医疗队，到上海县、奉贤县、南汇县等地农村公社进行巡回医疗，开展防病治病、医疗卫生培训等工作，为农民送医送药，缓解了农村缺医少药的问题。

1956 年党中央提出《1956 年到 1967 年全国农业发展纲要（草案）》，要求从 1956 年开始，分别在 5 年、7 年或者 12 年内，在一切可能的地方，基本上消灭危害人民最严重的疾病、消除“四害”。1958 年 11 月 5 日，上海中医学院党委成立除害灭病指挥部，举全校之力推进农村除害灭病工作。一、二、三年级学生和附属护士学校学生全部前往上海县塘湾公社参加除害灭病工作；第二届西医学习中医研究班及中医进修班下乡上课；第一届西医学习中医研究班完成实习任务，重点参加上海县庆丰公社第七大队的除害灭病工作。

尽管在各方努力下，农村医疗条件有了改善，但城乡之间的医疗卫生差距仍然突出。1965 年，为响应党中央的号召，上海中医学院组织巡回医疗队，深入农村为农民防病治病。程门雪带头参加农村巡回医疗队，在上海县梅陇和七一两个公社面向农村为广大农民群众开展医疗服务，不但帮助农民防病治病，还担负起了培养农村卫生人员的要务。

在农村，中医药作用得到充分发挥，应用于治疗哮喘、漏肩风、儿童遗尿症等显出良效，同时也涌现出一些亟待解决的难题，激励着上中医人开展更深入的研究。

下乡开展防病治病、送医送药工作是上中医人持之以恒开展医疗支援的开端。跟着前人的步伐，新一批上中医人怀揣着“勇于担当、不畏艰难、不辱使命”的信念，将援医足迹延伸向更远的地方。

1973 年至 1979 年，上海中医学院派出 3 批医疗人员参加上海赴西藏医疗队，每批为期 2 年。针灸推拿系原副主任郑风胡连续 3 次赴西藏高原巡回医疗、开展教学。他在当地举办推拿短训班 12 次，培养赤脚医生约 170 名，治疗藏汉族病人约 15000 人次，被当时报道他事迹的《西藏日报》誉为“西藏高原推拿播种机”。返沪后，郑风胡继续从事推拿临床医疗和教学工作，负责大学本科生推拿专业的临床教学。1985 年，他和丁季峰成为全国第一批推拿专业硕士生导师，并招收了第一批推拿硕士研究生。此后，从上海中医学院里相继走出了全国首位推拿专业硕士生、全国第一位推拿专业博士生、首位推拿专业博士后。作为最早开设推拿专业的学校，上海中医学院向全国各地输送了大量推拿专业人才，为各地医疗的可持续发展奠定了扎实的基础。

援疆、援藏、援滇、援黔……大爱无疆，术精岐黄。建校以来，学校广纳贤才、因材施教，以专业学科为支撑，服务祖国边疆医疗卫生事业发展，使中医药在祖国边陲焕发出新的光彩。

美美与共，为健康“丝路”贡献中医药力量

在国内广泛开展援助医疗的同时，上海中医药大学还通过国际医疗援助和合作，助力国家“一带一路”倡议，向世界传播中医药文化。让中医药走向世界，目的是让中医药优质的健康医疗服务惠及世界、造福人类。

1986年，由上海中医学院及其附属医院负责的中国援摩洛哥医疗队穆罕默迪亚分队成立，这支以中医针灸推拿学科为支撑、有鲜明中医特色的团队多年来深受摩洛哥当地人民的喜爱与推崇。几代援摩人始终牢记自己“中国医生”的身份，不分老幼贵贱，以仁心仁术解救摩洛哥病患的疾苦，从单纯输出医生到提高受援国医疗水准，他们通过写学术论文、开专业讲座、日常带教等，将中医医疗技术毫无保留地传授给当地医生，用实际行动灌溉出了两国人民的友谊之花。

除了援助医疗，上海中医药大学还大力推进国际合作教育、制定中医药标准，持续提升中医药学科国际影响力。学校开设的中医课程2019年起被批准列入马耳他大学健康学院理疗系本科教学大纲，中医药技术与现代理疗（TCM Techniques in Modern Physiotherapy）成为该校理疗系学生的必修课程，对推动中医药教学国际化具有里程碑式的意义。在国际标准制定方面，学校自2009年起承担国际标准组织/中医药技术委员会（ISO/TC 249）秘书处工作。截至2020年8月，ISO/TC249正式发布62个中医药国际标准、33项在研项目提案，其中上海中医药大学在中药材、中药检测方法、中医术语与医疗设备等领域主导发布中医药国际标准8项，在研的国际标准还有6项，为推动中医药事业高质量发展提供了动能。

时光荏苒，多年来，上海中医药大学积极响应党和国家的号召，援助贫困地区，支援祖国边疆地区的医疗事业发展，利用学科优势，帮助提高边疆地区的医疗技术服务水平，致力于为全国人民提供更好的医疗服务，多次派遣人员参与中国援外医疗队，在国际医疗援助和合作中作出了重要贡献。

如今，上海中医药大学入选教育部“一流学科建设高校”，中医学、中药学两个学

科人选教育部“双一流”建设名单。在第四轮全国学科评估中，中医学、中药学和中西医结合三大主干学科获评 A+。海上杏苑薪火相传的 60 多年里，从程门雪等学校的奠基人和开创者，到经历磨炼而能独当一面、悬壶济世的新时代中医青年，累积出一幅沧桑巨变的画卷，饱含着上中医人延续至今的那份为弘扬中医药事业筚路蓝缕、艰苦奋进的坚强之心。

（整理：唐菁）

岐轩宝藏　千古馨香

——上海中医药大学传承精华、守正创新

藏品名称：

黄帝象牙雕像、孙思邈鎏金铜像、御制针灸铜人、铜球熏、镂雕象牙葫芦香熏

藏品类别：

模型、熏香用品、雕像

所在场馆：

上海中医药大学上海中医药博物馆

藏品年代：

明（孙思邈鎏金铜像、铜球熏）、清（黄帝象牙雕像、御制针灸铜人、镂雕象牙葫芦香熏）

藏品价值：

黄帝象牙雕像：清代文物，黄帝是中医药发展史上传说中的标志性人物。孙思邈鎏金铜像：明代文物，“药王”孙思邈是中国第一位完整论述医德概念的古代名医。御制针灸铜人：清代文物，是镇馆之宝。铜球熏：明代文物，是中医“治未病”的实证。镂雕象牙葫芦香熏：清代文物，做工精美，是中医治未病和古代香文化的见证。

图 26-1
铜球熏

图 26-2
黄帝象牙雕像

图 26-3
御制针灸铜人

图 26-4
镂雕象牙葫芦香熏

图 26-5
孙思邈鎏金铜像

习近平总书记指出:“中医药学凝聚着深邃的哲学智慧和中华民族几千年的健康养生理念，是中国古代科学的瑰宝，也是打开中华文明宝库的钥匙，更是中华文化伟大复兴的先行者。”走进坐落在张江高科技园区的上海中医药大学上海中医药博物馆，便是走进了博大精深的中医药文化的缩影。

作为一所高校博物馆，上海中医药博物馆是中国高等中医药教育的一个重要组成部分，直接面向学校教育，为教学服务。我校本科生、研究生、西医院校学生以及外国留学生，都把参观医史博物馆列入《中国医学史》专业教学内容，使之成为医学史专业教育的第二课堂和教书育人的重要阵地。通过参观博物馆和主题介绍，学生们对所陈列的各个不同历史时期的医学文物能够有所了解，从而加深对中国医药学起源、形成、发展过程及其成就、特点的进一步认识。如砭石是中国最原始的医疗工具，博物馆展出的内蒙古呼和浩特大窖村出土的新石器时代的砭石，就能使学生对东汉许慎《说文解字》释“砭，以石刺病也”有更深的理解，进而加强对医史教材和课堂教学的消化。又如“治未病”是中医的特色之一，数千年来积累了丰富的经验。馆内收藏的各个历史阶段造型别致的预防器械——汉代的鎏金铜熏炉、晋代瓷唾盂、明代室内大型烟熏消毒器、清代灭蚊铜灯等实物，显然对加强学生预防学的教育十分有益。

上海中医药博物馆珍藏的医史藏品有 14000 多件，挖掘藏品的历史内涵和时代特征，多年来在医学史及科技史学科教学中发挥了重要作用。日前，我校已经成为科学技术史学科硕士学位授权点。回顾历史，博物馆创始人王吉民先生，早在 20 世纪 60 年代就曾当选为国际科技史研究院通讯院士。可见，这既是我校多年学科建设的成果，也是历史的积淀。

三皇时代，医药萌芽

寻本溯源，中医药的创始者是传说中的“三皇”，即伏羲、神农、黄帝。馆藏的清代伏羲、神农、黄帝牙雕像均高 19 厘米，底径 7.5 厘米，三座雕像的造型生动再现了他们在神话传说中的形象：头部两侧有突出的龙角，双耳垂肩，剑眉凤目，眉头紧锁，威严庄重，似有万千思绪凝聚在眉目之间，是为民所思，为民所忧。三座雕像的胡须造型各具特色：伏羲是落腮胡，下部整体呈“V”形，浓密刚直，粗犷豪放；神农是长髯，胡须飘逸，直达脐部；黄帝的胡须是打开的扇形，曲线优美，特别是唇部上方，两侧胡须各呈弧状弯曲，造型奇特，尽显王者之象。伏羲左手托一个八卦圆盘，右手轻放于八卦圆盘之上；神农左手放左膝，右手拿一束草药，似在思辨药性；黄帝右手握一锄头，左手掌心向外，指尖向上。他们手中分别拿八卦、草药、锄头的原因，与他们在中华文明进程中所作的独特贡献有关。

黄帝为中国开化时代最初之君主，姬姓，生于轩辕之丘（今河南新郑县西北），称轩辕氏，立国有熊（今河南新郑县），亦称有熊氏。《史记》称其“以土德王，故号黄帝”。传说黄帝时代有很多创造发明，其中最重要的是黄帝岐伯制医经。《黄帝内经·序》：“岐伯为黄帝之臣，帝师之问医，著为《素问》《灵枢》，总为《内经》十八卷。”《黄帝内经》一书，即黄帝与岐伯、雷公等讨论医学的著作，它的问世是中医学基本理论体系初步确立，并发展到一个新阶段的标志。书名托名黄帝，寓有渊源崇本的意思。《黄帝内经》是对自伏羲、神农、黄帝时代以来至秦汉时期中医药理论的全面总结，是我国现存最早、比较全面系统阐述中医学理论体系的古典医学巨著，黄帝也因此成为中医药发展史上传说中的一个标志性人物。

古代科技
闪耀星河

明代制作的孙思邈鎏金坐像高 17 厘米，宽 9.6 厘米。孙思邈是隋唐时期重要的医药学家，著有《千金要方》和《千金翼方》，在中国医药史上具有承上启下的作用，被后世尊为“药王”。孙思邈在中国乃至世界医药史上创造了众多第一的纪录。他是中国第一位完整论述医德概念的医家，在《千金要方》的《大医精诚》篇中详细阐述了为医之道，特别指出必须诚心救人，《大医精诚》篇被称作“东方的希波克拉底誓言”，成为后世医家行医的规范准则。孙思邈还是首位倡导建立妇科、儿科的医家，首位提出“阿是穴”概念的医家，首位提出“防重于治”医疗思想的医学家。《千金要方》的众多思想理论在食疗、养生、养老等方面都作出了巨大的贡献。

针灸铜人是用青铜等浇铸而成的人体经络腧穴模型，始现于北宋天圣年间，明清及现代均有制作，已经成为中医针灸学的象征。中国医学史上，第一座针灸铜人是由北宋王惟一主持设计制造的，被称为“天圣铜人”。天圣四年（1026年），宋仁宗诏命医官王惟一编著的《新铸铜人腧穴针灸图经》刊行，这是一部由政府组织编写的针灸学专著。王惟一在著书过程中，同时主持设计制作了两座针灸铜人。天圣五年（1027年），针灸铜人铸成。这两座针灸铜人是“作为中国第一个针灸经穴国家标准的重要载体出现的”，一座置于汴梁相国寺仁济殿内，一座置于汴梁医官院。明代针灸铜人是明英宗诏命仿北宋天圣铜人重新铸造的，于正统八年（1443年）制成，被称为“正统铜人”，藏于明太医院。清沿用明制，针灸铜人仍收藏在太医院。清光绪二十六年八国联军侵入北平，被俄军掳掠到俄国。关于这段历史，清末光绪年间太医任锡庚所写的《太医院志》有记载：“太医院署药王庙前立有范铜之铜人，周身之穴毕具，注以楷字，分寸不少移，较之印于书绘于图者，至祥且尽，为针灸之模范，医学之仪型也。铸于明正统年，光绪二十六年联军入北京，为俄军所有。”

清朝乾隆年间清政府敕命太医院院判吴谦等编纂了一部大型综合性医学丛书——《医宗金鉴》，刊行于乾隆七年（1742年）。书成后，乾隆皇帝命工匠铸造一批针灸铜人，以嘉奖所有参加编纂这部书的人员，流传至今，仅存一座。现珍藏在上海中医药博物馆二楼，是上海中医药博物馆的镇馆之宝。

关于铜人的收藏过程，丁济民在《铜人始末》开篇写道：“我在去年，有一次遇到王吉民先生，便谈起中国医史文物上的问题。王先生便说起数年之前，北平某古董铺有一铜人，据谓是某旗人世宗之物，可惜当时没有钱把它买下来，置之医史博物馆中，终觉是件恨事。”丁济民当即表示，只要该古董铺没有把铜人卖掉，他可以筹措钱款买来。王吉民先生“便写信托北平的李友松医师去访购，幸而原物犹存，但因物主离开，和售价高涨的关系，几经周折，才把它买下来”。“可是在此战乱时期，交通意外的困难，这一躯并不高大的铜人……觉得比搬一座山还难。”后来托王吉民的朋友王顺和先生带回上海，当时正值战乱，从北平回上海途中，一路过关越卡，多遇险情，意外的费用，几乎要超过铜人的原价，这些费用都由丁济民先生担负。对于针灸铜人的曲折经历和最终回归中华医学会医史博物馆，他感慨道：“始于医官院，终于博物馆。”足见他对中医事业的挚爱。

1945年针灸铜人运抵上海后，装在一个锦箱中，并附有《御制针灸像重修记》一册，蝴蝶装，是光绪癸卯年福海的九世孙振声所写的，封面题“光绪三十二年仲冬月”。从振声的《御制针灸像重修记》可以看出，这一具针灸铜人收藏流传有序，由福海收领后，在他家族中传了九代，在振声手中流落到古董铺。

由《重修记》知道，装针灸铜人的锦盒外壁因年代久远，已经潮湿霉变，被虫蛀蚀，绫绢已经朽烂，因此福氏九世孙振声重新装裱的是锦盒外部，按照原来的样式装潢修缮，仍用黄色绫罗装裱，并希望能够完好保存，流传后世。重新装裱的年代是光绪三十二年仲冬月，仲冬月是农历十一月，公元1906年12月。现在展出的装针灸铜人的锦盒内壁，是乾隆九年的原装裱，因而保留了原来的文字。锦盒左右两侧门叶上书有文字，详细记载了编纂这部医书的经过和奖励有功人员的方法，两边均钤有乾隆皇帝朱红色玉玺。后壁上有参加编书的诸臣职务和姓名，这座针灸铜人是“太医院院使加光禄寺卿衔臣钱斗保”颁发的，“右领官监生捐职州同加一级臣福海”收领的，斗保和福海都有签名。收领人福海当时任誊录管，是监生捐职州，除官加一级外，“特赏御制铜人像一个，医书金鉴书一部”。福海收领后的第二天曾到朝廷谢恩。

针灸铜人置于一个长方形锦盒内，暗铜色，实心，身高46厘米，宽22.8厘米，厚16厘米，是一老妪形象，双耳硕大，耳垂饱满，面目慈善，笑容可掬，额上有三道深深的皱纹，嘴角上扬，鼻子高耸，双目笑成弯月状。老妪右手臂手心向前，左手臂手心向背，双乳及肚脐内陷，腹部隆起，四肢瘦削，表现出了老年妇女四肢干瘦、腹部偏大的生理特征，也有人说是孕妇形象。女性形象的针灸铜人在历史上非常罕见，特别是作为奖品颁发给有功之臣的，仅此一例，这也是封建文化中的特例，值得研究。针灸铜人的体表有经络与穴位，全身有穴位580个。

明代铜球熏，直径12.8厘米。熏香炉是室内烟熏消毒器，炉内放置檀香等香药，通过烟熏使室内空气清新并消毒，同时可驱蚊杀虫。此铜球熏铜质优良、造型美观，是吉祥雅品，多用于熏被褥等。铜质镂空透雕，内部香灶以万向环结构保持平衡，使香灶内燃烧的香药不会翻洒出灶外，工艺精湛，设计巧妙。中国的香熏习俗始于夏商，兴于汉魏，盛于唐宋，绵延明清。香草、香料可以逐秽，可以祛邪，可以悦鼻，可以怡情。先秦时期，香熏多燃兰、蕙、萧、芷等香草，故鼎、鬲、豆形等熏炉较多。这些熏炉多浅腹、敞口，更利于香草的直接充分燃烧。随着丝绸之路的兴起，外来香药源源不断地被运来中土。沉香、苏合等外来香料多为脂类，不能直接点燃，需要下置木炭以熏燃，故汉晋博山炉腹深而圆，便于炉腹木炭阴燃。后世陆续出现各类香熏器皿，如熏笼、熏筒等，香熏的用途也越来越宽，熏衣让香随人移，馥随影附；熏被让暖散衾间，香移梦中。熏衣、熏衾之习雅了文人，香了文化。

清镂雕牙葫芦高 12 厘米，刻工精细，令人叹为观止。镂空雕刻是工艺美术中常用的技法，镂空的网格最细处不足 1 毫米，葫芦中部雕有富贵牡丹，花朵硕大，叶片肥满，雍容典雅的牡丹与湿润淡雅的象牙自然融合，华丽而优雅，自然牙白色的雕葫芦嵌以红绿二色，进一步增强了它的装饰效果，使之更加亮丽多姿、高雅迷人。红木底座，制作精美。熏瓶内可以放置香料，香气自然挥发，既可以杀菌消毒、清洁空气，又可怡人性情。在若有若无的暗香浮动中端详这稀世佳品，似有飘逸入仙之感。葫芦是中医的象征，中医应诊也叫“悬壶”，所谓“悬壶济世”，是指医生施展仁术，济世救民。葫芦与“福禄”的发音相谐，口彩好，千百年来深受医家病家的喜爱，作为中医药的象征，一直被沿用至今。

上海中医药博物馆前身是创建于 1938 年的中华医学会医史博物馆，是中国第一家医史博物馆，历史悠久，馆藏丰富。作为上海中医药大学的“文化名片”，馆内陈列的每一件文物，似乎都在将中医药传承精华、守正创新的前世今生娓娓道来。

（撰稿：王丽丽）

千年敦煌　熠熠生辉

——上海师范大学讲好中国特色社会主义文化故事

藏品名称：

《摩诃般若波罗蜜经》卷第七

藏品类别：

纸质文献

所在场馆：

上海师范大学博物馆

藏品年代：

6世纪

藏品价值：

是丝绸之路文明交流互鉴的典范，民族、文化融合贯通的见证。

图 27-1
《摩诃般若波罗蜜经》卷第七

2019 年 8 月 19 日，习近平总书记在敦煌研究院座谈时指出，敦煌文化延续近 2000 年，是世界现存规模最大、延续时间最长、内容最丰富、保存最完整的艺术宝库，是研究我国古代各民族政治、经济、军事、文化和艺术的珍贵史料。敦煌是丝绸之路古道上最大的交通枢纽。宋代新开海外贸易之前，敦煌是中原联结西域、中亚以及欧洲的要地，史称“华戎所交一都会”。自汉代中西道路畅通以来，中原文化不断传播到敦煌，在这里深深扎根。地接西域的敦煌，较早接受了沿丝绸之路东传的印度文化、西亚文化和中亚文化。中西文化都在这里汇聚、碰撞、交融。

今天，在上海师范大学博物馆内，展陈的《摩诃般若波罗蜜经》卷第七，就是敦煌遗书中的珍贵史料。上海师范大学与敦煌研究的渊源，可以追溯到建校之初。从 1954 年上海师范专科学校到今天敦煌学研究的学术研究高地，上海师大几代学者坚持深入挖掘敦煌文化和历史

图 27-2
2014 年，方广锠教授在上海师范大学博物馆进行资料搜集和经卷审阅鉴定

遗存背后所蕴含的哲学思想、人文精神、价值理念、道德规范等，不断推动着中华优秀传统文化的创造性转化、创新性发展。

洞破天惊，敦煌文物的发现与保护

敦煌文化展示了中华民族的文化自信。清光绪二十六年（1900 年），位于中国河西走廊最西端的敦煌莫高窟从沉睡中被唤醒。一位名叫王圆箓的道士为修建道观，利用宗教活动和化缘得到的报酬，在莫高窟附近进行扩大水源、窟前绿化、流沙治理等一系列改造活动。6 月 22 日这天，一名杨姓的雇工在一个石窟墙壁的缝隙中发现了一个新的洞窟。洞窟中满满堆放的，并不是传统意义上的宝物，而是藏匿了近千年之久的敦煌经书。于是，他徒步行走 25 千米赶到县城将其发现报告给当时的敦煌县令严泽，并奉送两卷取自藏经洞中的经书。不幸的是，在清政府腐败无能、西方列强侵略中国的特定历史背景下，敦煌藏经洞的发现未被重视。在发现后不久，英人斯坦因、法人伯希和等西方探险家接踵而至，以不公平的手段从王道士手中骗取了大量藏经洞文物，造成了中国文物的空前流失。

其中，1907 年英国人斯坦因和他的中国师爷蒋孝琬对莫高窟藏经洞文物的劫掠最严重。斯坦因早在第一次西域之行结束后，就从他的朋友，匈牙利地质调查所所长洛克齐那里知道了敦煌千佛洞。在洛克齐的描述中，敦煌保存着千百年来美丽惊人的壁画、塑像，在美术和考古上都具有极高的价值。这些都深深地吸引着斯坦因。5 月，当他重回敦煌时，见到了因出门化缘而三月未归的王圆箓。斯坦因仅用 40 锭马蹄银就从王圆箓手上换走了近万余卷洞中经卷，装满了 24 口箱子，另有 5 口箱子装满了画绣品及其他遗物。1908 年，斯坦因返回英国。他从敦煌所得文物藏存入大不列颠博物馆等地，吸引了当时英国大批学者的关注。1914 年，这批来自敦煌的文物经由小翟理斯博士整理编目，共有完整的汉文文献约 3000 卷、残篇和其他非佛教文献约 6000 卷，其中包括中国目前可知最早的、印制于唐咸通九年（868 年）的雕版印刷书籍《金刚经》。因为这批来自东方的“发现”，斯坦因获得了诸多荣誉，同时也因为斯坦因，敦煌及敦煌遗书进入世界的视野。但这一切仍然没有让清廷警醒，晚清时局的变化、政府的羸弱、官员的不作为，导致这批珍贵遗存继续被遗忘。

1908 年，法国人汉学家伯希和同样利用金钱和王圆箓完成了交易，经过三周多的挑选，近 6000 件敦煌文物被伯希和经由河内装船，运往法国巴黎。此后，日本大谷探险队、俄国奥登堡探险队、美国的华尔纳等纷至沓来，斯坦因亦再次到来，藏经洞遗书文物进一步流散。

当时的中国学者罗振玉、王仁俊等人得知敦煌经卷大量遗失的消息后，痛心疾首，强烈呼吁。清宣统元年（1909 年）8 月 22 日，清政府学部不得不致电陕甘总督："行陕甘总督，请饬查检齐千佛洞书籍，解部。并造像古碑，勿令外人购买。"并要求派人将千佛洞剩余敦煌遗书全部押运至北京京师图书馆（今中国国家图书馆）保存，至此敦煌千佛洞经卷才结束了不断流失的命运。

据统计，敦煌莫高窟藏经洞出土的总数 60000 多卷的敦煌遗书，分藏于英、法、俄、日等国家的众多公私收藏机构。其中收藏敦煌遗书数量众多的有中国国家图书馆、英国国家图书馆、法国巴黎国立图书馆、俄罗斯联邦学院东方学研究所圣彼得堡分所。

历史、现实、未来是相通的。1954 年 8 月，上海师范专科学校（今上海师范大学）建校之初，成立历史系。1978 年，古籍整理专业成为学校首批招收硕士研究生的专业。1981 年，上海师范学院（今上海师范大学）成为国务院学位委员会批准通过的首批硕士学位授予单位之一。1984 年，中国古典文献学与中国历史文献学被确定为上海"七五"期间市级首批重点学科，成为全国培养古籍整理与研究人才的 4 个基地之一。1983 年，中国敦煌吐鲁番学会成立，中国的敦煌学研究开始得以有序布局和深入展开。至此，上海师范大学敦煌学研究开始了以古籍整理等重点项目为牵引的敦煌文化挖掘、保护、研究和传承工作的探索过程。

孜孜不倦，敦煌研究的创新与发展

2002 年，上海师范大学博物馆建成开放。新建成的博物馆将原历史系所藏的相关文物进行统一管理，其中

《摩诃般若波罗蜜经》卷第七（作于 6 世纪）系 20 世纪 50 年代原历史系主任程应镠先生努力，经由沈从文先生帮助获藏。该卷经书纸高约 26 厘米，总长约 747.8 厘米，共 23 纸，计 476 行，为卷轴装。曾为晚清民国著名收藏家冯公度所藏，首尾钤有“冯恕之印”“公度所藏隋唐墨宝”各一方。2005 年，上海师范大学域外汉文古文献研究中心与中国敦煌吐鲁番学会、敦煌学国际联络委员会共同主办了“敦煌学知识库国际学术研讨会”，汇聚了日本、美国、德国、中国大陆与中国台湾知名的敦煌学专家和从事敦煌学知识库工作的电脑技术专家。2009 年，上海师范大学获国务院、文化部授予“全国古籍重点保护单位”。而此时，《摩诃般若波罗蜜经》卷第七自入藏以来，一直以“隋唐墨宝”名称登记入账，对经书的详细信息留存较少。直至 2014 年 4 月，经方广锠教授鉴定，该卷经书大约为公元 6 世纪南北朝时期所写，距今已有 1400 余年历史，成为已知的近 70000 卷敦煌遗书之一，重新进入世人的视野。

敦煌遗书发现之初，对它的研究就已开始。1925 年，王国维先生在清华大学作题为《最近二三十年中国新发见之学问》讲演，称“自汉以来，中国学问上之最大发见者有三：一为孔子壁中书；二为汲冢书；三则今之殷墟甲骨文字，敦煌塞上及西域各处之汉晋木简，敦煌千佛洞之六朝及唐人写本书卷，内阁大库之元明以来书籍档册。此四者之一已足当孔壁、汲冢所出”。该讲演首次提出殷墟甲骨、西域木简、敦煌遗书、大内档案乃近代中国四大学术发现。他将近代的这四大发现与古代的孔壁、汲冢相比拟，称之为“中国学问上之最大发见”。

敦煌遗书用汉文、藏文、回鹘文、粟特文、梵文、于阗文等各种文字记录历史与文明，其内容包罗万象，除宗教典籍外，还包括世俗典籍和各类官私文书，涉及古代政治、经济、军事、地理、社会、民族、语言、文学、美术、音乐、舞蹈、天文、历法、数学、医学、体育等诸多方面，被誉为“中古时代的百科全书”“古代学术的海洋”。这些没有经过人为梳理和加工过的原始资料，真实反映了中国古代人们生活的原始面貌，诠释出当地百姓和东来西往的商贾、僧侣、戍边屯田的军人、使节及达官贵人的日常生活和精神世界，它是中国悠久历史和灿烂文化的真实见证。

陈寅恪把敦煌学内涵从中国扩展到世界，提出“敦煌学，今日世界学术之新潮流也”。2000 年，季羡林先生在纪念藏经洞发现 100 周年时称：“敦煌学还要再搞 100 年。”季羡林先生指出，敦煌文化的灿烂，正是世界各族文化精粹的融合，也是中华文明几千年源远流长不断融会贯通的典范。

心无旁骛，为振兴中华铺路

敦煌属于中国，敦煌学属于世界，而今敦煌学已然是一门国际性显学。世界各国研究者因敦煌和敦煌遗书展开了卓有成效的努力，让这门古老而又新兴的学术研究享誉世界。他们从中认识中国，读懂中国，展望世界。其中，上海师范大学方广锠教授及其带领的敦煌学研究团队，在开拓敦煌学研究新领域、新方法上作出了积极的探索和努力，取得了一系列令人瞩目的成绩。

方广锠出生在上海，后随母支内去新疆。“文革”时期，方广锠当上了农民，后来调入当地的一所师范学校任教。1978 年，没有上过一天大学的他，直接考取了中国社科院研究生院南亚系硕士生。1984 年，他想继续深造攻读博士研究生，便找到了时任国家第一个宗教研究机构——中国科学院世界宗教研究所——所长的任继愈先生。任先生致力于用唯物史观研究中国佛教史和中国哲学史，敏锐地意识到敦煌学将是“世界学术之新潮流”。敦煌遗书 95% 以上是佛教文献或与佛教有关的文献，为此，任先生指定方广锠把佛教文献学作为专业方向。方广锠教授以为，这段求学经历奠定了自己的学术基础，使其走上了以敦煌学为基础的中国佛教文献研究的艰辛之路。而这一敦煌学研究的冷板凳，他一坐就是 30 余年。

这 30 余年里，方广锠教授心无旁骛，埋头学术，始终如一地沉浸在敦煌研究的浩瀚史料中。他一片一片地搜集，一号一号地展阅，日复一日地调查、鉴别、考订、编目、录文、校勘敦煌遗书。他亲自查阅了分藏于英国、法国、俄罗斯、日本、美国等国家，以及我国台湾、香港等十余个省市的公私收藏机构的近 5.7 万卷原件。学术界认为，方广锠教授是目前世界上查阅敦煌遗书原件最多的人。在搜集和整理工作期间，方广锠教授凭着“为振兴中华文化铺路”的信念，克服了种种困难和挑战。

2004年，上海师范大学通过专门量身定制“硬调动，软使用”方案，从中国社科院宗教所引进方广锠教授。在学校科研经费与科研时间的保证下，方广锠教授进一步利用敦煌遗书相关资料，开始推动敦煌学资料的整理、编目，推动敦煌学进一步发扬光大。2012年，由上海师范大学与英国国家图书馆共同编纂，方广锠、吴芳思（Frances Wood）主编，列入“十二五”图书出版项目及国家重点古籍整理出版规划项目的《英国国家图书馆藏敦煌遗书》陆续出版。这将是世界敦煌文献四大收藏地中，继俄藏、法藏和中国国家图书馆藏敦煌文献资料出版之后，英藏敦煌文献较完整的出版。他说：“我的生命只有一次，决不能让它（指敦煌遗书）白白地浪费掉。我想我们都应该以这样积极的态度，去对待生活以及生活中的一切。”

针对敦煌遗书分散，敦煌学研究成果中破碎、孤立、不连贯、不完整的信息给世界敦煌学研究带来的瓶颈问题，方广锠教授创造性地提出，采用现代数据库技术为古老的敦煌学研究注入新的活力。2012年，方广锠教授任首席专家，获批国家社科基金重大项目“敦煌遗书数据库建设”（批准号：12&ZD141），并于2014年顺利结项。结项时，数据库存入中国国家图书馆藏敦煌遗书全部数据与英国国家图书馆藏敦煌遗书的部分数据。该数据库将从文物、文献、文字三个层面全面记录与保存敦煌遗书的详尽档案，包括敦煌遗书总库（内含敦煌遗书目录库、敦煌遗书图版库、敦煌研究资料库、敦煌知识库、古籍库、参考工具书库、敦煌学史板块）、敦煌遗书文本加工平台、敦煌遗书字库、敦煌遗书校勘、敦煌遗书缀残，以及敦煌寺院、敦煌人物、敦煌地区乃至写本学、书籍史等，为进一步文献整理提供了检索、统计、比较的基础，从而实现与敦煌遗书研究资料对接，最终使敦煌遗书研究导向深入发展。目前，数据库已对部分研究者授权开放。

进入新世纪以来，以上海师范大学方广锠教授为代表的敦煌学专家传承着中国几代学者的夙愿与孜孜不倦的追求，以“敦煌学是一门学问”（周一良先生语）的定位，不断利用敦煌遗书和敦煌壁画等考古资料开拓相关专业研究，奠定了上海师范大学敦煌学研究在国内外学术界的地位。

（撰稿：上海师范大学）

经邦济世　辅弼兴国

——上海对外经贸大学坚持学科建设服务经贸强国战略

藏品名称：

《关贸动态与研究》第 1 期、《关税与贸易总协定总论》、《世界贸易组织总论》、《世界贸易组织上海研究中心专家关于我国加入 WTO 问题的若干意见和建议》

藏品类别：

纸质文献

所在场馆：

上海对外经贸大学校史馆

藏品年代：

20 世纪 90 年代

藏品价值：

中国加入 WTO 是中国改革开放进程中最重要的事件之一，以上展品是一代代学人投身关贸总协定和世界贸易组织研究的生动写照，记录了学校在“复关”“入世”研究领域的成果，反映了国家加入 WTO 的曲折历程。

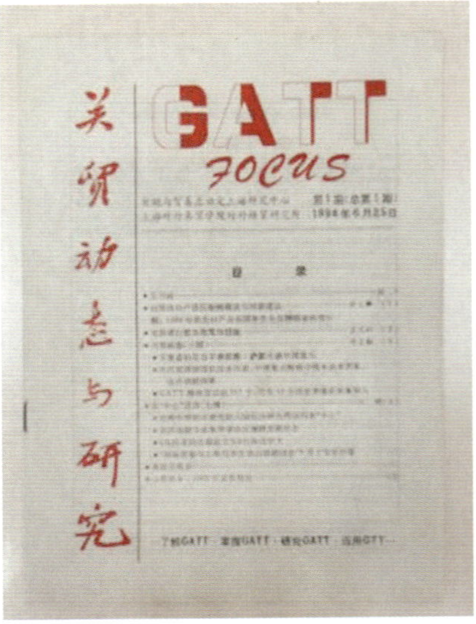

图 28-1
《关贸动态与研究》第 1 期

图 28-2
《关税与贸易总协定总论》

图 28-3
《世界贸易组织总论》

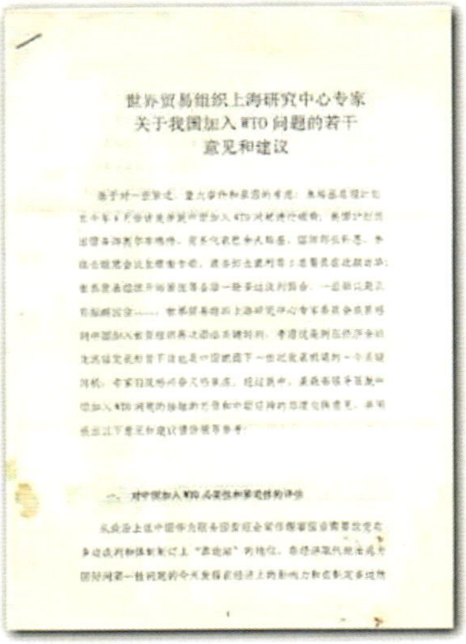
世界贸易组织上海研究中心专家
关于我国加入 WTO 问题的若干
意见和建议

图 28-4
《世界贸易组织上海研究中心专家关于我国加入 WTO 问题的若干意见和建议》

2001 年 12 月 11 日，中国成为 WTO 的第 143 个正式成员。这是中国改革开放史上重要的里程碑。如果从 1986 年 7 月 10 日中国驻日内瓦代表团大使钱嘉东代表中国政府正式提出申请“恢复中国在关税与贸易总协定（GATT，以下简称关贸总协定）中的缔约方地位”算起，中国立起这块里程碑整整用了 15 年。回望中国“复关”“入世”的历程，其中凝聚了无数专家、学者心血。而以汪尧田为代表的外贸学人，在这期间更是作出了卓越贡献。上海对外经贸大学始终与国家对外开放同频共振，紧密围绕国家经贸强国建设的重大战略，在“复关”“入世”谈判、WTO 框架下的谈判、贸易政策审议和争端解决等传统领域，以及在自贸区建设架构设计与第三方评估、APEC 谈判、中澳与中韩 FTA 谈判、对外援助、全球价值链等新兴领域，为服务经贸强国建设作出了卓越智力贡献。

敢为人先，引领国家“关贸总协定”研究

校史馆二楼展厅陈列的《关贸动态与研究》第 1 期，正是以汪尧田为代表的外贸学人敢为人先，积极投身“关贸总协定”研究的写照。

作为关贸总协定的创始国之一，早在 1947 年 10 月 30 日，中国政府就签署了联合国贸易与就业大会的最后文件，这次大会创建了关贸总协定。1948 年 4 月，中国政府签署了《关贸总协定临时适用议定书》，并于 1948 年 5 月 21 日正式成为关贸总协定缔约方。1949 年中华人民共和国建立后，台湾当局占据中国席位，后于 1950 年 3 月退出关贸总协定，但以观察员身份列席总协定会议。1971 年 11 月，关贸总协定取消台湾的观察员资格。但以苏联为首的国家对关贸总协定持批评和否定的态度，对中国产生了很大的影响，加之新中国实行的是社会主义计划经济体制，与资本主义的市场经济体制大相径庭，20 世纪 50 年代以来，以美国为首的反华势力对我国的对外贸易进行禁运和封锁，使新中国与国际经贸组织的联系中断，也使新中国对关贸总协定缺乏应有的分析和了解。因此，我国政府在较长时间里对恢复关贸总协定缔约方席位问题未作出明确的表态。

面对国内对关贸总协定缺乏了解和研究的现状，汪尧田教授牵头成立了研究关贸总协定的课题组——关贸总协定上海课题组。1987 年 4 月 13 日，学校牵头创建"关税与贸易总协定上海研究中心"，为国家"复关"谈判提供决策咨询，汪尧田教授担任主任。研究中心同时编发不定期刊物《关贸总协定动态与研究》。

当时，研究中心的首要任务是让中国了解关贸总协定，也让关贸总协定了解中国。这就要求进行大量的翻译工作。在此之前，关贸总协定开过 7 轮会议，会议的所有文件只有英语、法语、西班牙语等几种文字，没有中文。受经贸部国际司的委托，研究中心组织专家学者集中翻译。1987—1994 年，中心翻译相关文件几百万字，其中许多资料直接提交给我国政府和他国政府有关部门，成为解决我国"复关"问题的重要依据。

而展厅中陈列的另一件馆藏《关税与贸易总协定总论》，又一次有力证明了学校对关贸总协定的研究一直比别人走得早，走得远。

这是国内第一本全面论述关贸总协定的权威读物，获得 1993 年"十佳经济专著"称号，为政府官员和学者、专家尽快掌握并深入研究有关问题起到了重大作用。与此同时，汪尧田、高永富、周汉民等参加了《关税与贸易总协议乌拉圭回合》主要法律文本的编译工作。受经贸部的委托，1995 年汪尧田主持翻译了《关税贸易总协定乌拉圭回合最终协议文本》，为国家和整个华语社会填补了空白。经过多年的工作，关税与贸易总协定上海研究中心已经成为中国"复关"工作中政府决策的智囊团、资料库和信息源。在当时的国际国内大背景下，对帮助我国各界了解世贸组织的规则、坚定"复关"信心、做好"复关"准备，起到了良好的作用。

呼应时代，为"入世"提供助力

1995 年 1 月 1 日，世贸组织宣告成立后，关税与贸易总协定上海研究中心也随之更名为"世界贸易组织上海研究中心"。中心撰写、翻译了大量 WTO 与中国经济关系的专著、论文。这些作品的问世受到社会的关注和重视，具有较大学术价值和现实意义。中心在研究、普及、宣传中国"入世"相关问题上多次受到国务院经济发展研究中心、对外贸易经济合作部和上海市人民政府的表扬。由汪尧田教授和周汉民教授主编的《世界贸易组织总论》，无疑是这段历史最好的见证者。

此书共 47 万字，主要阐明了关贸总协定乌拉圭回合发起和世界贸易组织产生的原因、缔约方之间在乌拉圭回合谈判中存在的矛盾和最后达成的各种协议，并对其中若干重要协议加以评价并阐明与我国经济贸易的关系。在国家进入世界贸易组织的谈判的实质性阶段，积极普及世界贸易组织相关知识。同时，以汪尧田、周汉民为代表的外贸学人，也为国家“入世”决策作出了直接贡献。

1999 年伊始，国际上突发事件不断，外部环境既恶劣又微妙，中国“入世”谈判再度陷入困境。汪尧田教授和他的研究团队集思广益，认真撰写《世界贸易组织上海研究中心专家关于我国加入 WTO 问题的若干意见和建议》，并经由原上海市市长汪道涵将此件转呈党和国家领导人。该意见和建议坚持认为，争取加入世界贸易组织，是事关我国国民经济可持续发展和中国改革开放全局的重大战略抉择，因此，中国“入世”谈判的历史进程，不应由于偶然事件的干扰而中断。在由汪尧田教授领衔签署的这份意见和建议上，附议签字的还有曹建明、王新奎、周汉民、许心礼和董世忠等 12 位上海市的著名教授。事后，时任国家外经贸部副部长龙永图专函告知汪尧田教授，该意见和建议已获得国务院主要领导同志的肯定和采纳。

在中国“入世”前夕，上海对外贸易学院院长王新奎受上海市委、市政府委托，于 2000 年 10 月 26 日成立上海 WTO 事务咨询中心，为政府、企业和社会提供与 WTO 事务有关的法律、政策咨询以及信息、培训服务，协助上海市政府协调政府各部门之间和政府与企业之间的 WTO 事务，并与 WTO 各成员方就中国和上海制定和实施与贸易有关的法律、法规和政策进行沟通。中心还为国家商务部多边贸易谈判、双边贸易磋商提供技术支持，曾为多哈议程的非农产品的关税确定谈判提供技术上的支持。国际经贸学院、法学院和国际商务外语学院的许多教师都积极参与了 WTO 事务咨询的工作，他们不仅参与了国家社科基金、国家商务部课题和上海市政府决策咨询等课题，还参与编写出版了大量 WTO 方面的书籍。

勇立潮头，做国内WTO研究的领头羊

在中国不断融入多边化贸易体制的过程中，社会上对WTO的研究成果需求也在增加。2001年3月15日，上海对外贸易学院成立入世研创学会。学会由院长王新奎任会长，副院长汪尧田教授担任名誉会长，主要从事中国入世应对策略的研究，分十大课题组：WTO基本规则组、入世与中国经济组、农产品与纺织品回归问题研究组、货物贸易市场准入规则组、服务贸易市场准入规则组、与贸易有关的知识产权规则组、贸易与投资措施组、入世与贸易补救措施组、新议题与新一轮谈判组、WTO及经典著作翻译组。2002年5月，学会第一批课题研究5项成果汇编成书，出版发行，书名为《入世：政策与实务》。

结合学校办学方针和WTO科研的优势，学校于2002年4月成立WTO研究教育学院，为全国培养熟悉WTO规则、精通国际经济和法律、适应国际化经营的各类专业人才，特别是我国急需的一线谈判专家和与WTO争端解决相关的涉外法律人才。知名WTO研究专家刘光溪任WTO研究教育学院第一任院长。2009年11月，张磊教授作为中国代表，经过与全球70多个WTO成员的激烈竞争，成功申请到WTO秘书处发起的“世贸组织讲席计划”，成为WTO特聘教授，学校也成为全球19所、中国唯一的世贸组织讲席承担单位，发展为WTO秘书处全球学术网络的核心层，逐渐成为国际著名WTO学术机构。

2017年，学校以WTO研究教育学院为前身，成立中国首家贸易谈判学院——上海对外经贸大学贸易谈判学院和世界贸易组织讲席（中国）研究院。学院注重科研机构的构建，先后建有上海高校智库“国际经贸治理与中国改革开放联合研究中心”等4个学术研究机构。以这些研究机构为载体，学院集中了国内外知名大学、研究机构以及智库的研究力量，承担了大量的国内外科研项目，为国家相关政府部门提供了大量决策建言，取得了很多重要成果。

2018年10月，上海对外经贸大学作为世界贸易组织（含关贸总协定）历史上首

批和中国唯一讲席院校，被选为我国唯一高校，申请新一轮世界贸易组织区域培训合作伙伴（亚太培训中心）。经过激烈竞争，WTO 亚太培训中心成功中标，成为世界贸易组织亚太区贸易政策新一期合作伙伴。这意味着上海对外经贸大学成为世界贸易组织全球 7 个培训伙伴中，在中国内地设立的唯一区域培训合作伙伴，同时也是中国内地高校首次获得该项目的全球培训资格。在政治上，这不仅是学校的荣誉，更是我国加入世界贸易组织以来所取得的标志性成就之一，是有效落实习近平总书记在 G20 峰会、博鳌亚洲论坛、中国国际进口博览会等外交场合多次提及的“坚定维护多边贸易体制”的具体举措，体现了我国对多边贸易体制的强有力支持；在外交上，体现了我国在 WTO 事务上娴熟的外交能力和得道多助的外交局面；在经济上，展现了我国改革开放 40 多年来取得的经济成就已经使得我国能够为亚太区发展中成员提供高质量的能力建设和技术支持；在学术上，标志着我国内地学术机构跻身世贸规则培训基地，在规则研究、人才培养和能力建设等方面迈出了新的步伐。

建校 60 年以来，上海对外经贸大学始终与国家对外开放同频共振，坚持并且不断深化与全球多边贸易体制有关的基础理论和政策研究，几代人薪火相传，孜孜不倦，作出了积极而重大的贡献。两落三起的曲折经历，并没有磨灭贸大人的自信；而随着逆境磨砺出的“历百折而仍向东”的拼搏精神，早已经深深地铭刻在每一个贸大人的心中。60 年筚路蓝缕，厚积薄发，学校必将在服务国家重大战略方面，取得更加耀眼的成绩，继续用实际行动践行“读书报国，与国同行”。

（整理：居怡、傅豪）

无问西东　与时俱进

——潘序伦书信中的立信会计学科发展史

藏品名称：

潘序伦给郭道扬的回信 4 封、潘序伦与郭道扬合影

藏品类别：

纸质文献、影像材料

所在场馆：

上海立信会计金融学院校史馆

藏品年代：

1981—1982 年（潘序伦给郭道扬的回信 4 封）、1983 年（潘序伦与郭道扬合影）

藏品价值：

潘序伦给郭道扬的回信中涉及立信会计学科发展的诸多细节，有着丰富的史料价值，同时也是中国现代会计史的一个缩影，反映了潘序伦和“立信”在中国现代会计史上的地位与影响力。

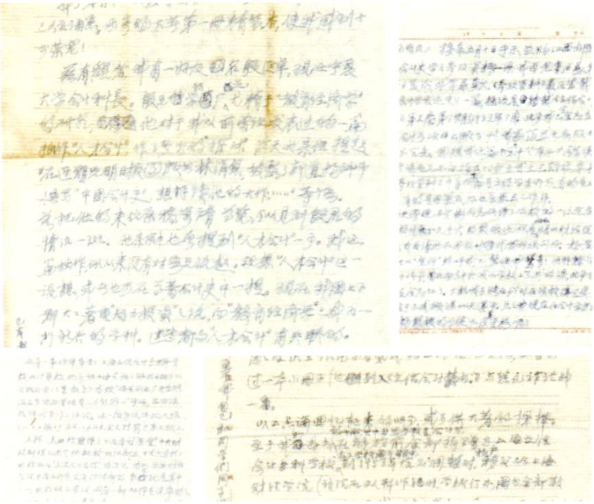

图 29-1
潘序伦给郭道扬的回信 4 封（部分）

图 29-2
潘序伦与郭道扬合影

1928年，潘序伦先生在立信会计师事务所附设补习班的基础上正式开办立信会计补习学校，立信会计教育事业由此开始，至今已为社会培养20余万财会人才。正如潘序伦所言，“居常以为会计事务所之业务，对于社会各界，虽有其重大之价值，然提倡学术，培育人才，则为百年树人之计，其意义更为远大。唯有优越之会计人才，庶政府与企业之会计能日臻于完善，间接足以促进国家社会之进步，收效迅速而宏大”。提倡学术、培育人才是百年之计，对促进国家社会进步有着深远的意义。潘序伦从留美回国之初直至晚年因病卧床，始终关心会计学科的发展，晚年与郭道扬的几十封书信集中反映了他关心后学、关注会计史研究与会计学科发展的殷切之情。

潘序伦与郭道扬的通信源于郭道扬当时正在撰写的《中国会计史稿》，郭氏在撰写过程中希望得到潘序伦的批评指正，还约请其撰写序言、书评等。潘序伦在回信中协助查找资料、提供史实回忆等，并向会计学界大力推荐郭氏这部填补空白之作。这些潘序伦晚年亲笔起草的回信中涉及立信会计学科发展的诸多细节，有着丰富的史料价值；同时也是中国现代会计史的一个缩影，足见潘序伦和“立信”在中国现代会计史上的地位与影响力。

“会计学之发达其来有自”

潘、郭通信讨论的主题即会计发展史，而潘序伦早在1933年就于《立信会计季刊》第2卷第1期发表《会计学发达史》一文，介绍会计学如何从意大利自由都市之账簿发展而来，又分述英国、美国、德国的会计学发展史，他认为“会计学之发达其来有自”，实“因社会经济生活之发达而递相演进”。该文末列参考文献10种，涉及英语、德语、日语等多语种，可见潘序伦会计学术涉猎之广。晚年重读此文，潘序伦对郭氏谦称该文“定有不少错误、缺点”，希望郭氏“不吝指正，切勿文过饰非”，足见其虚怀若谷。实际上，该文应为国内介绍现代会计史的开山之作。

对于中国会计史，潘序伦也有专文简述，他在1939年发表于《日用经济》第1卷第10期的《我国会计学术之追溯》中从《周礼·天官·司会》、四柱清册谈起，重点叙述

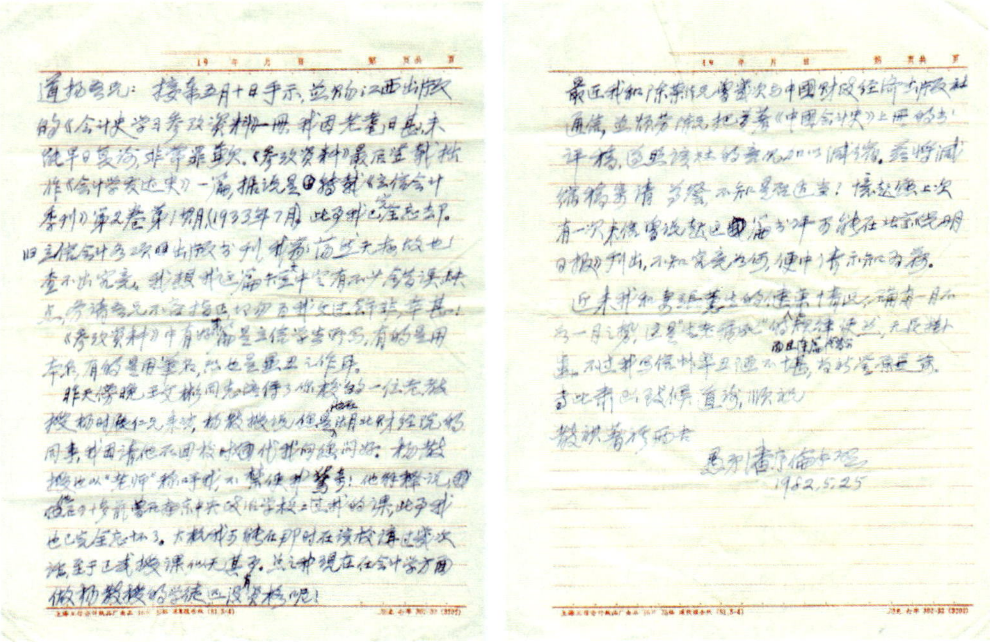

图 29-3
潘序伦给郭道扬的回信，1982 年
5 月 25 日

晚清《连环账谱》刊印及辛亥之后中国现代会计的逐步推广，对中国现代会计发展史上的重要事件进行了条列简述。晚年与郭氏的通信中，潘序伦专门回忆了第一号会计师执照领取者谢霖、提倡“改良中式簿记”的徐永祚等会计师和我国第一部新式会计译著《连环账谱》，相关内容均可与潘序伦早年发表论文相印证，且提供了不少细节，有资于史实考证。例如关于谢霖，潘序伦回忆：抗战时期，谢霖迁往成都，立信则迁往重庆，因此成都的会计业务均由谢霖独占，而立信始终未涉足，且潘序伦也因此从未到过天府之国——成都。关于《连环账谱》，潘序伦曾于中华人民共和国成立初期购置两本同治年间木板直行刊印的旧书，后在“文革”中散失，据他回忆，此书就是《连环账谱》。这些都是中国现代会计史上的重要史料，对会计史研究有很高的价值。

立信在中国现代会计学科发展史中占有重要地位。虽然第一部新式会计译著《连环账谱》晚清就已刻印于武昌，但因其所列记账方法过于复杂，不易通行，所以在当时影响极其微小；而第一号会计师执照领取者谢霖受聘于中国银行，主要影响限于银行会计；1927 年以前，国内学校使用的会计教材全为英美原版，与我国会计实务并不切实相符，因此在 1928 年立信会计补习学校创立后，立信会计学校因其严谨的教育制度、理论实际结合的师资队伍、完整系统的自编教材逐渐扩大影响，成为国内会计人才培养的引领者，培养了数万会计人才。此后为提升办学层次、培养高等会计人才，潘序伦又于 1937 年创办了立信会计专科学校，立信会计学科自此进入加速发展期。

“引进国外先进学术必须切合实际需要”

潘序伦在随信寄给郭氏的《潘序伦简历》中提及编辑发行《立信会计季刊》的初衷：那时徐永祚会计师虽为私立神州大学毕业生，但其编辑的《会计杂志》很受会计界称道，自己是留美博士身份，断不可荒废学术、耽于玩乐，因此接手立信同学会编辑的《会计季刊》，从第 2 卷起更名为《立信会计季刊》，隐然有与徐永祚一争高下之势。

此后该刊物成为立信同仁移译国外会计新文献、介绍国内行业会计制度和政府财会法令规章的学术平台，颇受读者欢迎。潘序伦与徐永祚在主办学术刊物上的良性竞争为中国现代会计的发展提供了很好的学术平台与学术氛围。

潘序伦还十分重视会计教材的编译工作，其主持编译的《立信会计丛书》曾风靡全国，影响巨大。20 世纪 80 年代，他又组织力量成立立信会计编译所，出版《新编立信会计丛书》《立信财经丛书》。这些丛书的编译出版大大提高了立信在会计界的地位和影响，也为现代会计在中国的推广普及奠定了坚实基础。

立信会计学科在中国的影响力不仅在于培养了大批会计人才，还在于其编译出版的会计教材刊物发行量大、影响范围广、实用性强。截至 1936 年底，立信已编译各类簿记、会计和审计书籍共 50 余种；抗战期间，全国各地大专院校和自修会计的学生十之八九采用立信会计丛书为教材；至 1956 年初，立信共出版发行各类会计书籍不下 150 种；20 世纪 80 年代,《新编立信会计丛书》和《立信财经丛书》也出版了几十种。

“科学上之原理原则，不应有中西之别”

在回忆徐永祚的书信中，潘序伦谈到了“改良中式簿记”之争，提及当时编写过一本小册子（即《“改良中式簿记”之讨论》，立信会计师事务所，1935 年），与徐永祚展开论战。实际上，与当时其他革新运动一样，会计革新运动中二人也因对所谓“中式簿记”的不同态度而发生论争，潘序伦 1934 年在《立信会计季刊》第 2 卷第 5 期发表《为讨论“改良中式簿记”致徐永祚君书》，对徐永祚《改良中式簿记概说》标举中西之别，保留直写、现款收付记账法和四柱结算法等观点进行商榷，认为“风俗习惯固有所谓中西之分，而科学上之原理原则，则不应有中西之别”。

潘序伦指出，簿记理论无所谓中西之别，而是是否符合科学原理之别。这一观点跳脱出当时普遍存在的中西文化、西化和复古之争的泥淖，站在科学的立场审视不同的簿记方法，主张无论中西，会计理论和实践都经历了一个从粗疏到精密、从单式到复式的演进过程。潘序伦既不抱残守缺，也不崇洋媚外，对于英国式资产负债表负债列左而资产列右的独异做法也持批评态度，这种通达科学的态度和国际化的视野充分显示了其学贯中西的深厚学养。

《“改良中式簿记”之讨论》中还收入《评徐永祚氏“改良中式簿记”》《对于改良中式簿记之管见》《对于徐永祚君“改良中式簿记”之批评》《四柱结算表与铁路总原簿之异同》《中西会计沟通问题》等，均为立信同仁发表于《立信会计季刊》的文章，对“改良中式簿记”持否定态度。可以说，立信同仁是推广新式簿记方法的旗手。

以今人的“后见之明”，这场论战当时虽然旗鼓相当，但最终无论工商界还是学术

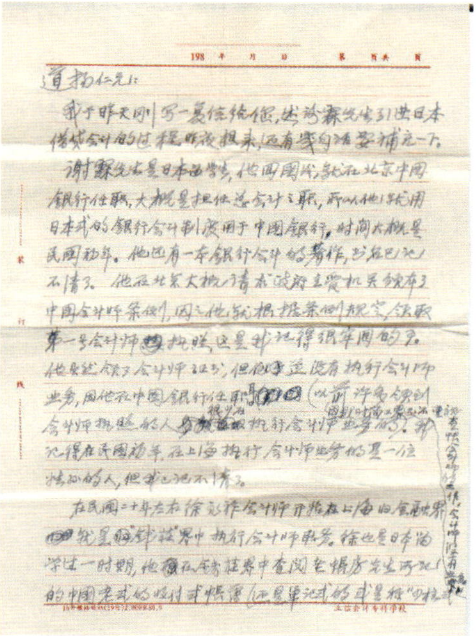

道扬仁兄：

我于昨天刚写一封信给您，谈到谢霖先生引进日本借贷会计的过程。昨夜想来，还有些话要补充一下。

谢霖先生是日本留学生，他回国后就在北京中国银行任职，大概是担任总会计之职，所以他就用日本式的银行会计制度用于中国银行，时间大概是民国初年。他还有一本银行会计的著作，书名已记不清了。他在北京大概请求政府主管机关颁布了中国会计师条例，因之他就根据条例规定，领取第一号会计师执照，这是我记得很清楚的。他虽然领了会计师证书，但他并没有执行会计师业务，因他在中国银行任职（以前许多领到会计师执照的人[illegible]执行会计师业务的）。我记得在民国初年，在上海执行会计师业务的是一位[illegible]的人，但我已记不清了。

在民国二十年左右徐永祚会计师开始在上海的金融界[illegible]就是钱庄界中执行会计师业务。徐也是日本留学生，一时期，他在钱庄界中查阅老帐房先生所记的中国老式的收付式帐簿（还是单记式的或是称"四柱式"

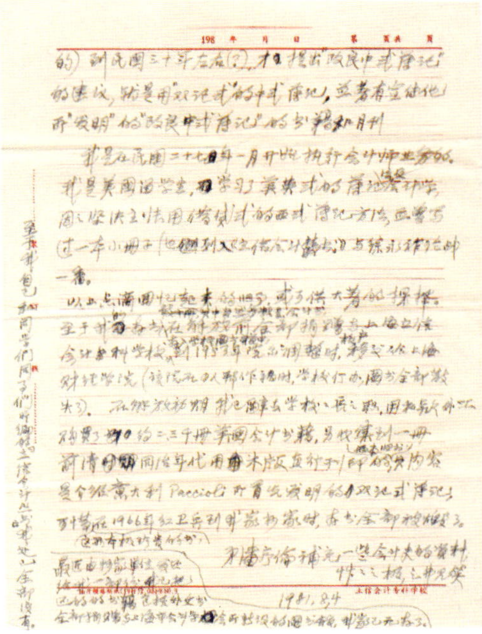

的）到民国二十年左右（？），才提出改良中式簿记的建议，就是用双记式的中式簿记，并著有宣传他所"发明"的"改良中式簿记"的书籍和月刊。

我是在民国二十七年一月开始执行会计师业务的。我是美国留学生，学习了英美式的簿记会计学，因之坚决主张用借贷式的西式簿记方法，并曾写过一本小册子（已编列入《立信会计丛书》）与徐永祚论战一番。

以上[illegible]，或可供大家的探讨。

至于我[illegible]在解放前全部捐赠给上海立信会计专科学校，到1953年院系调整时，移交给上海财经学院（[illegible]全部散失了）。[illegible]购买了约二三千册美国会计书籍，另收集到一册前清同治年代用木版复刻印的书，内容是介绍意大利Pacioli所首先发明的双记式簿记，可惜在1966年红卫兵到我家抄家时，各书全部被烧毁了。

弟潘序伦 补充一些会计史的资料

1981.8.4

图 29-4

潘序伦给郭道扬的回信，1981 年 8 月 4 日

界都选择了新式的借贷复式簿记，科学原理最终取得了胜利。由此也可看出，彼时的立信会计同仁确实代表着先进的会计理论与会计实践，对新式簿记的推广应用起到了引领作用。

"'教育经济学'已成为一门新兴的学科"

潘序伦在商请郭道扬寄送后学殷延卓《中国会计史稿》一书的信中谈及他于 1980 年 12 月 19 日在《文汇报》发表《开展"人才会计"的研究》一文，并随信附寄了《文汇报》《光明日报》剪报两张，供其参考。

在这篇文章中，潘序伦从会计学术的角度思考人才培

养的投入产出、绩效考核，阐述了对“人才会计”的初步设想。他举某校资深老教授月领薪金三百数十元，却只有两位研究生，投入不可谓不高，假使学生毕业后学非所用，国家的人力、财力的浪费将十分严重。因此，他提出：人才的培养投资也应使用固定资产折旧的方法，按期加以摊提和调整，列入会计记录，以资考核。人才培养所获成果利益超过培训的费用投资，则为纯收益，否则就是纯损失。

该文当时即引起各界广泛关注，前述殷延卓即在给潘序伦的信中提及多位学界同仁邀请他讨论“人才会计”问题并在“教育经济学学术研讨会”上发表研究成果。

图 29-5
潘序伦给郭道扬的回信，1982 年 8 月 19 日

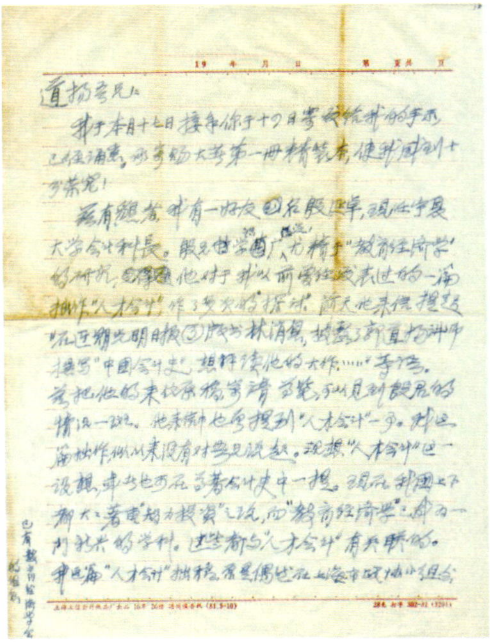

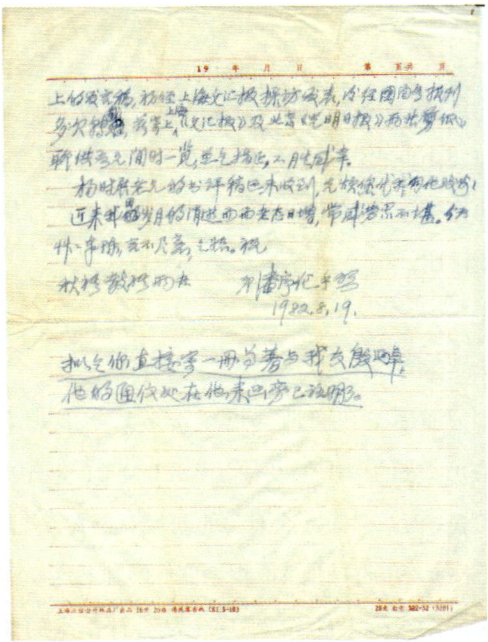

其实，潘序伦在1934年就关注过学校成本会计的研究，他在浙江省教育厅附属机关会计人员讲习所的演讲稿后整理发表于《立信会计季刊》第2卷第7期，题为《学校成本会计述要》，该文提出“学校里工作的效能”“工作和费用的关系”等都需要通过成本会计来“互相参照和比较”，从而知道工作的成绩，这实际上就是预算绩效管理的思想。在反驳不同意见时，潘序伦直言不讳地指出：“社会国家造就这班大学毕业生……有他对于国家社会服务效劳的重大使命，但是现在的大学毕业生，又能有几个大有贡献于国家社会的呢？”“天天说着教育救国，不知所救的到底是什么？是否值得花这许多钱？”可见提高人才培养效能十分必要。潘序伦在这篇文章中还编制了一整套会计报表和方案，可见其用力之深。

2018年9月1日，《中共中央　国务院关于全面实施预算绩效管理的意见》发布实施，公立高等学校也被纳入了预算绩效管理，绩效目标不仅要包括产出、成本，还要包括经济效益、社会效益、生态效益、可持续影响和服务对象满意度等绩效指标。“人才会计”的设想和学校成本会计方案的提出与此正相呼应，潘序伦“节约一切物力、人力、财力，为建设新中国服务”的想法也已由财政部门全面实施。

更名“立信会计学院”

潘序伦在与郭氏的通信中还欣喜地提及立信更名升本的计划：财政部拟将立信改归部属，日后将更名为“立信会计学院”。此事源于《解放日报》关于立信复校后“艰苦创业，广开学路，闯出多快好省培养人才新路子”的报道，后又经《人民日报》全文转载，一时立信获得社会各界广泛赞誉，因此才有财政部上述动议。

实际上，潘序伦早就希望立信可以更名开展本科层次教育。在1949年之前，潘序伦曾带领立信董事会3次提出申请，可惜均因种种原因未果。

1947年3月，立信以“立信会计专科学校董事长”名义，以“为呈请于三十六学年度起由会计专科学校改名商学院”为事由，向时任教育部长朱家骅呈交电文，提出“现请改为商学院或会计学院”。教育部先是4月18日复电立信“俟派员视察后再议”，在派出人员到校视察后，于6月26日正式复电立信，谓改商学院的申请“应暂缓议”。此后即不了了之。

1948年1月23日，董事长陈其采、副董事长王云五再次电请教育部长朱家骅，事由仍“为呈详陈本校从事会计学术之经过及现在设备情形，重申前请特准改设商学院或会计学院以资核准”，详陈校内基础设施情况。然而，直至6月25日朱家骅才复信陈其采，答称“目前教育界情形极度不安，如立信改院将引起其他专科学校援例请求，故已由部饬校暂缓办理”。

1949年4月8日，立信董事会董事长陈其采、副董事长王云五联名致电教育部，再度“伏祈垂鉴”“鉴核赐准”。

图29-6
潘序伦给郭道扬的回信，1982年11月9日

纪念册。此外还有我写的一篇短文，述叙我与道扬的往来回忆。这三项文件，请你在用毕后仍寄还与我，因我处已无他本了。

还有一事顺便奉告：上海立信会计专科学校在沪复校两年，经上海党报《解放日报》以头版显著位置报导了我校“艰苦创业，广开学路，闯出多快好省培养人才新路子”等语，并经该报评论员作了评论。这一报导及评论又经《人民日报》于本年10月10日全文转载于第三版上。

这样一来敝校获得了不应有的“荣誉”。中央财政部现已决定把敝校收归部办，日后还有把敝校改为“立信会计学院”的设计。我知全国财经学院中有五所是直属财政部的，贵院就是其中之一，敝校能与贵院同属一部，称得是荣幸的了。

至于我近来的健康情况，也应向兄一述。我于上月廿七日起每日在清晨五时出门走路以资锻炼。

然而，此时国民政府早已风雨飘摇、朝不保夕，根本无心顾及这类无关军政的小事。不日，人民解放军横渡长江，此事也再无下文。

此后，1952 年院系调整，立信停办，直至 1980 年才复办专科。又到了 2003 年，“上海立信会计学院”的校名才正式启用，潘序伦在 20 世纪 40 年代和 80 年代的设想终于成为现实。

从立信更名的历史来看，一个学校的命运始终要受到国家民族前途的影响，只有与时俱进，在服务社会、响应国家社会需要的前提下才能获得跨越式的发展。

立信从会计补习学校起家，先后使用会计专科学校、会计高等专科学校、会计学院、会计金融学院等校名，始终不离“会计”二字，因此，立信的校史主要就是立信会计学科的发展史，而立信会计学科的发展又与学校创始人潘序伦先生密不可分。潘序伦晚年的这些书信字里行间透着他对立信、对会计学科、对国家民族的深厚感情与殷切期望。

潘序伦等立信先贤始终怀抱“教育救国”的理想投身会计教育事业、服务民族工商业的发展与国内经济建设；始终以符合科学、适应国情为标准，无问西东，大力推广新式簿记和现代会计；始终关怀国家民族前途，与时俱进，为国育才，会计报国。

（撰稿：虞晨阳）

锐意改革潮头立　百舸争流敢为先

——上海电机学院坚持探索技术教育特色化办学之路

藏品名称：

除尘砂轮机

藏品类别：

仪器

所在场馆：

上海电机学院临港校区校史馆

藏品年代：

1966 年

藏品价值：

除尘砂轮机的正面铭牌上勒刻有“上海电机制造学校”等相关标识说明文字，它见证了学校坚持不懈探索技术教育特色化办学之路的初心与使命。1958 年 10 月 26 日，刘少奇视察学校，指示要进一步试验“学校工厂合一，教学生产并重”，学校积极开展勤工俭学与半工半读试点，成为当时贯彻“教育与生产劳动相结合”党的教育方针的试点典型。

图 30-1
除尘砂轮机

涓涓细流，汇江成海。伴随着我国经济社会的快速发展和工业化进程的不断深入，尤其是地方经济和行业经济发展对本科层次应用型人才需求的大量增加，技术教育也在实践中不断发展壮大，日益成为我国高等教育体系中的重要组成部分。今天，在上海电机学院临港校区校史馆内，珍藏着一台砂轮机，它默默地向人们诉说着一段关于新中国社会主义教育发展道路的艰辛探索往事，也铺展了一幅当时试验“学校工厂合一，教学生产并重”的史诗画卷。学校的发展与其可谓渊源至深。自 20 世纪中叶建校以来，上海电机学院勇立潮头、锐意改革，积极探索中国技术教育发展之路，成为我国大陆技术教育的开拓者、先导者，也创造了技术教育的“上海奇观”。

推本溯源：学校工厂合一，教学生产并重

“纸上得来终觉浅，绝知此事要躬行。”建国伊始，百业待兴。为给新中国培养更多机电产业技术人才，1952 年第一机械工业部决定在上海创办一所专门学校，即上海电机学院的前身——上海电机制造学校（初名上海电器制造学校）。1953 年 9 月学校如期开学，主要设置电机制造、工业企业电气装备两个专业，并借鉴苏联模式实施教学。3 年后第一批毕业生步入社会。但是，负责接收这批毕业生的部分厂家却向学校反映：许多毕业生的动手能力不强，光有书本知识，不懂生产实践，个别人甚至毕业半年后都不能进车间独立操作。

怎么办？当时主管教学工作的副校长严雪怡着实着了急，下决心要改革教学方式。为此学校专门召开会议进行讨论，研究改进的办法，探索教学改革，以克服学习苏联教学经验的盲目性，其措施就是理论联系实际、增强学生动手能力等。驻校苏联专家叶尔绍夫却认为，学校起步不久就提改革有点不切实际，应当遵照苏联模式按部就班地做下去。但学校坚持：我们之所以办学，就是为了给新中国培养急需的人才，如果我们送出去的毕业生不能派上用场，学校的教学模式就必须改革。

怎么改？当时，机械工业部一位领导正好来上海考察，严雪怡马上找到他，谈了

自己的想法——学校想搞个生产厂，把教学与生产结合起来，解决理论脱离实际、学生动手能力差的问题。机械工业部决定，把上海电机厂生产小电机的任务划给学校。

一开始，学校有点担心，毕竟是学生，能保质保量地生产出产品吗？结果出乎意料。一边学习，一边“真刀真枪”地实践，学生的积极性和责任心大增。迈出教室进车间，出了车间回教室，学生经常来不及换工作服，就坐到了课堂里。车间实行“三班倒”，深夜时分依然灯火通明。许多学生下班后“赖”在车间不走，向工人师傅学习怎样改良产品。1958 年 3 月，学校电机生产开工；两个月后，100 台电机产品就下线了。

正逢这一年 8 月，毛泽东在视察天津大学时指出：学校要把教育和生产劳动联系起来。同年 9 月，《中共中央　国务院关于教育工作的指示》指出：“党的教育工作方针，是教育为无产阶级政治服务，教育与生产劳动相结合。”

图 30–2
刘少奇来校视察的雕塑

1958 年 10 月 26 日，时任全国人民代表大会常务委员会委员长刘少奇在中共中央书记处候补书记胡乔木、上海市副市长许建国等的陪同下来到学校。刘少奇先参观工厂，后听取严雪怡的汇报。当严雪怡提到学生实行勤工俭学时，刘少奇说："到了共产主义也是这样，在共产主义社会，生产力高度发达，工人每天的工作时间不像现在那么长，多下来的时间就用于学习。整天工作，手疲劳；整天学习，脑子疲劳，半工半读可以相互调剂。"当上海市电机局局长肖卡提出打算把学校与上海电机厂合并办人民公社时，刘少奇说："不要并，那边是电机一厂，工厂办学校；这里是电机二厂，学校办工厂，都要试验'学校、工厂合一，教学、生产并重'。"为了解释什么是"学校、工厂合一"，刘少奇说："你们这里是学校，又是工厂。"又指着严雪怡说，"你是校长，又是厂长。"又指着外面教室说，"他们是学生，又是工人。"刘少奇肯定了学校勤工俭学的经验，并再次叮嘱要进一步试验"学校工厂合一，教学生产并重"。

1958 年 11 月，中央政治局候补委员、外交部第一副部长张闻天来学校视察勤工俭学情况。在听了学校汇报后，他说："你们原来要国家拨经费，现在不要国家经费，还有多余，一出一进 100 多万元，学生又得到锻炼，这个经验很好。"

勇于探索：学校中有工厂，工厂中有课堂

"壮观端宜冠九州，未应万壑敢争流。"国家领导人来校视察，对学校师生员工起了很大的鼓舞作用。为落实"学校工厂合一，教学生产并重"的重要指示，学校决定把勤工俭学劳动列入教学计划，强调理论教学必须联系生产实际。同时，把专业科与实习工厂的有关生产小组合并，逐步实行每个专业科有一个生产车间，生产某种与专业相关的产品。如电机专业科生产电动机、工电专业科生产龙门刨的开关屏等；专业科既管教学，又负责生产，教师和工人师傅共同担任专业科主任；工人师傅也给学生上工艺类的课程，教师也要辅导学生的生产劳动。另外，新建生产车间，使生产工厂的面积从 1400 平方米扩大至 3500 平方米，机器设备也增加到 80 台，满足了生产劳动的需求。

通过劳动实践，教师和学生都成了生产能手，学校工厂产品的加工任务 90% 以上是由学生完成的，年创利 10 万元的龙门刨控制柜是师生共同完成的。1959 年，学校生产电动机台数容量达 80000 多千瓦，比 1949 年全国总产量还多 20000 千瓦。实现 4 年经费自给，不要国家拨款，还每年上交 10 万元给市财政局。

这一探索也大大提高了学生对理论的认知能力。1959 年，由电机 411 班学生在任课老师辅导下集体编写的《电机制造工艺学》一书完成，并由上海科技出版社出版，销售累计达 20000 册。编写前，师生调查了全市电机制造的主要情况，认真作了比较分析，选择吸收了比较先进的内容材料，因此《电机制造工艺学》较好反映了当时上海市电机行业制造工艺水平，也被部分高校选为教材。

勤工俭学前后，学校专业设置除原有电机制造、工业企业电气装备外，又增设了电器制造、仪表制造专业。勤工俭学把劳动列入教学计划，强调理论教学必须联系生产实际，并倡导将一些工艺类课程移到生产现场教学。这些措施有力地促进了学生动手能力的提高。

“居然引玉何从至，敢向黄钟作釜鸣。”“学校中有工厂，工厂中有课堂”这一教学模式，吸引了全国各地的同行前来“取经”，其中不乏重点大学校长。严雪怡不解，问一位重点大学的校长：“你们这么好的大学到我们这儿来学啥？”对方答：“我们的教育特别是理工科教育，也存在脱离生产实际的毛病。理论结合实际，你们的探索走在了我们前面啊！”

深入实践：边讲边练，讲练结合

“满眼生机转化钧，天工人巧日争新。”1964 年，为了巩固和推进半工半读试点的成绩，在学校倡导和教师的探索之下，课堂教学氛围活跃了起来，大家在课堂教学中积极进行讲、练结合式教改。

在此基础上，学校先后建立了物理、电工、电机制造、电力拖动等多个讲习室。讲习室的建立为半工半读找到了一个场所，也找到了一种新的讲课形式。讲习室是讲、练结合的场所，又是产品设计、生产或维修的基地。其中最具典型的是蔡德泰的“电机维修讲习室”。

蔡德泰是工电教研组的一位年轻教师，他利用带同学下厂实习的机会，在工厂进行了调查，探索从生产实际出发进行教改的路子。1964 年夏季，学校专门为他安排了实验场所，并拨专款 3000 元。他利用暑假在本组教师和授课班级部分学生的支持和协助下，创建了教室、实验室、资料室和修理工场四合一的“电机维修讲习室”。这年秋季，讲习室投入使用。过去在黑板上教电机维修，好比在陆地上教游泳。有了讲习室就好像有了“游泳池”，可以在“水”中边讲边练地讲理论、学技能了。这对该门课的教改有了突破性的进展，对其他课程的教改也产生了重大影响。

图 30-3
蔡德泰教学法的雕塑

蔡德泰的教学改革引起了学校领导的高度重视，号召全校教师向蔡德泰学习，把学校的半工半读教改实践推向新高潮。上级领导部门也极为关注这一教改成果，当时在学校蹲点的教育部副部长刘季平在学校师生员工大会上肯定了蔡德泰的成功经验。1964 年 12 月，在共青团上海市委举行的纪念“一二·九”全市团员青年大会上，蔡德泰介绍了他实行教学改革的经验；1965 年，共青团上海市委在学校召开教改现场会议，市大中专院校 110 名青年教师参加了这次会议，并观摩了蔡德泰的公开课。

1965 年 1 月，在北京召开的全国青联四届二次会议上，蔡德泰当选为第四届委员会常委，受到毛泽东、刘少奇等党和国家领导人的接见，并合影留念。同年 4 月，《人民日报》发表教育部调查组文章，并加了编者按。此后《上海教育》杂志和《光明日报》相继发表有关文章，宣传蔡德泰教学法。学校教学改革经验的传播，引起了社会的瞩目，匈牙利、加拿大、苏联、印度尼西亚等国外的同行及部分政府官员也来学校参观交流。

半工半读试点是继勤工俭学之后又一次教育教学改革试点，为了适应教学的现实需要，学校在当时电机制造、工业企业电气装备、电工仪表制造和机械制造等 4 个专业的基础上，按专业成立了专业队，专业队既管教学又管生产，全校教师根据上课的班级被分到专业队，促进了教劳结合。

先行先试：“四五套办”

苦雨终风也解晴，初心素守志弥坚。1978 年学校艰难“复校”，1985 年经国家教委批准，正式试办五年制技术专科，继而这种“四五套办”模式成为全国职教典型。

所谓“四五套办”，主要是指在学制方面试行五年制专科和四年制中专并存，实现中专与高专相衔接的培养制度，即学生读了两年中专后，选拔一部分升入专科再读三年；其余学生再读两年，完成中专专业。该试点是当时国家推动教育体制改革的一种尝试。

通过试点，学校进一步以技术教育为导向，对当时电机与电器、机械制造设备与工艺、工业企业电气自动化等几个试点专业的教学计划进行过一次比较大的调整。通过进一步优化组合，理论教学与实践教学的比例接近了1∶0.9，也即理论课与实践课基本实现了对半开，大大增加了学生的实际动手和操作能力。

“锲而不舍，金石可镂。”1994年，已身为学校顾问的严雪怡老校长向国家教委高职中专处汇报了学校五年制技术专科试点工作情况。高职处领导认为，学校是职业技术教育的“实验田”，五年制技术专科的试点很有成效。1995年，为期10年的第一期五年制技术专科试点工作结束，国家教委在上海电机学院召开高等职业技术学校试点工作总结会。总结会认为，多年试点的实践经验证明，试办高等职业技术学校是我国高等教育领域主动适应经济建设和社会发展进行改革的一次成功尝试；试点办出了特色，有效地探索了有中国特色的发展高等职业教育的办学路子。

鉴于1985—1995年五年制技术专科首期试点工作的突出成绩，在20世纪90年代中期，国家教委决定进一步

图30-4
学校“四五套办”首届大专（90届）毕业照

扩大五年制技术专科的试点范围，1994—1996 年期间先后批准了全国 18 所国家级重点中专学校继续试办五年制高职班，并大力推广上海电机学院的试点工作经验。

时光荏苒，往事如梭。如今记录这段历史的主题雕塑群静静地坐落于百花掩映、绿草成茵的浦东临港新校区教学楼前，伴着来来往往的电机学子，成为学校历史的不朽传承与记忆。而作为一所具有 60 多年技术教育传统和深厚行业背景的地方本科院校，上海电机学院自 2004 年升本以来，明确和不断深化“技术立校、应用为本”的办学理念，紧密契合长三角区域一体化国家战略与上海自由贸易试验区临港新片区区域产业发展需求，进一步深化产教融合，多方协同培养智能制造国际化、复合型、高层次应用型人才，致力于建设特色鲜明的高水平应用技术大学的新目标，再攀中国高等技术教育新高峰。

（撰稿：上海电机学院党委宣传部）

老物件里的政法情缘与人生

藏品名称：

杨峰同志老物件

藏品类别：

纸质文献

所在场馆：

上海政法学院校史馆

藏品年代：

20 世纪 50—90 年代

藏品价值：

清晰地展现了上海市在改革开放初期的法制建设之路与学校早期的创业史、个人奋斗史，是一部鲜活的“四史”学习实物教材。

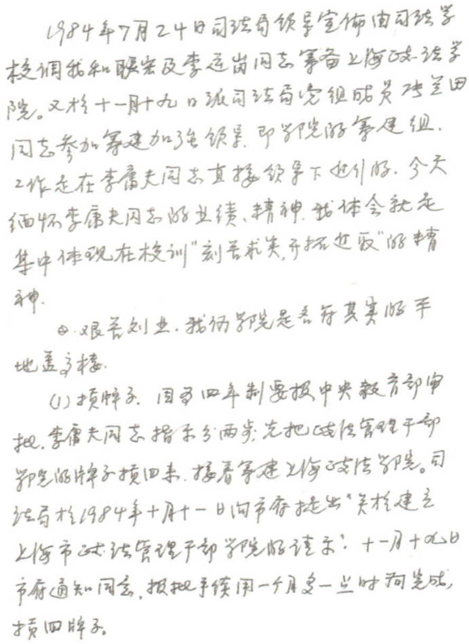

1984年7月24日司法局领导宣布由司法学校调我和眼宏及李连尚同志筹备上海政法学院。又於十一月十九日派司法局党组成员陆呈田同志参加筹建加强领导。即学院的筹建组工作是在李庸夫同志直接领导下进行的。今天缅怀李庸夫同志的业绩、精神，我体会就是集中体现在校训"刻苦求实，开拓进取"的精神。

㈠、艰苦创业。我们学院是名符其实的平地盖了楼。

(1) 换牌子。因为四年制要报中央教育部审批，李庸夫同志指示分两步，先把政法管理干部学院的牌子换回来，接着筹建上海政法学院。司法局於1984年十月十一日向市府提出"关於建立上海市政法管理干部学院的请示"。十一月十九日市府通知同意，报批手续用一个月多一点时间完成，换回牌子。

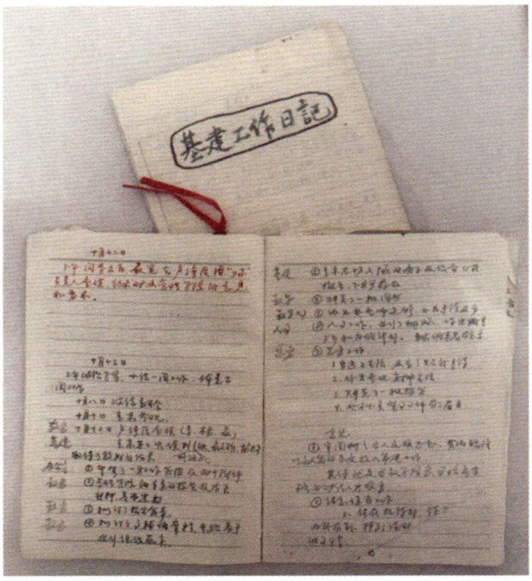

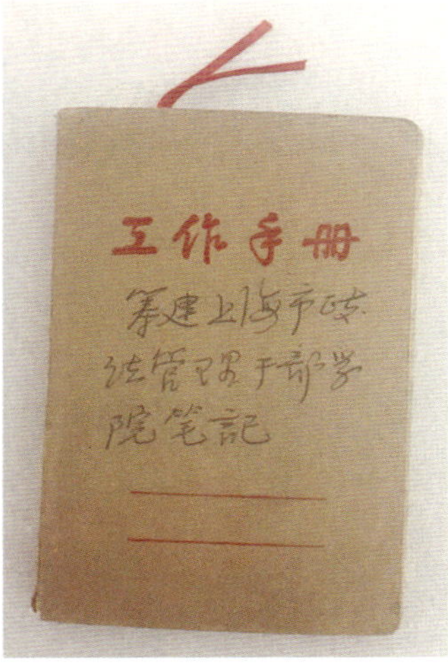

图 31-1
杨峰部分工作手稿

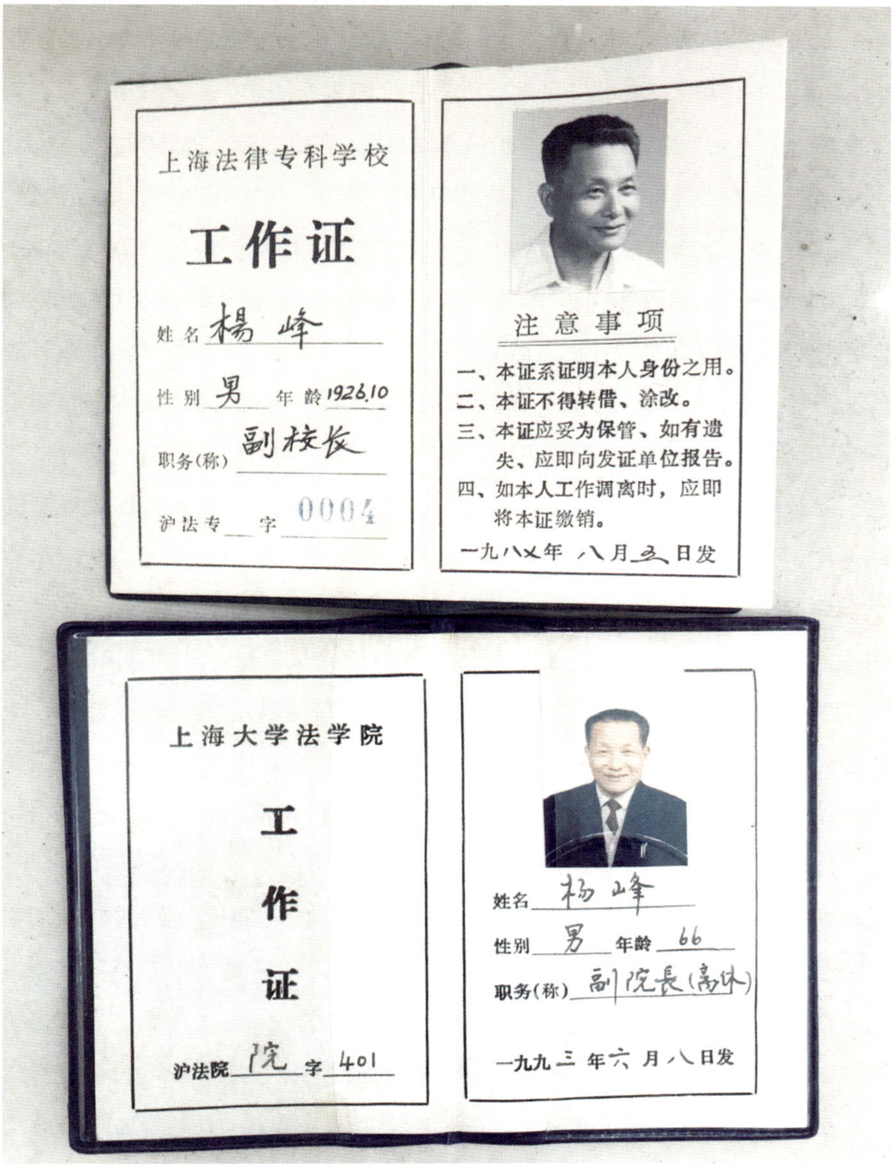

图 31-2

杨峰在不同时期的工作证件

上海政法学院始建于1984年，历经上海市政法管理干部学院、上海法律高等专科学校和上海大学法学院等办学阶段。1993年起招收普通本科生，1998年开始招收硕士研究生。2004年9月，上海市人民政府批准在上海大学法学院（上海市政法管理干部学院）的基础上建立上海政法学院。2014年11月，学校划转上海市教育委员会管理，并由上海市教育委员会与上海市司法局共建。1956年，司法部在上海成立法律学校，1960年停办，1982年恢复建制，成立上海市司法学校、上海市司法干部学校，实行“一套班子、两块牌子”的管理体制。2008年，上海市司法学校整建制并入上海政法学院。

作为一所办学37年的大学，它的历史还谈不上厚重，但作为共和国改革开放伟大事业的参与者、见证者、获益者，学校的跨越式发展就是时代巨变的缩影，是历史的印记。传承好、纪念好学校的创业史，是对历史负责，对时代致敬。

在上海政法学院第一代创业者中，有一位很特殊的人物，他就是这批藏品的捐赠人杨峰老先生。杨峰同志1944年参加革命，1946年加入中国共产党，1956年参加第三届全国司法工作会议期间受到了毛泽东等中央领导同志的亲切接见。1981年受上海市司法局党委的委托，来到上海市司法学校担任校长，重启司法学校的办学工作。1984年受市司法局李庸夫老局长之命，来到青东农场，参与筹建上海政法管理干部学院，于1986年学校正式运行之际离休。1993年司法部授予其“行政一级金星荣誉章”。2014年，鉴于杨峰同志对党的政法教育事业所作出的杰出贡献，市委明确其为享受副省级医疗待遇的离退休老同志。

回顾杨峰等老一辈上政人的创业史，就是一次生动的“四史”教育，让我们不忘来时走过的路，更努力为未来而奋斗。

走在校史馆展厅，恍如隔世。看着如今气派恢弘的校园，实在无法想象当初创业的情景。1984年7月4日，在时任上海市司法局党组书记、局长李庸夫同志的带领下，杨峰、耿宏以及李远冈等同志来到荒无人烟的上海青东农场，开始筹备上海政法管理干部学院。37年前的青浦地区，与现在可不是一个景象，真是到了“乡下”了。杨峰回忆说，我们是做了思想准备来的，但是真的到了农场，还是被眼前的景象所震撼。在大家眼前的是一片广阔农田，实在无法想象，按照计划3个月后这里将招收首届学员。

全组同志面对这重要而紧迫的任务，向领导立下军令状，表示各项筹备工作要抓紧、抓早、抓好，务实求精，从严要求，坚决完成领导交付的任务。

1984 年 8 月，杨峰等同志多次向原市高教局领导汇报学校筹建情况。20 世纪 80 年代初的上海政法系统中，93% 的干部未受过系统的法律教育及培训，学校的建设任务十分紧迫而艰巨。市司法局于 1984 年 10 月 11 日向市政府呈送了《关于建立上海市政法管理干部学院的请示》。经过市委、市政府的研究，11 月 19 日市政府正式发文，“同意建立上海市政法管理干部学院，纳入本市成人高等学校建制序列”。对学院的报批手续，用一个月多一点的时间完成扛回牌子，现在回忆起来是一件挺了不起的事情，凝结了太多同志的心血与智慧。

杨峰在接受学校采访时多次表示，20 世纪 80 年代，由于刚刚走出“文革”阴霾，同志们的紧迫感非常强，做事都是“只争朝夕”。大家克服各种困难，目的只有一个，那就是把学校建起来！

拿到了学校办学许可，接着就是场地的事情了。37 年前，共和国刚刚开启改革开放事业，经济还比较困难，要筹措办学建校舍真是一件不容易的事情。

学校主要创建人李庸夫同志等市局领导经过实地调研、多方论证，决定选址青东农场作为学校的办学地点。那里场地宽敞，无需动迁，也不必办理征地手续并能马上动工兴建校舍，对于当时学校的建设发展而言，是再合适不过的了。1984 年 12 月 5 日，市局党组委任以耿宏同志为负责人的工作组进驻工地，把当时农场的 40 多间约 500 平方米的房子作为基建队伍的临时办事、食宿、仓储之地。

那个时候工作条件十分艰苦，远非现在的教师员工可以想象。杨峰回忆，刚开始筹建时学校还没有食堂，只能自己烧着吃。冬季农场地区特别寒冷，也没有取暖设备。到了大夏天，又要遭受蚊虫叮咬，但同志们都毫无怨言，埋头苦干创事业。

根据市政府于当年 12 月 19 日批复同意的学校基建计划任务书，采取“一次规划、分期建设”的办法，学校要在 1985 年 7 月底前按在校生规模设计建造教室、学生食堂、教工宿舍共建筑面积 12200 平方米。杨峰说那时有些同志都是带病坚持工作的，有很多感人的事迹，这些都是野马浜的宝贵财富。最终，经过一年多的努力，学校于 1985 年

9月28日举行开学典礼前按计划完成了基建任务。

一件件的校史藏品，凝结着学校不平凡的办学历程。与沪上众多老牌综合性院校相比，上海政法学院办学历史相对较短，积淀也不如老牌院校深厚，但它的发展历史正是改革开放以来我国法制建设的一个缩影。上海政法学院励精图治的办学历程，刻苦求实、开拓创新的校训，无不昭示着我国法制建设的光明前景与新时代中国的光明未来。

杨峰同志于2018年4月23日因病在上海逝世。从2017年开始，得知自己患病后的杨峰忍着病痛，与老伴唐老师一起整理了一批有关筹建学校的珍贵史料捐赠给学校。杨老的夙愿就是把学校建好，为社会主义法治贡献力量！

（整理：杨铠）

一切为了人民健康

——上海健康医学院赓续历史传统续写新的篇章

藏品名称：

陈毅市长签发的开办上海市卫生人员训练所指示、首届毕业生纪念册崔义田和王聿先题词、首届毕业生毕业证书

藏品类别：

纸质文献

所在场馆：

上海健康医学院现代医学教育博物馆

藏品年代：

陈毅市长签发的开办上海市卫生人员训练所指示（1950 年）、首届毕业生纪念册崔义田和王聿先题词（1951 年）、首届毕业生毕业证书（1951 年）

藏品价值：

指示文件展示了中国共产党人始终把人民放在崇高的位置，把人民群众对健康卫生的需求放在崇高的地位，是为了人民的健康的具体行动。毕业生纪念册、毕业证书记录了开办专业、培养训练规模等的成效，生动展现了中国共产党在公共卫生事业建设发展中所取得的成绩。

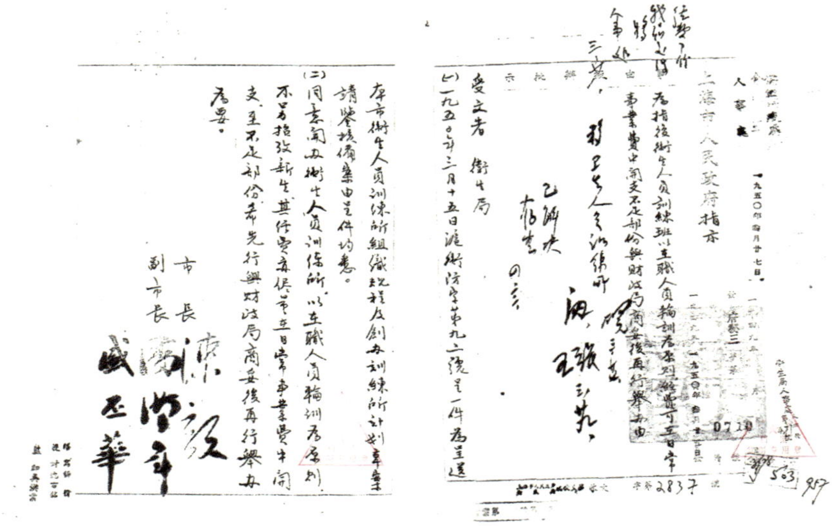

上海市人民政府指示

一九五〇年四月廿七日

為指復衛生人員訓練班以在職人員輪訓為原則並暫以原事業費中開支不足部份與財政局商妥後再行舉辦由

受文者 衛生局

（一）一九五〇年三月十五日滬衛行字第九二號呈一件為呈送本市衛生人員訓練所組織規程及創辦訓練所計劃草案請鑒核備案由呈件均悉。

（二）同意開辦衛生人員訓練所，以在職人員輪訓為原則，不另招收新生，其[illegible]事業費中開支，至不足部份希先行與財政局商妥後再行舉辦為要。

市長 陳毅

副市長 潘漢年 盛丕華

图 32-1

陈毅市长签发的开办上海市卫生人员训练所指示

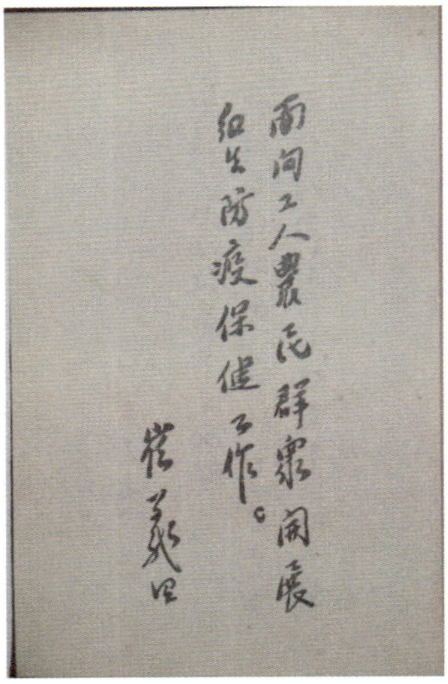

面向工人农民群众开展

卫生防疫保健工作。

崔义田

图 32-2

首届毕业生纪念册

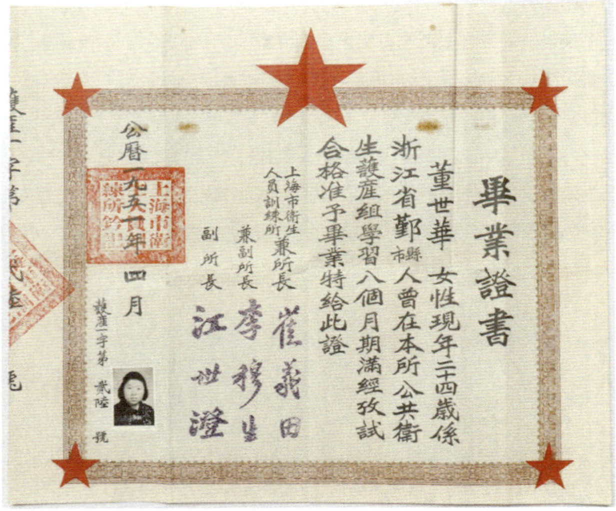

畢業證書

董世華 女性現年二十四歲係浙江省鄞縣人曾在本所公共衛生護產組學習八個月期滿經攷試合格准予畢業特給此證

上海市衛生人員訓練所 兼所長 崔義田

兼副所長 李穆生

副所長 江世澄

公曆一九五一年四月

護產一字第貳陸號

图 32-3

首届毕业生毕业证书

1950年4月7日，上海市人民政府签发了一份重要的文件，文件的主要内容是“同意开办卫生人员训练所”，明确“以在职人员轮训为原则”，并且对开办训练所所需要的经费支持作出了安排，文件的签名落款处为市长陈毅、副市长潘汉年和盛丕华。这份文件的签发，标志着一个事关人民群众健康事业发展的重要教育教学机构诞生了，这个机构便是上海市卫生人员训练所。训练所的开办，成为在党的领导下，促进公共环境卫生、健康防疫和妇女生育产护工作，建设发展新中国、新上海公共卫生事业人才培养的起点。伴随着新中国建设发展，训练所在原有基础上先后建设成上海市卫生学校、上海健康职业技术学院，其中上海健康职业技术学院于2015年与上海医疗器械高等专科学校、上海医药高等专科学校合并组建上海健康医学院。训练所从开办到成为上海健康医学院期间，名称多次更改，地址多次搬迁，但“一切为了人民的健康”的初心不变，传承赓续，成为上海健康医学院精神文化的重要内涵。

人民健康的需求催生了训练所

仔细阅读文件，其签发日期是1950年4月7日，此时上海解放（1949年5月27日）还不满一年，中华人民共和国成立刚刚半年，正值头绪纷繁、百废待兴的时期，各项任务极其繁重。对卫生系统而言，打扫战场、搞一场大清洁运动，为大上海“清创”成为首要的任务。

从上海解放后的第二天开始，针对上海的废墟、垃圾、流行病，甚至露尸浮厝（暴露在地面上的棺木），卫生系统从头对上海的卫生环境进行整治，开展起“清洁运动”。对于其中严重妨碍卫生的露尸浮厝进行了专项清除，据统计，1949年6月至1954年10月底，上海共清除浮厝24万具。1950年后，“清洁运动”被纳入“爱国卫生运动”，长年不断。

训练所的所长由时任上海市卫生局局长崔义田亲自兼任，根据曾任上海长海医院、长征医院院长的孙克文回忆，“打预防针，防治霍乱、性病等，是崔义田担任上海市卫生局局长后主抓的大事”，血吸虫的防治工作也同样是头等大事。

这样繁重的公共卫生工作，需要大量的业务上精湛、政治上过硬的人才支撑。中国共产党人始终把人民放在崇高的位置，把人民群众对健康卫生的需求放在崇高的地位，急人民群众之所急，想人民群众之所想。即使在解放还不到一年、财政状况亟待恢复、上海医学资源支援全国这样艰辛的条件下，政府仍在短短一个月时间里作出决策，毅然决然拨付经费创办卫生人员训练所，轮训在职人员，旨在为上海人民提供合格优质的卫生技术人才，提升为上海人民健康卫生服务的水平。

据上海市卫生人员训练所第一届毕业生纪念册的序言记载：上海市卫生人员训练所第一届共举办了环境卫生、卫生统计、公卫医师、公卫护产及检验 5 个组别的培训，培养训练学员 216 人。诚如时任上海市卫生人员训练所副所长的江世澄所说，“公共卫生工作在我国还是一个新兴事业，过去的基础不固，人才尤感缺乏，此次诸位同学毕业后加入公共卫生建设阵线，可以说在卫生建设战线上，添了一支生力军”。

历经风霜
初心不变

以上海市卫生人员训练所为起点，孕育发展出了两所学校。一所是中专，一所是高校。两所学校在发展过程中升降离合，曲折变迁，其过程以下图（见下页）简要为示：

无论如何发展变化，“为人民的保健事业服务是我们的光荣”“全心全意做好上海市人民的保健工作”自上海市卫生人员训练所开始已经成为一种精神，不断传承下去。后来的上海健康职业技术学院将这一精神凝练为“立德健行，仁术康民”的校训，学校在长期的发展中以培养适应上海经济社会和卫生事业发展的，在第一线从事健康促进、预防保健、护理等医学相关类工作的高素质技术技能人才为使命，甚至在专业的设置上也都继承了训练所的专业分组。护理、助产、医学检验技术始终是学校建设的核心专业。随着时代的变迁，卫生统计专业组改变为卫生信息管理，依然赓续着训练所的传统。这些专业也逐渐成长壮大，不断推陈出新，取得新的成绩。护理、医学影像技术、康复治疗技术、生物技术及应用、助产 5 个专业 2011 年被列为上海市高等职业教育重点专业建设（“085”工程）。

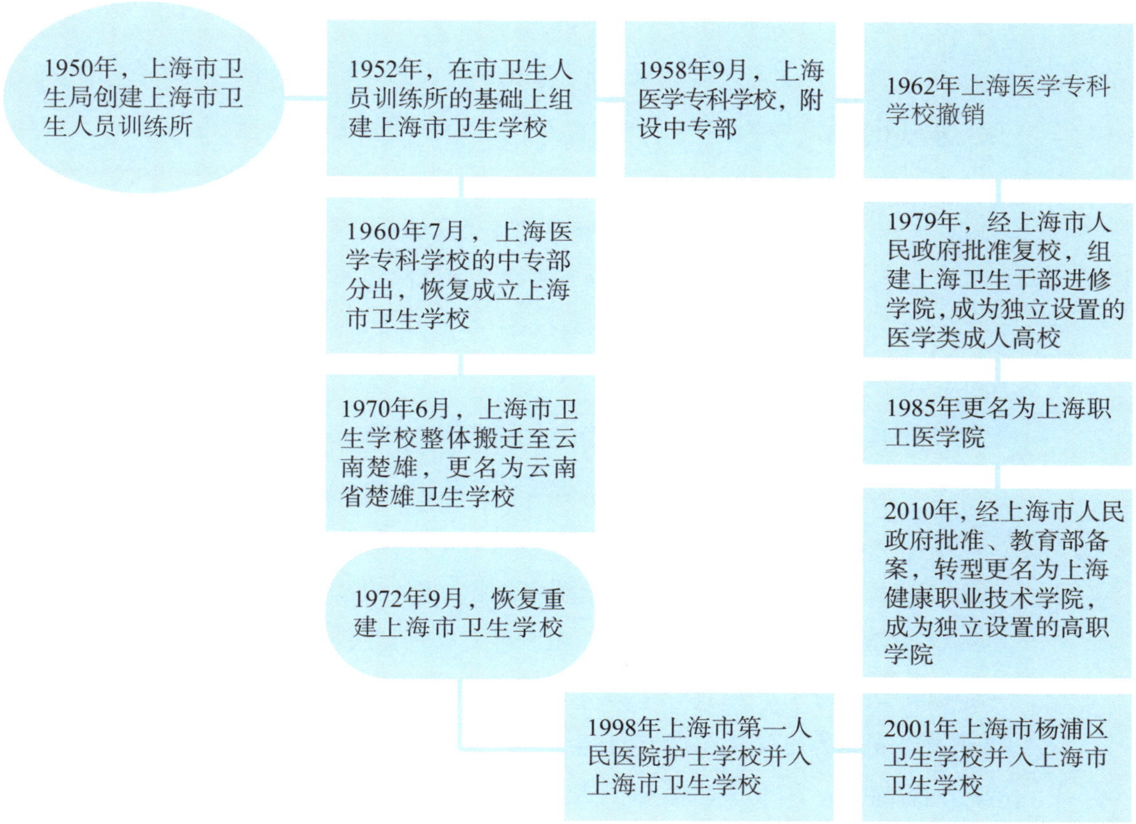
1950年，上海市卫生局创建上海市卫生人员训练所
1952年，在市卫生人员训练所的基础上组建上海市卫生学校
1958年9月，上海医学专科学校，附设中专部
1962年上海医学专科学校撤销
1960年7月，上海医学专科学校的中专部分出，恢复成立上海市卫生学校
1979年，经上海市人民政府批准复校，组建上海卫生干部进修学院，成为独立设置的医学类成人高校
1970年6月，上海市卫生学校整体搬迁至云南楚雄，更名为云南省楚雄卫生学校
1985年更名为上海职工医学院
2010年，经上海市人民政府批准、教育部备案，转型更名为上海健康职业技术学院，成为独立设置的高职学院
1972年9月，恢复重建上海市卫生学校
1998年上海市第一人民医院护士学校并入上海市卫生学校
2001年上海市杨浦区卫生学校并入上海市卫生学校

图 32-4

上海市卫生人员训练所发展出两所学校示意图

值得一提的是，上海市卫生学校于 1970 年整体迁建到云南省楚雄彝族自治州，改名为云南省楚雄卫生学校，成为医学类学校“西迁”的一员。西迁人员扎根楚雄，为当地医疗卫生事业的发展作出了贡献。楚雄卫生学校在 2006 年发展为楚雄医药高等专科学校。

上海市卫生学校和上海健康职业技术学院两所学校为上海乃至全国培养了数以万计的高素质卫生技术人才，得到了社会和用人单位的一致好评，享有良好的社会声誉，被誉为“促进健康的使者、白衣天使的摇篮”。

走进新时代，谱写新篇章

2015 年 5 月 22 日，在“健康中国”新时代的号角即将吹响的时刻，上海健康医学院诞生了。源于上海市卫生人员训练所的上海健康职业技术学院会同上海医疗器械高等专科学校、上海医药高等专科学校一起合并组建上海健康医学院，开始了“健康”新纪元。

回溯历史，赓续传统，薪火不绝。上海健康医学院秉承办学 70 年的初心和精神不变，始终坚持“健康促进的使者，白衣天使的摇篮”和“医疗器械工程师的摇篮”的办学传统，紧密对接时代需求，立足服务经济社会发展需要，为新时代中国特色社会主义健康卫生事业发展培养紧缺型、创新型高素质人才。

作为全国第一所以“健康”命名的医学院，上海健康医学院定位于上海市属应用技术型本科医学院校。学校地处浦东张江科学城国际医学园区，现拥有北苑、南苑和新南苑 3 个生机勃勃的校区。学校现有全日制在校生 1.1 万余人，设有 9 个学院、4 个教学部，拥有临床医学、医学影像技术、康复治疗学、康复物理治疗、口腔医学技术、医学检验技术、卫生检验与检疫、食品卫生与营养学、护理学、健康服务与管理、药学、生物医学工程、临床工程技术、数据科学与大数据技术、医疗产品管理、公共事业管理 16 个本科专业和 13 个专科专业。其中，临床工程技术、医疗产品管理等专业为全国首创，健康服务与管理、医学影像技术、卫生检验与检疫和口腔医学技术专业填补了上海市空白。

临床医学院坚持“应用型、特色性、国际化”办学定位，培养具有良好职业素养、健全人格与心理、能够解决实际问题、具有行业引领潜质的健康促进者和“守门人”，紧贴“健康中国”战略，构建具有全科医学特色的临床医学本科专业教学体系，致力于基层人才培养、科学研究和社会服务。

护理与健康管理学院是学校学生规模最大的专业，现有护理专硕、本科、高职等多层次全日制在校生约 5000 人，建立了中职—高职—应用型本科护理人才贯通培养体系，成为全国护理专业学历教育层次最全、上海市护理招生人数最多的专业。学院建有上海市教委重点工程研究中心——上海健康社区老年护理研究中心——等人才培养机构。在抗击新型冠状病毒肺炎期间，护理与健康管理学院师生“使命在心、勇敢逆行”，用不同方式履行白衣天使的职责、捍卫人民健康。230余位毕业生主动请缨奔赴武汉战场，勇当“逆行者”，大批毕业生坚守在上海防疫一线，在校生也积极参与上海市新冠肺炎疫情防控志愿者工作。2020年，学院在首届中国技能大赛中包揽金、银奖，荣获2020年“上海市模范集体”称号。2020年，护理学专业成功入选国家级一流本科专业建设点。

医疗器械学院以“产教融合、医工结合、国际合作”为特色，致力于医疗仪器设备研发、质量控制、临床应用等领域的工程技术应用型人才培养，服务于临床医学和健康产业。临床工程技术专业填补了国内临床工程师培养的空白，医疗产品管理专业引领了医疗器械管理类人才培养的潮流；生物医学工程、数据科学与大数据技术本科专业，重点关注“互联网+”与新工科建设，培养智能医疗器械及健康大数据应用型人才。

医学影像学院是上海市唯一聚焦医学影像专业群，开办医学影像技术、放射治疗技术及医学影像工程等专业的二级学院。专业、学科力量雄厚，其中医学影像技术专业是上海高等学校一流本科建设引领计划（培育）项目建设专业和上海市Ⅱ类高原建设学科。

康复学院是上海首个专门培养康复治疗师的学院，致力于培养具有国际竞争力、适应亚洲一流卫生中心城市康复事业发展需求的康复治疗人才。检验检疫专业扩大了社会适应，双加应急医学救援技术研究院是新时代提出的应急救援新课题下成立的新机构。

2020年，生物医学工程专业、医学影像技术专业和康复物理治疗专业成功入选省级一流本科专业建设点。

庚子年春，新冠肺炎席卷全球，公共卫生作为人群健康卫士的重要性凸显。2020年5月22日，在上海市政府的大力支持下，上海健康医学院成立了健康与公共卫生学院，该学院将与其他高等学校公共卫生学院错位发展，为基层公共卫生机构培养“健康+”公共卫生实用性人才，要让人才“下得去、留得住、用得好、有情怀、能担当”，具备在基层网底提供公共卫生服务、应对突发公共卫生事件的应急处理能力，为人民的健康守底线、守家园……

上海健康医学院在不断增强自身实力和影响力的同时，立足上海，不忘服务于全国，与海南、云南、新疆、西藏、青海和贵州等多地进行了援建学校、共建医院、定向培养、师资培养、干部交流等对口帮扶项目，不断提高边远地区的医疗水平，培养医疗行业紧缺人才。

习近平总书记指出："没有全民健康，就没有全面小康。"上海市卫生人员训练所种下的"为了人民的健康"的精神种子，在新时代产生的上海健康医学院继续茁壮成长，正在建设"健康中国""健康上海"的新时代续写着新的篇章和辉煌！

（撰稿：耿铭、上官万平、李兆伟、彭骏）

薪火相传　开拓创新

——复旦大学上海医学院解剖学科九十余载铸辉煌

藏品名称：

显微操作与注射仪、颜福庆老校长捐献的早夭双胞胎孙女标本、遗体捐献者志愿书

藏品类别：

仪器、标本、纸质文献

所在场馆：

复旦大学人体科学馆

藏品年代：

1930 年（显微操作与注射仪）、20 世纪 40 年代（双胞胎标本）、20 世纪 80—90 年代（遗体捐献者志愿书）

藏品价值：

显微操作与注射仪体现了复旦大学上海医学院前辈筚路褴褛的开创精神；双胞胎标本体现了上海医学院前辈对医学事业的执着和奉献；遗体捐献者志愿书墙体现了“大体老师”的殷切嘱托。

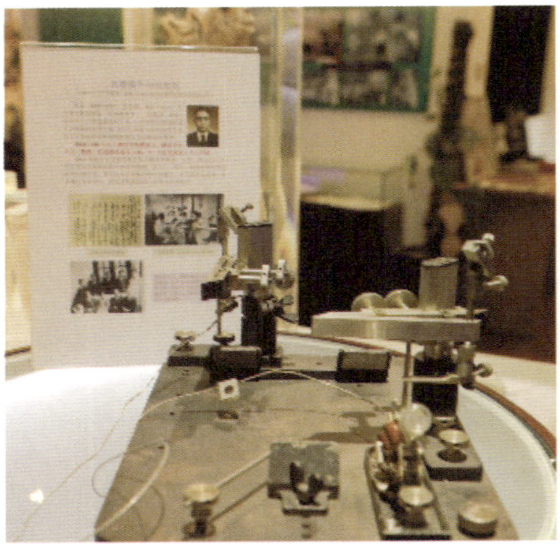

图 33-1
显微操作与注射仪

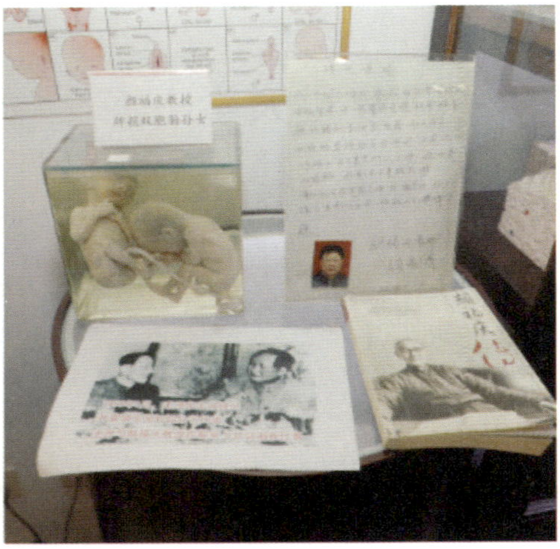

图 33-2
颜福庆老校长捐献的早夭双胞胎孙女标本

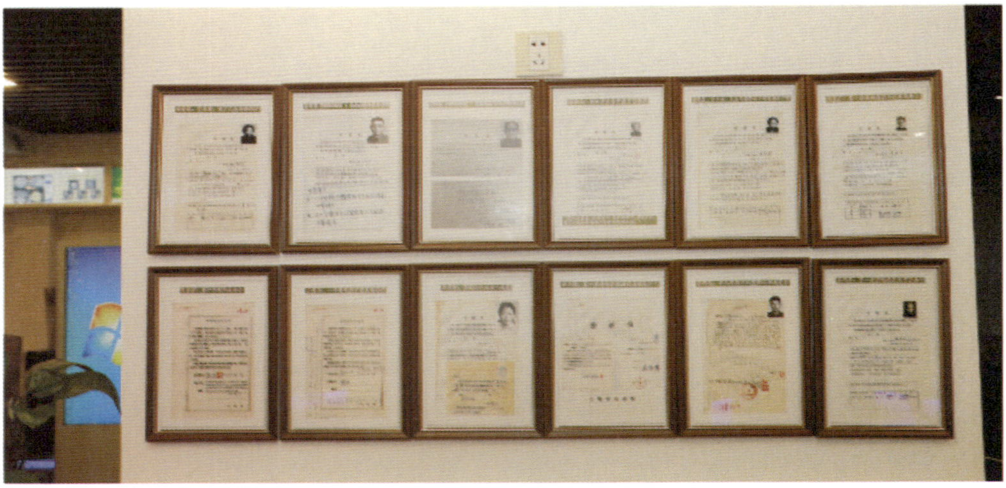

图 33-3
遗体捐献者志愿书

恩格斯曾说过:“没有解剖学，就没有医学。”解剖学作为医学的基础，是认识人体奥妙，掌握人体科学的必要学科。

位于复旦大学上海医学院的复旦大学人体科学馆是国内最早成立的人体标本陈列室，创建于20世纪30年代。馆内陈列着1000多件珍贵馆藏，都代表了生命最无私的馈赠。有师生们亲自制作的血管灌注标本、1951年手工制作的一套独一无二的人体胚胎蜡像、1913年取材于印度人的皮肤组织切片、距今500余年的明代古尸、获国家技术发明二等奖的手术导航系统……

这里不仅是一部立体的医学教科书，也是探索人体奥秘、医学职业引导的窗口，更是一个充满爱的地方。在这里，医学标本不再是冷冰冰的，而是有着医学和生命的温度；在这里，有科普知识，也有人生大课，更承载着上医解剖学科发展波澜壮阔的历程，以及解剖学科一代代学者薪火传承的精神源泉。

筚路褴褛，以启山林

上医的解剖学科有着十分悠久的历史。如今的基础医学院解剖与组织胚胎学系源于1927年的解剖科，是上海医学院创立伊始最早成立的科室之一。

1956年，解剖科分拆为解剖教研室和组织胚胎学教研室，并有半数教职员工被派往重庆，参与重庆医学院的建立。2002年，在系室调整中，两个教研室合并成立解剖与组织胚胎学系。解剖科的首任系主任由上海医学院创始人之一、著名外科专家任廷桂教授兼任。1928年，著名医学教育学家、解剖学家张鋆教授继任主任直至1946年。在解放前20多年的艰苦创业时期，先后还有王有琪、齐登科、郑思兢、王永豪等教授相继到系工作，他们是学科的奠基人，并为学科发展作出了卓越贡献。此外，卢于道、范承杰和外籍专家雷门、谭忧黎等著名中外专家也曾在系里工作过。新中国成立后，解剖学科相继聚集了一大批知名专家教授，如蒋文华、谷华运、陈丽琏、胡哲揆、于彦铮、钱佩德、成令忠、陈芝仪、陈耀良、童夙明、王惠仁、周孝瑚、沈宗文、沈馨亚、左焕琛、罗宝国、刘才栋、彭裕文、钟翠平、王克强、王海杰、谭玉珍和李瑞锡等，他们共同促进了学科深入持久的发展，取得了辉煌成就。近年来，在学科带头人周国民、宋志坚和李文生等教授的带领下，学科发扬优良传统，不断开拓创新，正在再创新的辉煌。

经过几代人的奋斗，解剖学科已被建设为一个国内一流、享有国际声誉的学科，是国内最早的硕士、博士学位授予点、博士后流动站和国家重点学科，也是国家“211 工程”和“985 工程”重点建设学科。主要承担人体解剖学和组织胚胎学的教学、科研、研究生培养和高级师资培训等工作。

1927 年上医初建时，解剖学科主任由红十字会医院外科主任任廷桂兼任，科内仅有 1 名工友。随着时代的变迁，一部 500 余人、94 年的学科发展史渐次展开。

这一切都要追寻到上医解剖学科的开山鼻祖之一——著名的解剖学家张鋆教授。1928 年，张鋆教授由湖南湘雅医学院来到上海，在中国人办的第一所医学院——国立中央大学医学院（今复旦大学上海医学院）——任教育长、解剖学教授。到校后不久，学校改建为国立上海医学院。建院伊始，行政事务繁重，许多工作，如人员安置、设备添置、人才培训等都要从头做起。张鋆秉公办事，平易近人，颇得人心。他还亲自承担人体解剖学、组织学、胚胎学的教学工作，并且连标本模型的设计与制作、解剖学材料的收集与保存都亲自动手，没有一点教授架子。

张鋆的亲力亲为从人体科学馆内陈列着的一台有着 90 年历史的显微操作与注射仪中可见一斑，这台仪器历经岁月时光打磨，仍显簇新。在人们看来，这台仪器就像个铁疙瘩。它自重 10 多千克，1930 年产于德国，1934 年由时任国立上海医学院教务长、解剖学科主任张鋆从美国带回国内。80 多年前，远隔重洋，是怎样的一种力量让一位中国教师随身将这样宛若千斤顶一般的精密仪器千里迢迢带回国?

20 世纪 30 年代，旧中国羸弱不堪，西方反华势力猖獗，更有西方人认为“中国人的脑沟回模式和欧洲人不同，和猴子更为相似，是‘劣等民族’”。面对这样的辱华言论，在当时“身体发肤受之父母”的封建社会，张鋆用医学实验辟谣，亲自解剖研究了 50 个中国人尸体的大脑。他将研究结论以英文发表在当时的《美国人类学杂志》上：“中国人的脑沟回模式与西方人并无不同。”这项权威研究给了西方人当头棒喝，正是这样强烈的民族自豪感和爱国心让他克服了种种困难，身体力行。

1932 年 1 月 28 日，日本侵略军发动了淞沪战争，完全摧毁了上海医学院的吴淞医学基地。次日，张鋆不顾生命危险，踏着战火余烬，只身绕道赴吴淞，抢救残存的切片、模型、显微镜等公物，而个人物品一件没拿。那时正值寒冬腊月，他一家八口靠借的几条毯子才渡过了难关。

正是靠着前辈们筚路褴褛的开创精神，上医解剖学科才取得了长足的发展。由于师资需要，张鋆特聘请了国际著名的奥地利解剖学家谭忧黎（Tandler）教授来校任教。他们重视人体标本的形态学教学方法，如张鋆教授采用边讲边画的动态授课模式，影响了几代教师；谭忧黎教授发明的谭氏血管注射剂，提高了对动、静脉血管的观察效果，直到现在陈列室内还珍藏着他亲自制作的标本。

解放后，张鋆参加制定国家第一个科技十年发展规划时，就将调查测定中国人体质正常值定为医学发展规划第一项课题，并于 1964 年将此任务交给上医解剖学教研室负责组织完成。虽然其间历经波折，但最终课题得以完成，并获得了国家教委科技进步一等奖。

1960 年，由张鋆主编的《人体解剖学》出版，成为解放后第一部高等医学院的统一教材。1962 年该书再版时，他破格任用一批青年教师，并在他的领导下，集体编成了一部比原书质量更高的教材。

1985 年，在张鋆教授指导下的学生参加了第十二届国际解剖学大会，拿出了解放后中国人民独立研究得到的新成果，从而修正了世界近百年来对脑、脊髓结构原则的认识。

张鋆还进行了 30 多项卓有成效的科研课题，为祖国医学的开创和发展作出了重大的贡献，在国内外享有崇高的威望，被誉为“中国现代解剖学的先驱”。

正是在一代代师者的辛勤耕耘下，上医解剖学科先后培养了王有琪、齐登科、郑思竸、胡哲揆、王永豪等教授，他们后来都成为了我国著名的解剖学专家。同时，上医人体解剖学科还秉承立足上海、惠及全国的理念，于新中国建立不久就担起全国医学院校解剖学师资培训的重担，并专门编写了师资培训教材，为中国的解剖学事业乃至医学教育事业作出了卓越的贡献。

无私奉献 正谊明道

70多年前，上医创始人颜福庆的双胞胎孙女不幸夭折，从此她们就安家人体科学馆，静静地沉睡了半个多世纪。一进人体科学馆，由颜福庆老校长捐献的早夭的双胞胎孙女标本处于第一展区最显眼位置，体现了老校长对医学事业的执着和奉献。

颜福庆坚持解剖应是医学院学生的基本课程，但在百余年前，人们普遍认为人体解剖违背伦理道德，虽然政府明令准许医院及医学院解剖尸体，但实施起来仍然困难重重。1920年，湘雅医学院打破成见，在赈灾义卖的菊花会上，当众解剖尸体，轰动长沙。

创办上海医学院后，颜福庆依然非常重视解剖。据颜福庆的长孙颜志渊回忆："20世纪60年代，祖父经常带我到学校里来。有一次带我参观放置标本的解剖教研室，他指着一个大瓶子里的两个双胞胎婴孩标本说，这是你的两个姐姐……"是什么让一位德高望重的医学前辈压抑自己的丧亲之痛，无私将亲人的遗体捐赠医学？在人体科学馆中展出的另一张照片也许可以解答。这张照片展现的是1956年毛主席在京宴请全国知名人士，点名颜福庆教授坐在自己身边的场景。

颜福庆任红十字会湖南分会医院院长期间，曾参照雅礼医院的章程管理医院，即"贫者仍送诊施药，病重者住院免费"。到了1924年，红十字会湖南分会医院改为"仁术医院"，颜福庆被聘为院长，开始提倡"救济平民疾病"。

当时，长沙疟疾频发。一天，下着瓢泼大雨，一位年轻人身披蓑衣、头戴斗笠，背着身患疟疾的妻子求医。女子本患疟疾，再受风寒，危在旦夕。颜福庆见状，急忙扶病人抢救。在他的精心治疗下，病人日见好转，他还免收了病人所有的医疗费用。

一晃几十年过去了。直到20世纪50年代初，毛主席在北京宴请全国知名人士时才道出当年那个身形高大、身披蓑衣的青年正是自己，而那位身患疟疾的女子正是其夫人杨开慧。

从心系百姓疾苦到牵挂医学教育事业发展，纵使跨越时间和空间，这位被誉为"中国现代医学之父”的老人也依旧值得被人们铭记。临终前，颜福庆留下遗言，希望百年后把遗体捐给学校做解剖，然而这个遗愿在70年代并没有实现。颜志渊决定去世后把自己的遗体捐赠给学校，替爷爷完成遗愿。

上医举行70周年校庆之时，东一号楼对面的草地上矗立起颜福庆的全身雕像。2005年，复旦大学举行百年校庆，枫林校区颜福庆雕像前的东西向道路被命名为“福庆路”。“正谊明道”被铿锵有力地书写在了上医的历史篇章中。

无言良师
传递大爱

1948年5月29日，上海《申报》的一角刊登着当时国立上海医学院王有琪教授的呼吁：“向当时教育部请求医学院解剖用尸体。”当时35岁的园林工程师徐益勤看到报道后立刻致函王有琪教授，表示愿意过世后将遗体捐给医学院，并在其随身皮夹内的一张足球门票背面预立遗嘱：“本人不论在何时何地去世，均请通知国立上海医学院领尸，供解剖使用。”在当时“死者为大”时代中，这样破除迷信、自愿捐献的壮举无疑是一声惊雷，而球票背面的文字却成了徐益勤一生的风向标。2015年8月15日，年过百岁的徐益勤去世，通过上海市红十字会，这位老人实现了近70年前捐献遗体的心愿。

在人体科学馆里，类似这样的捐献者的感人故事不计其数。不少在医学院工作了一辈子的教师也选择在去世后把遗体无私捐献给学校。在人体科学馆入口处挂着这些捐献者们的图碑：“对曾在我系（解剖系）工作并为医学事业捐献遗体的职工及亲属致以崇高的敬意。”他们生前是良师，身后更是无私奉献。

在人体科学馆内有一面遗体捐献者志愿书墙，墙上陈列着12位捐献者生前填写的志愿书。捐献者中有复旦大学老校长谢希德院士，原上海医科大学党委书记、新四军老战士金乃坚，原上海第一医学院病理解剖教研室主任一级教授谷镜汧，也有普通的工人、学生。“大体老师”的殷切嘱托时刻提醒着医学生们，要敬畏生命、刻苦学习，为消除人间病痛而持续努力。

在志愿书下方，一本本装订好的《感恩·奉献》笔记，记录着学生们自发用图画、诗歌、散文等形式写给“大体老师”的信。

“老师，我要对您说一句‘谢谢’。虽然我们只有短暂的9周相处，但这是我医学生涯不能忘怀的9周，您教会我们的不仅仅是专业知识，更让我深刻体会到无私和奉献……”这是上医临床医学五年制的一位学生的感谢信。

医学院学生们将遗体称作“大体老师”。一刀一线，学生在他们身上练就娴熟的解剖技艺。曾有位身为教师的捐献者这样说：“宁愿让学生们在我们身上错划20刀，也不要他们在病人身上错划一刀。”

大德无言，大爱无声。这些无声的“老师”以最大的包容让学生们在医学道路上上下求索。在这里，普通人也可以成为医学“老师”。“大体老师”用生命诠释着：生命的存在不止一种方式，任时光流转、世事变迁，他们对世界的爱将永远传递下去。

人体科学馆内一件件展品的背后，折射的正是医学的温情与敬意，也勉励着一代代医学生，踏入神圣的医学殿堂，需要掌握的不仅是高超的学术知识，还有深厚的人文道德修养，而这正是上医自创办以来一以贯之的精神。

（撰稿：张欣驰、周国民）

参考文献

［1］复旦大学计算机科学技术学院．复旦大学计算机科学技术学院退休教师工作回忆录［M］．上海：复旦大学出版社，2015.

［2］张炯强．1024 每个复旦计算机人心中一个神圣的代码 中国首台电子模拟计算机复旦诞生［N］．新民晚报，2019-07-03（4）.

［3］曾美雅．复旦人的计算机梦：突围 19 年，从策源造机到首批建系［EB/OL］．（2019-10-04）［2021-04-26］．https://www.sohu.com/a/345035470_184726.

［4］王海磬．听“蛟龙号”总设计师徐芑南讲述大洋深处的秘密［N］．光明日报，2017-08-17（15）.

［5］光明网．上海交通大学三代造船人的“高光时刻”［EB/OL］．（2020-01-17）［2021-05-07］．https://news.china.com/zw/news/13000776/20200117/37715988.html.

［6］中国航海博物馆．海帆远影——中国古代航海知识读本［M］．上海：上海书店出版社，2018.

［7］上海交通大学．栉风沐雨百十载 建功立业新时代［EB/OL］．（2018-10-21）［2021-05-07］.https://news.sjtu.edu.cn/agfd/20181021/85321.html.

［8］上海交通大学．百年电气 百年辉煌［N］．上海交大报，2008-10-13（03）.

［9］《上海交通大学电气工程系志》编纂委员会．上海交通大学电气工程系志（1908—2008）［M］．上海：上海交通大学出版社，2008.

［10］王汝建．南极科考录与随笔：2006［B］．上海：同济大学档案馆馆藏，2019.

［11］杨海真．同济大学环境科学与工程学院极地领域工作总体回顾：2013［B］．上海：同济大学档案馆馆藏，2019.

［12］许琦敏．汪品先：海洋与创新，风雨七十年［J］．风流一代，2019（20）：16-17.

［13］华东师范大学中文系．庆祝徐中玉教授九十华诞文集［M］．上海：华东师范大学出版社，2003.

［14］方智范．“大学语文”从丽娃河畔走向全国［M］．上海：华东师范大学出版社，2017.

［15］方智范．文脉——华东师范大学学科建设回眸［M］．上海：华东师范大学出版社，2017.

［16］程华平．使命·责任·价值——徐中玉先生的学术理念与追求［M］．上海：华东师范大学出版社，2011.

［17］程华平．师魂——华东师范大学老一辈名师［M］．上海：华东师范大学出版社，2011.

［18］汤涛．弘道以文，百年的漫长而执着——“望之俨然，即之也温，听其言也厉”的徐中玉先生［N］．文汇

报，2020-05-30（4）.

［19］陆宪良．老照片见证化学工程学会成立——履痕［M］．上海：华东理工大学出版社，2012.

［20］侯怡敏．顾毓珍——20 世纪中国知名科学家学术成就概览：化工冶金与材料工程卷［M］．北京：科学出版社，2015.

［21］谭琦．姜椿芳校长传［M］．上海：上海外语教育出版社，2019.

［22］柯贤伟，金亭亭，王德孝，姜妮娜，等．师友情［M］．北京：中国民族文化出版社，2009.

［23］黄震宇．上外人（校友通讯）［J］．上海外国语大学校友会，2015（9）：36-39.

［24］黄震宇．上外人（校友通讯）［J］．上海外国语大学校友会，2017（12）：35-37.

［25］苏轩．中国近代纺织学科建制化研究［D］．上海：东华大学，2015.

［26］徐步阶．纺织教育工作概况［Z］// 中国纺织工业年鉴．北京：纺织工业出版社，1984—1985：16-20.

［27］吴鹤松，陈义方，王国和，等．中国纺织工业发展历程研究（1880—2016）［M］．北京：中国纺织出版社 ,2018.

［28］曹继军．特色这样打造——对话东华大学校长徐明稚［N］．光明日报，2011-10-26（16）.

［29］钱仁平．中国小提琴音乐［M］．长沙：湖南文艺出版社，2001.

［30］司徒志文．舰与琴——造船工程师和他的音乐家族［M］．台北：知新文化事业有限公司，2008.

［31］朱永珍．世纪琴缘——谭抒真传［M］．上海：上海音乐学院出版社，2007.

［32］何谐．徐氏提琴——广东提琴制造微历史［J］．广东乐器世界．2012（2）：114.

［33］演剧六队史料征集编辑小组，湖南省政治文史资料研究委员会．壮绝神州戏剧兵：演剧六队回忆录［M］．湖南：湖南文史杂志社，1990.

［34］中国戏剧家协会研究室．周总理与抗敌演剧队［M］．上海：上海文艺出版社，1978.

［35］国务院三峡工程建设委员会办公室，国家文物局．长江三峡工程淹没及拆迁区文物古迹保护规划报告［M］．北京：中国三峡出版社，2010.

［36］王晓田，王风竹．长江三峡工程坝区出土文物图集［M］．北京：科学出版社，1997.

［37］卫元琪．钱伟长与历史文物保护［N］．光明日报，2012-11-24（7）.

［38］曾文彪．校长钱伟长［M］．上海：上海大学出版社，2012.

［39］上海中医药大学志编纂委员会．上海中医药大学志［M］．上海：上海中医药大学出版社，1997

［40］上海中医药大学．杏苑光华——上海中医药大学建校五十周年纪念文集［M］．上海：上海中医药大学出版社，2006.

［41］中共上海中医药大学委员会．理想之路［M］．上海：上海浦江教育出版社，2012.

［42］程门雪．中医中药面向农村为广大农民服务［J］．上海中医药杂志，1965（8）：3-6.

［43］上海中医药大学科研处．肝病研究领域的开拓者——记刘平研究员［J］．中国中医药科技，1994（5）：51.

［44］楼绍来．推拿人生堪传奇 推拿普济更养生——上海中医推拿名家郑风胡教授的养生经验［J］．科学养生，2006（7）：18-19.

［45］习近平．在敦煌研究院座谈时的讲话［J］．求是，2020（3）：4.

[46] 江胜信 . 敦煌学：“还要再搞一百年”方广锠和他的敦煌学研究[N]. 文汇报，2012-05-04（10-11）.

[47] 上海对外经贸大学校史编写组 . 上海对外经贸大学校史（1960—2020）[M]. 上海：上海三联书店，2020.

[48] 世界贸易组织上海研究中心 . 中国入世研究先行者：汪尧田教授生平与学术思想[M]. 上海：上海三联书店，2007.

[49] 潘序伦 . 潘序伦文集[M]. 上海：立信会计出版社，2008.

[50] 潘序伦，《财务与会计》编辑部 . 潘序伦回忆录[M]. 北京：中国财政经济出版社，1986.

[51] 朱坚强，何佩莉 . 立信往事[M]. 上海：立信会计出版社，2013.

[52]《崔义田纪念文集》编辑委员会 . 崔义田纪念文集[M]. 北京：人民卫生出版社，1996.

[53] 冷嘉 . 体验“生命”的温度[N]. 上海大众卫生报，2019-05-21（21）.

[54] 赵国瑞 . 湘雅、上医创办人颜福庆：到医学院教学，就不应再经营诊所[EB/OL].（2019-09-14）[2021-05-07].https://mp.weixin.qq.com/s/CRqro9LAQZAC6l7Eyk2l5g.

[55] 沈轶伦 . 颜福庆：以上医为圆心[N]. 解放日报，2020-02-28（11）.

[56] 郑思兢 . 解剖学科的发展简史 Ⅰ：1927—1949 [J]. 九号楼通讯，2007（9）：9-11.

[57] 于彦铮 . 继承解剖学科优良传统，再创学科建设新辉煌[J]. 九号楼通讯，2007（9）：12-13.

[58] 马允伦 . 张鋆教授传略[J]. 九号楼通讯，2007（9）：14-16.